张琰飞◎著

企业参与乡村旅游精准扶贫机制研究

QIYE CANYU XIANGCUN LVYOU
JINGZHUN FUPIN JIZHI YANJIU

中国财经出版传媒集团
经济科学出版社
Economic Science Press

图书在版编目（CIP）数据

企业参与乡村旅游精准扶贫机制研究 / 张琰飞著 .
—北京：经济科学出版社，2019. 9
ISBN 978 - 7 - 5218 - 1013 - 4

Ⅰ. ①企…　Ⅱ. ①张…　Ⅲ. ①企业 - 扶贫 - 研究 - 中国②乡村旅游 - 作用 - 扶贫 - 研究 - 中国　Ⅳ. ①F126

中国版本图书馆 CIP 数据核字（2019）第 221430 号

责任编辑：范　莹　刘　颖
责任校对：蒋子明
责任印制：李　鹏

企业参与乡村旅游精准扶贫机制研究
张琰飞　著
经济科学出版社出版、发行　新华书店经销
社址：北京市海淀区阜成路甲 28 号　邮编：100142
总编部电话：010 - 88191217　发行部电话：010 - 88191522
网址：www. esp. com. cn
电子邮箱：esp@ esp. com. cn
天猫网店：经济科学出版社旗舰店
网址：http://jjkxcbs. tmall. com
北京季蜂印刷有限公司印装
710 × 1000　16 开　19. 5 印张　240000 字
2019 年 9 月第 1 版　2019 年 9 月第 1 次印刷
ISBN 978 - 7 - 5218 - 1013 - 4　定价：60. 00 元
（图书出现印装问题，本社负责调换。电话：010 - 88191510）

国家自然科学基金项目资助项目（71663018）
湖南省自然科学基金资助项目（2019JJ50480）
湖南省社会科学成果评审委员会课题成果（XSP19 YBZ107）
吉首大学应用经济学湖南省一流建设学科成果
吉首大学工商管理湖南省一流专业成果

目录

Contents

第一章 导论

2013 年 11 月，习近平在武陵山区腹地的花垣县十八洞村做出“实事求是、因地制宜、分类指导、精准扶贫”的重要指示，提出“精准扶贫”的重要指导思想以来，我国精准扶贫进程逐步加快。武陵山区的广大乡村拥有异常丰富的生态文化旅游资源，乡村旅游产业的扶贫效应也日益显现。企业作为乡村旅游开发运营的关键主体，企业参与成为提升乡村旅游精准扶贫绩效的重要路径，研究企业参与乡村旅游精准扶贫机制具有重要的理论价值与现实意义。

一、研究背景与意义

乡村旅游开发不仅是推动我国内需与投资增长的重要动力，也是推动区域经济转型发展的重要途径，已成为区域推动精准扶贫的重要途径。2018 年 9 月在杭州举办的“世界旅游联盟 · 湘湖对话”上，文化和旅游部副部长李金早提出：旅游扶贫是充分运用市场机制的扶贫，效率高、成本低；是造血式扶贫，可以由脱贫直接跃升到致富；是广泛受益的扶贫，带动性强、覆盖面宽；是物质和精神“双扶贫”，持续性强、返贫率低；是富有尊严的扶贫，利于相互尊重、平等交流；是促进和谐的扶贫，利于社会稳定、生态文明。

以 2014 年 11 月国家发展改革委等七部委联合发布的《关于实施乡村旅游富民工程推进旅游扶贫工作的通知》为标志，国家将乡村旅游作为解决扶贫问题的重要抓手，出台了一系列政策措施推动乡村旅游精准扶贫工程，明确提出要广泛吸引企业等社会力量参与乡村旅游开发，并从用地、财政、金融等层面出台了系列扶持政策。乡村旅游精准扶贫的关键是发挥市场机制的主导作用，使资源有效转化为产品和价值，实现贫困农户的自我发展；社会资本、社会力量的进入，特别是企业参与乡村旅游精准扶贫开发，可以弥补乡村旅游精准扶贫面临的资金和管理等问题，能够快速提升乡村旅游的品质和层次，对于提升乡村旅游精准扶贫绩效具有重要的作用。为推动企业参与乡村旅游精准扶贫 2014 年 8 月，国务院出台的《关于促进旅游业改革发展的若干意见》明确提出要鼓励农村集体经济组织与其他单位、个人共同开办旅游企业；2015 年 8 月，国务院办公厅印发的《关于进一步促进旅游投资和消费的若干意见》明确提出要支持企业通过政府和社会资本合作模式投资、建设、运营旅游项目；2016 年的政府工作报告首次将旅游工作单独列出，提出要落实带薪休假制度，加强旅游交通、景区景点、自驾车营地等设施建设；2016 年 8 月 11 日，国家旅游局审核确定了河北省保定市野三坡景区等 280 个项目为全国旅游扶贫示范项目，并发布了《国家旅游局关于公布全国旅游扶贫示范项目名单的通知》，“景区带村”“公司 + 农户”等两带两加旅游精准扶贫模式得到广泛应用，市场机制和企业在旅游精准扶贫中的地位进一步凸显，企业发展与农户脱贫的协同效应逐步显现。2017 年 10 月召开的中共十九大报告提出推进民族地区加快发展，实施乡村振兴战略，促进农村一二三产业融合发展，强调激发和保护企业家精神，支持民营企业发展，为企业参与乡村旅游精准扶贫提供了新的机遇。2018 年 11 月，文化和旅游部会同有关部门共同研究制定了《关于促进乡村旅游可持续发展的指导意见》，明确提出要调动农民积极性与创造性，加大政府的支持和引导力度，吸引更多的社会资本和经营主体投入乡村旅游的发展。同时，国家正在大力推进创新创业工程，国家旅游局也在大力推动乡村旅游创客行动，系列的配套措施为企业参与乡村旅游扶贫开发提供了重要的机遇和平台。

根据国家旅游部门的统计，2016 ~ 2018 年全国共有 1 万多家旅游企业通过多种形式参与帮扶，既解决了企业用工、原材料等方面的问题，又实现了贫困人口的脱贫致富。如 2017 年河南省组织 869 个单位对 822 个贫困村进行结对帮扶，其中建档立卡旅游扶贫重点村数量 332 个；安置就业 20301 人，项目开发 253 个，涉及金额 63 亿元，输送游客 1299 万人，签订定点采购合同 171 份，脱贫人数 22281 人。云南省组织动员 1000 家以上规模较大、效益较好的旅游企业、旅游院校及旅游培训机构对本省 1619 个乡村旅游精准扶贫重点村实施帮扶脱贫。西藏自治区组织动员全区 67 家旅游企业开展第一批结对帮扶活动。湖南动员全省 100 家单位和旅游院校对口帮扶 124 个旅游扶贫重点村。福建发动 300 家旅游企事业单位，直接对接全省 472 个全国旅游扶贫重点村，开展帮扶脱贫。①

① 刘麟，肖瑛．全国乡村旅游与旅游扶贫工作取得阶段性成果［EB/OL］．经济日报－中国经济网，2018－9－14. http：//www.ce.cn/xwzx/gnsz/gdxw/201809/14/t20180914_30306743.shtml.

武陵山集中连片特困区（以下简称“武陵山片区”）集革命老区、民族地区和贫困地区于一体，是跨省交界面大、少数民族聚集多、贫困人口分布广的连片特困地区，扶贫任务艰巨；片区乡村各种生态文化资源异常丰富，拥有多处世界自然与文化遗产，被称为“中华第一旅游走廊区”，具有发展乡村旅游产业的天然优势，实施乡村旅游精准扶贫的潜力巨大。2011 年 10 月，中央率先启动武陵山片区区域发展与扶贫攻坚试点工作，出台的片区扶贫攻坚规划明确提出要转变扶贫思路，并将旅游产业作为实施产业扶贫的重要举措。特别是习近平提出“精准扶贫”的重要指导思想以来，湖南武陵山片区（指武陵山片区的湖南部分）各地的旅游精准扶贫效应日益显现；张家界、湘西州、怀化等地区，企业和乡村能人等社会力量利用其资本和管理优势，通过整合乡村生态文化资源实施乡村旅游开发，显著提升了乡村旅游精准扶贫的效益，实现了企业发展与农户脱贫的双赢，为乡村旅游精准扶贫的实施提供了新的思路和模式。

但调研发现，湖南武陵山片区企业参与乡村旅游扶贫开发还有不少关键问题尚未解决，主要表现在：空心村问题异常严重，乡村基层治理水平不高，企业盈利和农户获益之间协调难度大，企业介入风险偏大；乡村基础设施严重落后，资源整合难度高，企业开发的成本偏高；相关的市场机制和激励机制不完善，市场主体和社会力量介入水平偏低。总体来看，政府仍然是乡村旅游精准扶贫的实际实施者，市场的主体地位尚未确立，企业参与的积极性不高，导致乡村旅游运营效率低下，长期扶贫绩效不高。企业参与已经成为乡村旅游精准扶贫工程实现可持续发展的关键，因此如何构建企业参与乡村旅游精准扶贫的机制框架，如何评价企业参与乡村旅游精准扶贫的绩效，如何分析绩效的影响机制，如何创新机制和路径实现企业发展和农户脱贫的双赢格局，就成为企业参与乡村旅游精准扶贫中亟待解决的问题。本书以确立市场机制为目标，以企业参与为研究切入点，利用博弈方法分析企业参与乡村旅游精准扶贫的机理，通过绩效评价分析企业参与乡村旅游精准扶贫的制约因素，通过实证方法研究企业参与乡村旅游精准扶贫的绩效影响机制，并利用案例分析提出路径和机制创新的建议，以期为实现企业发展与农户脱贫的双赢格局，破解企业参与难题，提升乡村旅游精准扶贫的绩效提供参考和依据。

从理论上看，我国精准扶贫成功的关键在农村，农村的最大优势是生态文化，如何形成高效的商业模式，有效开发利用贫困地区的生态文化资源，实现企业发展与乡村旅游精准扶贫的有效协同，利用市场机制推动扶贫的精准性与可持续性，是精准扶贫中亟待解决的问题。本书从企业参与视角，针对乡村旅游资源开发及农户脱贫的实际，研究企业参与乡村旅游精准扶贫中的理论机理、绩效评价、影响机制和绩效提升路径，关注企业发展与农户脱贫双赢的路径，有助于拓展精准扶贫和旅游产业的研究视野和范畴，具有重要的理论价值。

就实际意义来说，当前湖南武陵山片区乡村旅游的市场化程度还比较低，企业和社会资本介入仍然严重偏少，还有不少体制与机制障碍；乡村旅游资源难以资本化和产品化，资源难以形成市场价值，严重制约了农户的脱贫致富。本书以湖南武陵山片区参与乡村旅游开发的企业为研究切入点，探索企业参与乡村旅游精准扶贫中的关键问题，找准影响企业参与乡村旅游精准扶贫的制约因素，为企业参与乡村旅游精准扶贫的绩效提升提供相关的建议，对于创新精准扶贫的实施模式，推动连片特困地区的创新创业进程，加快贫困地区的脱贫进程，提升乡村旅游精准扶贫的绩效，都具有重要的现实意义。

二、国内外研究综述

（一）乡村旅游发展相关研究

一般来说乡村旅游是以具有乡村性的自然和人文客体为旅游吸引物，依托农村区域的优美景观、自然环境、建筑和文化等资源，在传统农村休闲游和农业体验游的基础上，拓展开发会务度假、休闲娱乐等项目的新兴旅游方式。虽然定义表述有差异，但一般认为乡村旅游需要两个基本条件，发生在乡村地区，且以具有乡村性的自然和人文客体为旅游吸引物。当前，乡村旅游者对农村经济的贡献不仅表现在给当地增加了财政收入，还表现在给当地创造了就业机会，同时还给当地衰弱的传统经济注入了新的活力，成为乡村振兴的重要途径。针对乡村旅游的发展，恩达贝尼和罗杰森（Ndabeni and Rogerson，2005）认为，乡村旅游创业中要关注营销、基础设施、产品、企业和服务需求等因素；苏鲁久（Surugiu，2009）认为，乡村旅游以小企业为主，其关键是进取精神、成功渴望和识别市场能力；约翰逊（Johnson，2010）分析了社会经济企业对社区旅游在乡村旅游实施中的潜力；扎曼尼-法拉哈尼（Zamani-Farahani，2011）认为，家庭住宿是集乡村旅游、农业旅游、文化旅游和娱乐活动于一体的乡村旅游产品；奥斯曼等（Othman et al.，2013）分析了乡村旅游发展中家庭旅馆计划对社区旅游实施的作用；保罗·佩尼亚等（Polo Peña et al.，2013）分析了采用顾客导向和通信技术进行旅游服务支付在乡村旅游成功中的重要性；邹等（Zou et al.，2014）认为，社区主导发展型乡村旅游模式要将供应链定位、社区投资者共生和决策民主作为整体；

洛佩斯和拉莫斯（López and Ramos，2015）认为，乡村旅游属于系统性服务，而小微旅游企业之间的不合作行为成为乡村旅游的主要障碍；玛丽安等（Marian et al.，2014）认为，良好的治理和创业精神是乡村旅游创新并取得成功的关键；保罗佩尼亚等（Polo Peña et al.，2015）分析了企业类别、信息技术使用及企业家性别等因素对乡村旅游企业的市场定位的影响；艾瓦等（Iova et al.，2016）分析了乡村旅游产品的特殊性及其对农村经济社会发展的影响；科托奇等（Kortoci et al.，2017）提出，山地旅游有助于保护农村自然、社会和文化环境；彭等（Peng et al.，2016）提出，可通过服务科学的积极性，降低结构性失业率，推动社会企业家创新农村旅游业；埃尔南德斯等（Hernández et al.，2016）研究表明，乡村旅游和大众旅游具有多个共同属性，但应该独立开发和推广以保持目的地的吸引力；彼得罗曼等（Petroman et al.，2017）提出，旅游村落复兴需要改善基础设施，以旅游创造就业机会并纳入区域发展产业链；李等（Li et al.，2018）研究表明，乡村旅游企业经营特点因其性质、经营策略和农村产业基础的不同而不同。

国内针对乡村旅游的研究涉及旅游地形象、发展演化规律、发展路径等层面。针对乡村旅游地形象研究，王瑗（2013）通过观察乡村旅游经济发展前后的经济格局和产业结构变化，分析旅游经济注入对乡村经济重构与城乡一体化的作用；郭风华等（2015）选择新浪旅游博客为数据源，结合内容分析与共现网络方法研究了五朵金花的旅游地形象认知特征；杨洋等（2016）对贵州省镇远县铁溪乡村旅游地居民满意度结构关系进行研究；杨军辉等（2018）运用结构方程模型针对性探究村寨型乡村旅游地的游客满意度影响因素与机制；马勇和李娜（2018）研究了旅游省产生内容（tourists generating content，TGC）中高频特征词的频率、语义网络关系和长尾分布特征，结合扎根理论探究袁家村旅游目的地感知形象。针对乡村旅游发展演化规律，桂拉旦等（2018）提出，依据资源禀赋、产业特色和市场边界的差异化，以及特色化、共享化三大乡村旅游开发战略；冯亚芬和俞万源（2018）发现影响客家乡村旅游时空演变的动力机制源于外生和内生动力两个方面；马慧强等（2018）利用社会网络理论和空间分析方法揭示野三坡旅游目的地网络的空间演变过程；孟凯等（2018）指出，应认识到乡村旅游地生命周期作用下“公地悲剧”的演化规律，并针对不同演化阶段采取不同的治理模式；王慧（2018）提出，要通过成立乡村旅游合作社、调动村民积极性，改善家庭分工、助力乡村旅游发展，完善公共服务、实现村民向居民转化等实现乡村旅游持续发展；文斌（2019）提出，景区边缘乡村旅游地系统演化过程分为萌芽期、极化期和优化期三个发展阶段，并对应呈现出均质、极化、扩散的阶段发展特征。针对乡村旅游发展机制，席建超和张楠（2016）发现旅游业正深刻改变着乡村聚落均质化的农户生计模式，使农户生计模式发生分层和空间极化；冉燕（2017）提出，城郊乡村旅游经营包含政府扶持、个体户经营、投资公司经营及专业合作联营 4 种模式；石斌（2018）从消费结构变化、政府引导、市场竞争、技术进步与创新、利润追求等方面分析乡村旅游转型升级动因；乌兰（2018）提出，促进休闲农业与乡村旅游协同发展要积极培育和扶持多元化新型经营主体；付强和尹佳文（2018）提出，乡村旅游产品开发过程中应深入挖掘体现乡村根性的本地传统文化，发展以享受型产品为主体的多元化乡村旅游产品体系；徐福英和刘涛（2018）发现价值链的解构与重构是实现乡村旅游产业融合发展的关键，乡村旅游产品创新路径包括基础、提升和支撑三个层面的融合。

乡村旅游涉及多元利益主体，企业、农户等主体之间的利益冲突问题一直是乡村旅游研究的重点问题。余意峰（2008）认为，旅游市场的无序竞争和公共资源的过度利用等“公地悲剧”问题是村民之间、村民与游客之间相互博弈的结果；田磊等（2009）认为，乡村旅游开发中加强合作对于政府、旅游开发企业和农民三者来说都具有利益驱动性；朱璇（2012）探索应如何更好地发挥新乡村经济精英的作用，从而带动乡村旅游业发展，并为整个社区带来更大的福利；王纯阳和黄福才（2013）通过典型的博弈关系来剖析村落遗产地旅游开发中核心利益相关者之间的相互关系和作用机制；黄忠伟（2014）分析了乡村旅游开发中土地流转风险产生机制，并提出风险的防范策略；费巍（2015）研究了乡村生态旅游开发过程中旅游企业、当地政府相关部门、原住民等利益相关者之间的演化博弈行为和策略选择；闫喜琴（2016）提出，地方政府的制度安排漏洞与制度安排失灵是导致乡村居民在利益博弈中处于被动地位的主因；卢小丽等（2017）以对乡村旅游的影响力、被影响力、投入、收益为利益衡量指标构建利益相关者利益位阶表进行位阶测度；黄秀波（2018）发现社区居民主要围绕街道公共空间、房屋客栈经营性空间及农田土地的生产性空间进行争夺；王维艳（2018）通过构建双重演化博弈模型揭示社区参与下旅游景区竞合关系的演变机理；杨瑜婷等（2018）发现居民和开发商在乡村旅游资源开发过程中的合作路径演化与初始博弈支付矩阵及初始参数设置有关；卢冲等（2018）测算参与意愿在农牧户资本和参与决策之间的中介效应，分析农牧户乡村旅游经营方式选择决策的影响因素；杨琴和田银华（2018）利用古诺均衡模型与捕鱼模型探讨乡村旅游经营行为与反“公地悲剧”的关系；王婉飞等（2018）发现，地方官员预期收益、利益相关者生态利益和关键性资源控制权对乡村旅游发展中地方政府生态管理有显著影响。

近年来，更多研究关注乡村旅游与乡村振兴的关系。朱建江（2017）针对乡村振兴中乡村旅游发展提出加强规划、优化景点用地配置、完善部门分工等措施；蔡克信等（2018）提出，从政府部门主导作用、农业基础性地位、居民主体性作用以及产业融合发展等方面实现乡村旅游引领乡村发展；王晨光（2018）提炼了集体化乡村旅游发展模式的构成要素和规律特征，归纳了其对乡村振兴的积极影响；赵兴国和张东强（2018）提出，民族地区依托独特的民族文化资源发展乡村旅游是推进特色小镇和美丽乡村建设协同发展的较好模式；颜文华（2018）提出，应充分发挥政策引领作用、凸显旅游平台价值、倡导旅游工匠精神和搭建一体化综合服务云平台，发挥旅游业在驱动乡村振兴中的作用；陆林等（2019）提出，发展乡村旅游可促进农业提质增效、农民增收致富、农村繁荣稳定，加快统筹城乡融合发展步伐，是实现乡村振兴的重要途径。总体来说，乡村旅游发展已经得到广泛关注，特别是对社区居民的利益保障问题研究较多，但是对旅游企业在乡村旅游开发中的作用研究不足，对企业参与乡村旅游扶贫开发的研究也比较少。

（二）乡村旅游扶贫相关研究

国外20世纪70年代首次关注旅游在扶贫中的作用，20世纪末旅游扶贫（PPT）正式提出，研究对象主要集中在南部非洲和南美洲等贫困地区，多数研究将社区旅游（CBT）和社区参与作为旅游扶贫的重要途径。塔克和布纳巴恩（Tucker and Boonabaan，2012）分析了女性参与旅游在扶贫中的影响因素；詹皮科利等（Giampiccoli et al.，2014）认为，居民的能力建设和技能提升是社区旅游业发展的先决条件；瓦尼奥伊克等

(Wanyoike et al.，2015）认为，在非农收入活动、土地所有权和基础设施建设等因素是居民参与生态旅游企业的主要决定因素。针对旅游在扶贫中的作用，斯宾西利等（Spenceley et al.，2010）通过旅游价值链分析贫困人口从旅游中获取的机会和收益；穆干达等（Muganda et al.，2010）分析了旅游在创业、培训、就业、收入等扶贫层面中的贡献；阿克耶姆邦和阿克瓦西（Akyeampong and Akwasi，2011）分析了旅游扶贫发展中居民的期望、体验和感知问题；弗雷德里克（Frederic，2014）通过旅游价值链分析比较不同旅游扶贫效应测量工具的有效性；卡纳莱霍等（Canalejo et al.，2015）认为，社区旅游需要更多地吸纳当地居民、公共行政人员、大学和非政府组织的参与。也有研究质疑社区旅游的扶贫效应，胡等（Phu et al.，2011）认为，社区旅游对减贫的作用不够明显且不可持续；巴特勒等（Butler et al.，2013）质疑了社区旅游在旅游扶贫中的有效性。针对如何提升社区旅游的扶贫绩效，扎帕塔等（Zapata et al.，2011）认为，社区旅游扶贫效果的提升需要在再分配政策过程中加强社区技能、资源和创业条件；萨伊曼等（Saayman et al.，2012）认为，旅游可减轻贫困，但需劳动力市场和人力资源开发政策的支持；瓦吉拉卡霍恩和尼泊尔（Vajirakachorn and Nepal，2014）认为，社区旅游扶贫成功依赖于当地居民经济利益及工作意愿。

由于贫困人口主要集中在农村，乡村旅游成为旅游扶贫实施的重要方式，对乡村地区经济社会发展具有重要作用。托雷萨和蒙森（Torresa and Momsenb，2004）认为，创建旅游和农业的联系是实现扶贫旅游目标的重要途径；希尔等（Hill et al.，2006）认为，自然为基础的旅游计划可以使农村贫困人口脱贫；罗杰森（Rogerson，2006）分析了南非旅游扶贫和地方经济发展（LED）

的关系；斯尼曼（Snyman，2012）认为，生态旅游就业对可以使偏远的农村家庭在资产、教育和奢侈品上投资，提高金融安全和社会福利；拉姆齐等（Ramzy et al.，2013）认为，实现旅游减贫需要各种互补性的前沿和规模行动，关键是穷人获益增长；赫迪亚和科拉（Hyytia and Kola，2013）认为，旅游对芬兰乡村地区国内生产总值和就业的影响是积极的；纽迈尔和波勒曼（Neumeier and Pollermann，2014）认为，乡村旅游具有很重要的非经济影响，从而成为农村发展的载体；马列基等（Maleki et al.，2014）认为，乡村旅游可以提供发展机会、改善基础设施及增加居民收入；达尼洛斯卡和哈兹（Daniloska and Hadzi，2015）分析了乡村旅游对农村可持续发展的作用；卡里米（Karimi，2015）从经济、环保、文化等层面提出农业旅游创业对农村可持续发展的作用。

国内学者在20世纪90年代已经关注旅游在扶贫开发中的作用，旅游扶贫的关键是社区居民受益，研究都比较关注社区居民的参与及利益保障问题。严静（2010）提出，要鼓励乡村能人返乡并创造良好的系统综合环境，挖掘乡村文化精英资源，全方位提升扶贫质量；李燕琴（2011）提出，在旅游扶贫中要建立以收入提高、分配公平和文化保护为核心支撑的多元化扶贫目标；周大庆（2013）认为，地方政府在协调景区各方利益中扮演着重要角色，实现各方利益均衡是提高景区绩效的基本动力；卢丽娟等（2014）探讨了民族村寨社区参与旅游扶贫开发的农村土地、林权制度瓶颈及其破解；王耀斌等（2018）研究表明乡村旅游对贫困户的经济维度与资产维度存在较为显著的正向效应，乡村旅游并不能对贫困户的教育维度、健康维度和生活维度起到显著的正向影响；罗章和王烁（2018）提出通过“政府—村民—市场”三元主体联动机制的良性运转，实现乡村旅游扶贫主体角色—行动的转变；李伯华等（2019）基于国际发展部（DFID）可持续分析框架，以生计资本为媒介探讨景区边缘型乡村旅游地农户的生计适应行为、影响因素及适应机制。也有部分研究指出了乡村旅游的负面影响，蔡晶晶和吴希（2018）发现，乡村旅游在改善农户生计资本的同时也对当地社会—生态系统形成全面扰动和冲击；熊正贤（2018）调查表明乡村旅游存在致富有余但扶贫不足，弱者被挤出等现象。

关于旅游扶贫绩效评价，主要涉及扶贫效应和扶贫效率两个层面。针对扶贫效应评估，包军军和严江平（2015）认为，旅游扶贫效果主要体现在经济收入增加、居民权利实现和主人翁感提升，但对当地资源的补偿作用相对不明显；李佳和田里（2016）调查居民对旅游扶贫经济、社会文化和环境效应的感知、态度、参与行为和政策评价，验证不同旅游社区和旅游经济受益的居民的差异；汪侠等（2017）提出，贫困居民旅游扶贫满意度的评价指标包括经济条件、生活水平、社会和谐、医疗健康、公共设施、教育条件、生态文化及扶贫参与及收益等方面；钟晖等（2018）建立起由横向的开发决策、经营管理、利益分享和监督发展为准则层，纵向的参与广度、参与深度和参与效度为要素层组成的贫困人口旅游扶贫参与度评价体系；王志章和王静（2018）从经济效益、社会效益、文化效益、生态效益四个层面评价旅游扶贫绩效；张志娟（2018）构建了河南省乡村旅游精准扶贫绩效评价体系，并根据该指标体系对乡村旅游精准扶贫绩效进行评估；孟秋莉（2018）探究了政府旅游扶贫资金投入、旅游企业投资、地方旅游收入对贫困人口年人均收入的影响程度；余利红（2019）采用匹配倍差法研究两类农户在乡村旅游扶贫政策实施前后的家庭总收入、农业收入、工资性收入、经营性收入及其他收入的变化，以科学评估乡村旅游扶贫的增收效应。针对旅游扶贫的效率评价，龙祖坤等（2015）运用DEA测算出武陵山区旅游扶贫效率，结合MI指数将其效率形态分为潜力型、朝阳型、黄金型和夕阳型；邓爱民和张馨方（2017）应用DEA数据包络分析法测算旅游扶贫效率，并通过Malmquist生产率指数模型计算效率变化；曹妍雪和马蓝（2017）运用三阶段DEA模型对民族地区实施旅游扶贫结果进行效率评价；李会琴等（2017）从包括农户旅游收入、参与旅游人数、旅游能源消耗、旅游占地面积、用水量、用电量等层面构建农户旅游扶贫生态效率的投入产出指标；黄渊基（2017）运用DEA模型开展旅游扶贫效率评价，构建从经典DEA模型到Bootstrap方法的两阶段评价模型进行实证研究；鄢慧丽等（2018）运用三阶段DEA模型对旅游扶贫效率进行测度，并运用Arc GIS10.0对其时空演化特征进行分析；王松茂和郭英之（2018）设定旅游扶贫效率评价指标体系，运用DEA及其改进方法进行旅游扶贫效率测度；陈国柱等（2018）运用数据包络分析法测算旅游扶贫效率，并结合Malmquist指数评价其效率形态；孙春雷和张明善（2018）研究旅游扶贫效率及其空间分异规律，检验旅游精准扶贫效果是否达到预期目标；王凯等（2019）采用Super－SBM模型、均方差分解法及LS回归模型，探讨旅游扶贫效率的时空异质性及其影响因素。针对扶贫效应的影响因素，张笑薇（2016）提出，旅游扶贫利益分配机制要以协调好旅游目的地、地方政府、投资者和旅游者之间的利益为目标；王兆峰和向秋霜（2017）发现，参与能力对社区参与旅游扶贫具有显著的正向影响，且在社区参与旅游扶贫的MOA模型中处于重要地位；张军等（2017）认为，旅游扶贫的影响效应与美丽乡村目标之间具有耦合关系，旅游扶贫在促进乡村地区旅游发展和减贫扶贫方面作用显著。整体来说，旅游扶贫绩效研究多通过具体案例研究绩效评估的概念、类型、内容、影响因素等，研究方法主要采用综合评估和DEA方法，辅助于定性研究方法。

相关研究通过案例分析总结了不少旅游扶贫模式。覃建雄（2013）提出了我国生态脆弱型特困山区旅游扶贫创新发展的体制机制框架；谢泽氡等（2013）探讨了社区旅游扶贫中的旅游开发定位、政府角色转变以及相应的执行机构与措施等问题；唐勇等（2013）在比较典型区域旅游扶贫发展模式的适用条件、影响因素与实施对策的基础上，构建国家集中连片特困地区旅游扶贫系统集成开发模式；肖建红和肖江南（2014）提出了以核心景区为基础的传统旅游、以生态景观为基础的摄影利基旅游和以文化资源为基础的文化利基旅游三种PPT模式；吴胜涛（2015）认为，通过发展体育旅游进行扶贫已成为发展西部民族地区经济的重要路径；罗云艳（2017）提出，乡村旅游精准扶贫要三次产业融合拓展，发展新型产业链，树立"五化"理念打造乡村旅游精品，协同联动形成工作合力；冯伟林和冉龙权（2017）建议构建社区参与旅游扶贫的赋权机制、收益分配机制、生态环境与民族文化保护机制、精准帮扶机制；王羽和周永振（2017）提出，旅游扶贫应构筑以政府主导为核心、伴以多种辅助方式的模式，以乡村旅游和推动特色旅游小镇为主要载体；刘杨星和黄毅（2018）提出，西部民族地区推进乡村旅游扶贫要融合生态文明建设，优化乡村旅游空间格局，增强民族文化主体的保护以及通过人才的培育提高社区参与度；蔡晶晶和吴希（2018）提出，应确保农户土地增值收益，引导农户自组织建设，以制度供给保证农户对社区公共事务的主导权，改善自然资本和物质资本，建立更高覆盖面的社会保障体系，降低旅游开发中农户生计脆弱性；宋慧娟等（2018）从空间作用机制、动力机制、受益机制三方面辅以模型进行分析，提出了景区带动型乡村旅游精准扶贫的五大实现路径；史玉丁和李建军（2018）提出，应合理利用并保护资源资本、社会资本等优势生计资本，功能引导人力资本、物质资本等劣势生计资本。

针对乡村旅游精准扶贫的路径，张遵东和章立峰（2011）认为，要充分发挥政府在乡村旅游扶贫中的主导作用，提高贫困人口的素质及参与能力，提高旅游企业经营管理水平和完善利益分配机制；邓小海等（2014）提出了旅游扶贫目标人群识别的市场甄别机制和意愿—能力识别模型及旅游扶贫项目识别的 RHB 框架；王进和周坤（2017）构建了旅游扶贫背景下对贫困人口进行赋权—限权的内容和框架，从经济、心理、政治与社会层面提出了贫困人口参与旅游业的赋权—限权路径；杨柳（2017）提出，要创新乡村旅游扶贫开发模式，提高农民参与乡村旅游扶贫开发的能力，完善乡村旅游扶贫开发的利益分配机制，完善乡村旅游产品开发与宣传；黄渊基等（2017）提出，要从加大基础设施投资与建设，重视生态资源合理开发与升级整合，加强文化资源开掘利用与创新发展；王慧（2017）提出了人、自然和旅游三位一体的立体化乡村旅游模式及农业与旅游共同发展的政府扶持、农旅互助的旅游扶贫模式；朱宝莉和刘晓鹰（2018）提出，旅游扶贫内生机制建设上要进一步挖掘旅游资源优势，加强民族村寨自组织建设，明晰村寨居民在民族文化中的主体地位，从制度上保障贫困人口的利益所得；银马华等（2018）依据各区域类型特征提出政企合作模式、战略联合模式、休闲农业与乡村旅游模式及区域联动模式 4 种旅游扶贫模式；笪玲和刘晓鹰（2019）认为，相对剥夺是乡村旅游中贫困人口利益受损、贫富差距拉大的重要原因，提出要拓展产业链、尊重资本价值、促进贫困人口技能增进；向从武和冯伟林（2019）提出，要在旅游扶贫开发中坚持地方政府主导地位，构建完整的本地化旅游产业链，设计有益于贫困人口受益的参与机制、利益分配机制和精准帮扶机制。可以发现，旅游扶贫的相关研究已经比较深入，但乡村旅游精准扶贫的研究还不系统，成果质量不高；研究视角整体比较宏观，更多关注政府的政策与措施，对旅游企业等微观主体的作用关注严重不足，企业参与乡村旅游扶贫机制与路径的专题研究还比较少。

（三）企业参与旅游扶贫相关研究

作为产业发展的核心主体，旅游企业是旅游扶贫中的重要主体，对旅游目的地经济社会发展具有显著的影响，不少研究认为小企业的扶贫效应更为显著。针对提升旅游企业扶贫效应的途径，阿什利和海索姆（Ashley and Haysom，2006）提出，企业可通过专业方法，如增强社会经营和提高品牌识别的方法实现扶贫的目的；哈里森和斯齐帕尼（Harrison and Schipani，2007）认为，捐赠支持型社区旅游项目可减轻贫困，民营旅游企业在扶贫中具有重要作用；莫格拉比和罗杰森（Mograbi and Rogerson，2007）认为，通过提高居民技能水平，改善机构环境和扩展本地小企业机会可以提升南非乡村旅游扶贫的效果；厄斯金和迈耶（Erskine and Meyer，2012）认为，旅游经营者的自由行动可以更有效地改变旅游扶贫的效果。其中，社区旅游企业是实现旅游企业扶贫作用的重要途径，研究主要涉及企业发展影响因素和扶贫效应提升等问题。针对社区旅游企业的扶贫作用，曼雅拉和琼斯（Manyara and Jones，2007）认为，社区旅游企业在减贫中的作用更为显著，企业面临包括旅游产品开发和营销、领导缺乏创业和经营管理技能及获得信贷便利或资源动员等挑战；丘特西和穆德曾尼（Chiutsi and Mudzengi，2012）认为，社区旅游创业是促进旅游扶贫的可行选择；托尔卡奇和金（Tolkach and King，2015）认为，社区旅游企业网络可以帮助企业应对知识、资金不足和营销的挑战，有效改善农村生计。针对社区旅游企业扶贫效应的提升，斯都恩等（Stone et al.，2011）认为，土地收益降低、缺乏与社区沟通、缺乏收益、就业不足、项目进展缓慢等是非洲居民参与社区旅游企业的主要制约因素；马塔吉和姆塔普里（Malatji and Mtapuri，2012）针对社区旅游企业就业吸纳能力差和居民无法获益的问题，提出要组建能够创造就业、凝聚社区、发展社区、具备包容和授权的社会学习和改变（SLC）组织；伦等（Lun et al.，2016）提出，领导力、跨部门网络、质量共同导向以及有效沟通是乡村旅游发展的关键因素；兰德尔和霍伊（Randle and Hoye，2016）发现，有效的监管体系可增加利益相关者对政府监管工作的信任和支持；里昂等（Lyon et al.，2017）发现，活跃的利益相关者群体之间存在明显的意识形态差异和权力关系不平等；秦和陆（Chin and Lo，2017）调查显示，游客更关心目的地的气候变化和休闲环境，社区支持在乡村旅游服务质量的发展中具有重要作用；哈代和皮尔逊（Hardy and Pearson，2018）强调，各利益相关者对可持续旅游发展态度并不总是一致，故要确保利益相关者的充分参与；利贝拉托等（Liberato et al.，2018）提出，在边境旅游合作中应该通过商业部门和经济机构之间的合作协议来实现合作。

国内研究也关注了企业在扶贫中的作用，特别是农业龙头企业的扶贫效应。史金善（2011）在分析扶贫农业龙头企业作用机制的基础上，提出发挥扶贫农业龙头企业在“双到”扶贫中作用的措施；王雅敬（2011）提出，鼓励资源性企业参与到本社区的扶贫可对扶贫发展带来新活力；孙志国等（2012）研究了国家扶贫龙头企业与产业扶贫的发展对策；何燊（2014）认为，推进特色产业扶贫要延长农产品产业链条，依靠龙头带动，发展规模经营；闫东东和付华（2015）借助于产业扶贫模式，讨论龙头企业参与扶贫过程中的行为；白丽和赵邦宏（2015）提出了贫困地区龙头企业带动型产业扶贫模式和以“非市场安排”为纽带的利益联结机制。针对提升企业扶贫作用的措施，仝允桓等（2011）认为，企业有效利用中国金字塔底层（BOP）群体资源可帮助企业获得难以模仿的资源优势和效率优势，还可使BOP群体提高收入并摆脱贫困；张琦（2011）通过村企对接、村企互动和村企共建等方式，形成了企业和农民之间良性互动的正反馈关系；李瑞等（2012）认为，农户深度参与景区旅游企业经营体系，保证社区居民旅游受益最大化是旅游扶贫成功的关键；叶文振和严静（2013）提出，对民营企业参与市场扶贫进行合理引导，有效衔接市场资源和市场扶贫的优越性，探索更新更高效的扶贫模式；李晓辉等（2015）认为，要注意社会动员、建立社会扶贫的调查系统、对企业参与扶贫提供税收优惠。目前针对企业参与旅游扶贫的研究还比较有限，邓小海等（2015）认为，旅游扶贫要通过培育核心企业、加强产业链整合、加快产业链本地化、加强产业和部门融合等措施以提升扶贫旅游产业链的价值创造能力；毛峰（2016）提出，乡村旅游扶贫要强化战略引导，创新机制体制，充分发挥企业主体作用，发展乡村旅游产业带动促进乡村一二三产业融合发展；张侨（2016）提出，以“企业开发＋农户参与经营”的旅游扶贫模式精准扶贫程度最高，最贫困人口获得的收入提高和社会感知最强；孟奕爽等（2019）提出了经济人、社会人、道德人、文化人四个企业参与型旅游扶贫的实现路径。

可以发现，国外研究已经注意企业在旅游扶贫中的作用，特别是已经关注社区旅游企业的发展问题；国内旅游扶贫领域中从旅游企业参与视角的研究还比较少，多关注个体创业者，对企业参与乡村旅游扶贫问题的研究还比较欠缺。

（四）旅游扶贫治理相关研究

旅游治理直接影响到相关利益主体的行为和决策，是乡村旅游扶贫效益实现的重要保障。国外研究主要涉及利益相关者之间的冲突、权利关系和治理方式等。针对乡村旅游治理，萨尔瓦多等（Salvatore et al.，2018）描述了乡村旅游供给的持续变化，提出了一种基于“转型管理”的治理模型；马佐纳瓦罗等（Marzo-Navarro et al.，2018）发现，利益相关者的整体化合作有利于乡村旅游发展，旅游与区域传统活动互补可提升产品的本地镶嵌性。针对旅游网络治理机制，基姆（Keyim，2016）提出，为最大限度地发挥旅游业对当地社区的效益，需要采取“合作治理”方式来鼓励政府和非政府组织合作；斯托弗伦等（Stoffelen et al.，2017）发现，由于跨国多标度机构联盟问题和旅游业特定目的地层面的权力争夺，结构性跨境目的地管理并不存在；泽伊等（Zee et al.，2017）提出，旅游目的地是由相互关联的主体组成的复杂系统，提出了基于网络、人际关系、信任和互惠管理；普利多－费尔南德斯（Pulido－Fernández，2018）提出了旅游治理测度指标体系，可以适应任何旅游目的地的特点，并允许衡量治理的实施。国外关于旅游利益主体间关系网络的直接研究还比较少。德兰等（Tran et al.，2016）分析了旅游企业与旅行社之间和旅游企业之间的网络格局、网络合作和凝聚力以及网络动态；凯利等（Kelliher et al.，2018）提出，信任是乡村旅游小企业网络的重要因素，对乡村旅游微型企业有着深远的影响。可以发现，利益主体间关系网络的研究主要针对企业的关系网络展开，对于乡村旅游利益主体间的关系网络，特别是农户的关注不足。

旅游治理是确保乡村旅游地稳定与可持续发展的关键，研究集中在旅游冲突与多元治理机制构建等问题。尚前浪和陈刚（2016）提出，旅游社区治理应立足本土制定乡规民约，培育民间组织，培养社区精英引领社区治理，并重视村民参与；郭凌和王志章（2016）提出，要发挥旅游目的地社会冲突的正功能、强化利益整合在冲突治理中的基础作用、推动相应产权制度的变迁等治理策略；马道明和陈子晗（2016）提出，通过建立多元治理模式、重视社区参与等调控路径破解乡村旅游“公地悲剧”；葛继宏（2017）提出，在全球化和新技术革命时代旅游目的地内多主体之间要实施全域旅游治理；唐仲霞和马耀峰等（2018）检验政府与不同治理主体间的共生关系，确定政府与居民、企业、游客间的共生关键因素。杨莹和孙九霞（2018）提出，乡村旅游发展中非政府组织在身份合法性和非正式关系两个维度上嵌入地方政府，在资源、网络和制度三个方面由浅至深地嵌入社区。针对旅游扶贫中治理优化问题，龚艳和李如友（2016）认为，政府、企业、市场、社区居民、旅游者是有限政府主导旅游扶贫开发模式的构成主体，扮演着各自的角色并发挥作用，运行需要强有力的保障体系来维持；翁毅和范冬萍（2017）认为，旅游扶贫的绿色发展之路在于通过让最少受惠者最大受益、实现自我调适的社会功能和形成在地化旅游的城乡协同治理结构；何莽等（2017）提出，扶贫背景下的民族旅游吸引物建设过程，是开发商在政府主导下综合考虑当地居民和游客诉求的结果，是兼顾各利益主体期望的旅游生产过程；李赢铭等（2018）从赋权与产权制度的角度，以勾蓝瑶寨为个案，以田野调查和访谈为基础，分析冲突的类型与原因；徐莉等（2018）分析旅游扶贫开发过程中民族社区权力主体的转移和权力结构的变化，并构建新时期民族社区治理多元权力结构模型；张晓等（2018）构建了涉及政府、企业、当地居民、公益组织等为核心的多主体参与旅游扶贫理论框架，明确了各利益主体在旅游扶贫中的角色和作用。

可以发现，对于乡村旅游发展中利益相关者之间的矛盾、冲突和治理问题研究比较关注，且比较强调农户的参与及利益保障。但是对于乡村旅游精准扶贫治理问题的直接研究并不多，视角上对于如何发挥企业的作用，构建多元利益共同体也关注不足。

（五）研究述评

总体来说，国内外旅游扶贫的研究已经比较多，涉及旅游扶贫的多个层面，研究内容多关注农户受益的问题，但仍然存在不足，特别是对企业的作用关注不足。

1. 研究视角上需要进一步拓展

现有研究的视角比较宏观，更多是从政府责任和政策措施层面进行分析，对市场机制的关注不够；从企业参与层面研究乡村旅游扶贫问题还比较少，对旅游扶贫中企业作用的关注度还严重不足，研究深度比较有限。因此，有必要转变研究视角，重视市场机制在精准扶贫中的作用，从企业参与的层面研究乡村旅游精准扶贫的绩效提升问题。

2. 研究内容上需要完善和系统化

乡村旅游精准扶贫的理论与体系还不够系统，相关的专题研究还比较少，特别是对连片特困地区乡村旅游精准扶贫特殊性的研究不够；研究内容更多的关注政府责任，较少关注市场机制和企业主体在旅游扶贫中的效应，特别是对于企业参与机理与机制问题的研究还比较欠缺。因此，需要进一步拓展乡村旅游精准扶贫的内涵与研究范畴，关注连片特困地区乡村旅游精准扶贫的特殊性，重视研究企业参与乡村旅游扶贫问题的机理和机制，探索实现企业发展与农户脱贫双赢的机制。

3. 研究方法上需要更为规范和多样

现有理论研究的深度不够，缺乏系统化的旅游精准扶贫理论与模式；研究中虽有计量和模型分析，但还缺乏深度；研究方法比较简单，主要采用定性方法和描述统计方法，案例分析尚缺乏规范性，系统的实证研究还比较少。因此，有必要强化乡村旅游扶贫问题的方法创新，利用系统化的实证研究方法，特别是多元统计和计量分析方法，以及规范的案例分析方法，系统的研究企业参与乡村旅游精准扶贫的绩效提升问题。

因此，针对连片特困区，发挥企业主体在乡村旅游扶贫中的作用，以企业参与乡村旅游精准扶贫的机理为基础，对企业参与乡村旅游精准扶贫的绩效进行科学评价，并系统研究绩效的影响机制与提升路径，探索实现企业发展与农户脱贫协同的路径，不仅有助于拓展旅游扶贫和精准扶贫的理论内涵与研究范畴，对于发挥市场机制作用，创新连片特困地区企业参与乡村旅游精准扶贫的机制与路径，提升乡村旅游精准扶贫的绩效也具有重要的现实意义。

三、研究目标与关键问题

（一）理论目标

1. 探索企业参与乡村旅游精准扶贫的理论机理

构建企业参与的乡村旅游精准扶贫系统理论模型，分析不同主体的角色、诉求与行为特征，探索企业发展与农户脱贫实现双赢的机制。

2. 构建企业参与乡村旅游精准扶贫的绩效评价体系

从企业发展和农户脱贫两个层面构建评价指标体系，并从两者协同发展的视角评价乡村旅游精准扶贫的绩效，为扶贫绩效的考核创新提供理论支持。

3. 研究企业参与乡村旅游精准扶贫的绩效影响机制

以企业参与为切入点，构建影响机制概念模型，探索企业参与乡村旅游精准扶贫的影响因素和路径，丰富和完善精准扶贫理论与分析方法。

（二）应用目标

1. 为企业有效参与乡村旅游精准扶贫提供建议

揭示企业介入乡村旅游精准扶贫中的关键问题和制约因素，并提出具有操作性的政策建议，为湖南武陵山片区企业参与乡村旅游精准扶贫提供政策参考。

2. 为政府创新企业参与乡村旅游精准扶贫的政策提供建议

以确立乡村旅游精准扶贫中的市场机制为导向，以支持与引导企业参与乡村旅游精准扶贫为目标，企业与农户互利为根本，为湖南武陵山片区政府出台相应的政策与措施提供建议和参考。

（三）关键问题

第一，如何以贫困农户的精准脱贫为导向，以企业参与为核心，发挥市场机制的主体作用，探索企业参与乡村旅游精准扶贫的机理与机制，实现企业发展与农户脱贫的利益协同。

第二，如何创新评价机制，从企业发展和农户脱贫两个层面构建评价指标体系，并从两者协同的视角评价乡村旅游精准扶贫的绩效，以及比较绩效的差异特征。

第三，如何从外部环境、企业意识、企业能力和主要利益相关者态度等层面，科学的构建概念模型与理论与假设，研究企业参与乡村旅游精准扶贫的影响机制和路径。

第四，如何创新乡村旅游精准扶贫的机制设计，引导企业积极参与乡村旅游精准扶贫工作，切实的保障农户参与和获益，以提升企业参与乡村旅游精准扶贫的绩效。

四、研究思路、内容与方法

（一）研究思路

本书将以湖南武陵山片区企业参与乡村旅游精准扶贫的绩效

提升机制为研究对象，按照“问题提出—机理分析—实证研究—路径创新”的研究主线，以企业发展与乡村旅游精准扶贫的协同关系分析为研究的基础和切入点⟶利用价值链理论分析企业参与乡村旅游精准扶贫系统特征、分析相关主体的角色与诉求⟶利用演化博弈模型分析扶贫系统相关主体行为演化特征，研究利益协同机制⟶通过企业参与乡村旅游精准扶贫的绩效评价及其中的问题⟶研究企业参与乡村旅游精准扶贫的绩效影响机制与路径⟶利用案例分析方法研究企业参与乡村旅游精准扶贫的绩效提升路径，分析机制设计建议。研究中注重实证研究与理论推演相结合、案例研究与模型构建相结合、静态分析与动态分析相结合。

（二）研究内容

本书选择连片特困区的典型——湖南武陵山片区为研究对象，以企业参与精准扶贫为研究切入点，从企业参与乡村旅游精准扶贫的理论机理入手，对企业参与乡村旅游精准扶贫的绩效评价进行科学评价，并利用问卷调查和结构方程模型实证研究企业参与乡村旅游精准扶贫的绩效影响机制，最终通过案例分析方法探索企业参与乡村旅游精准扶贫的绩效提升路径，研究内容主要包括四个部分。

第一，企业参与乡村旅游精准扶贫的理论机理。从企业参与乡村旅游扶贫开发与精准扶贫的协同关系入手，构建企业参与的乡村旅游精准扶贫系统，分析系统主体的角色和诉求，并通过演化博弈模型分析不同主体的行为特征，探索实现企业与农户互利双赢的机制。

第二，企业参与乡村旅游精准扶贫的绩效评价。以湖南武陵山片区各地确定的乡村旅游扶贫重点村为基础展开实地调查，系统总结湖南武陵山片区现有的乡村旅游精准扶贫模式，并构建评价指标体系，对湖南武陵山片区各地企业参与乡村旅游精准扶贫的绩效进行综合评价和差异比较，探索企业参与乡村旅游精准扶贫中的问题和制约因素。

第三，企业参与乡村旅游精准扶贫的绩效影响机制研究。以绩效制约因素分析为基础，构建企业参与乡村旅游精准扶贫的绩效影响机制概念模型，设计调查问卷，通过对相关主体的问卷调查搜集数据，实证研究企业参与乡村旅游精准扶贫的绩效影响机制。

第四，企业参与乡村旅游精准扶贫的绩效提升路径研究。以扶贫绩效的提升为根本目标，利用规范案例研究方法，通过对湖南武陵山片区典型案例地区的实地调查，从环境、企业、农户和利益相关主体视角，探索企业参与乡村旅游精准扶贫绩效提升的路径创新。

（三）研究方法

将理论分析和实证研究相结合、定性分析与定量研究相结合，采用演化博弈、耦合协同评价、问卷调查、多元统计分析、深入访谈等方法，通过典型案例剖析和定量模型展开研究。

1. 演化博弈方法

针对企业参与乡村旅游精准扶贫的理论机制采用演化博弈方法进行演绎分析。以扶贫系统相关主体的角色与诉求分析为基础，结合行为博弈理论和方法，构建演化博弈模型，分析各主体之间的利益关系和行为策略演化，并通过雅克比矩阵局部稳定性分析方法研究演化博弈模型均衡点的稳定性，探索企业参与乡村旅游扶贫开发中实现农户与企业互利的协调机制。

2. 问卷调查方法

针对企业参与乡村旅游精准扶贫的绩效影响因素数据无法直接获取，故采用问卷调查的方法。问卷设计：首先，立足企业参与乡村旅游精准扶贫的绩效影响机制概念模型，通过理论研究和实地调查的资料，借鉴国内外相关量表，从外部环境，企业参与意识、机制、能力；农户参与意识、机制、能力，主要利益相关者的行为等维度设计题项，形成初始的李克特 5 分量表；其次，与企业、政府和相关专家进行沟通咨询，并通过小规模测试进一步修改和完善，形成最终问卷。调查对象：湖南武陵山片区各地已经参与和可能参与乡村旅游开发的企业经营者（或高级管理人员）、社区农户（贫困农户、乡村能人和村干部等）、政府部门负责人、相关组织负责人、相关领域专家（高校院所）等相关主体。问卷发放：主要立足研究团队和学院在湖南武陵山片区建立的观测点和社会关系进行，重视通过滚雪球的抽样方法扩大对企业家的调查样本量。根据实际需要，采用纸质和电子两种方式发放问卷。

3. 多元统计分析方法

针对企业参与乡村旅游精准扶贫绩效进行实证分析，主要根据搜集到的问卷，通过多元统计分析方法完成。对问卷调查的数据进行基本的描述性统计分析，并进行样本数据的信度分析和效度分析，并通过探索性因子分析（EFA）进一步检验样本效度。利用结构方程模型进行验证性因子分析（CFA），实证研究企业参与乡村旅游精准扶贫的绩效。

4. 案例研究方法

针对企业参与乡村旅游精准扶贫在实际中的核心困境有哪些，企业家等相关主体的期望有哪些，扶贫绩效提升的路径和机制如何创新等关键问题，本书选择多案例研究方法进一步深化和检验前文的研究结论，探索绩效提升的路径创新。按照案例分析要求，结合研究实际，建立案例研究小组；按照一定的原则，确定案例研究典型企业；根据理论与实证分析结果形成研究假设，并设计访谈提纲，对乡村旅游精准扶贫的相关主体进行深度访谈(90 分钟以上)；最后进行总结提炼，探索企业参与乡村旅游精准扶贫的绩效提升路经。

五、可能的创新之处

本书针对乡村旅游精准扶贫中企业参与积极性不高、市场机制作用有限、扶贫绩效不高的困境，以企业参与为切入点，运用系统化的实证分析方法，探索企业参与乡村旅游精准扶贫的机制与绩效影响机制，并利用案例研究方法探索绩效提升的路径与政策创新。创新之处主要体现在以下几个方面。

1. 研究视角新

以往旅游精准扶贫的研究中对企业参与作用的关注偏少，本书以企业参与乡村旅游精准扶贫为研究切入点，强调通过构建企业发展与农户脱贫的互利机制，实现乡村旅游精准扶贫绩效的提升，视角新颖，区域特殊，样本典型，可为全国连片特困区乡村旅游精准扶贫研究提供极有价值的借鉴。

2. 研究内容新

本书关注连片特困区乡村旅游精准扶贫的独特性，围绕精准脱贫探索企业参与乡村旅游精准扶贫的机理，按照农户脱贫与企业发展协同的思路评价乡村旅游精准扶贫的绩效，并研究绩效的影响机制，探索企业参与乡村旅游精准扶贫的绩效提升路径，丰富、深化了乡村旅游和旅游精准扶贫的视野与范畴，具有重要的理论价值和实际意义。

3. 研究方法新

本书强调通过系统性实证研究方法研究企业参与乡村旅游精准扶贫的绩效提升问题，利用演化博弈模型分析相关主体之间的利益协调，利用综合评价方法评价企业参与乡村旅游精准扶贫的绩效，并通过规范案例研究方法探索企业参与乡村旅游精准扶贫的绩效提升路径创新，可拓展乡村旅游与精准扶贫的研究方法。

第二章 企业参与乡村旅游精准扶贫的理论机理分析

乡村旅游精准扶贫属于产业化扶贫项目，需要市场机制特别是企业的参与。要破解企业逐利和扶贫公益的矛盾，必须要立足共享发展理念，重视机会公平，强调共同创造并共同享有财富，调动乡村旅游精准扶贫领域中各主体的积极性。乡村旅游精准扶贫中的相关主体具有不同的角色和诉求，但相互之间具有实现共享发展的基础和条件；以市场机制为导向，以核心企业为龙头，通过各主体之间的协同合作，可以创造更多的旅游收益；通过构建科学的利益分配机制，可以保障贫困农户与企业共享发展成果，加快脱贫进程。

一、企业参与乡村旅游精准扶贫系统结构分析

乡村旅游精准扶贫是产业扶贫的重要方式，市场机制是提升乡村旅游精准扶贫绩效的关键。企业作为乡村旅游的实际运营主体，也是乡村旅游精准扶贫的重要影响主体。企业参与乡村旅游精准扶贫可提供更多的就业机会，增加低收入者群体收入，是实

现贫困农户可持续性生计的重要保障。

（一）企业参与乡村旅游精准扶贫的特征

1. 企业是带动主体

当前，“公司+农户”模式是企业参与乡村旅游扶贫开发中应用最广泛的形式，企业在参与乡村旅游开发过程中利用产业发展优势吸纳农户参与，充分利用农户闲置资产、富余劳动力、丰富的农事活动打造多样的旅游活动，可有效激发农户参与乡村旅游开发的热情，带动他们共同脱贫致富。与政府主导的乡村旅游扶贫开发模式显著不同，企业主导的乡村旅游扶贫开发可以更好地引入市场机制，再借助政府提供的财政、规划引领等支持，可更为有效地整合地方资源和发展区域特色乡村旅游产业。主要由企业负责对资源的分配，政府发挥辅助性作用，如提供财政支持、规划引领、后勤等，此外，企业对产业发展收益享有支配权，企业可以决定产业发展收益去向。

2. 农户的广泛参与性

企业通过实行旅游开发项目，可为当地农户提供参公就业机会，为农户创造旅游创业条件，利用小额贷款为农户创造创业条件，为农户提供入股分红的机遇。除了直接在旅游企业就业以外，农户可以广泛的参与乡村旅游开发活动，如参与旅游设施修建、道路交通修建等，以土地、房屋等资源入股企业，借助政府和企业支持在旅游开发景区进行农家乐或宾馆等旅游创业活动。通过参与乡村旅游开发，乡村旅游开发的带动能力得以提升，乡村经济发展获取了更多的活力。同时，企业通过扶贫扶智活动，还可以为贫困户开展技能培训以及文化活动，提高贫困户的文化素养和技能水平，为贫困户参与旅游开发活动创造条件。

3. 减贫的可持续性强

企业有专门的规章制度、专业的人才、全面的培训体系，企业参与乡村旅游扶贫开发的运营管理更加规范，能够为当地的农户参与旅游开发提供专业指导如技术培训、创业咨询等，提高农户接待服务能力。此外，企业运营更为强调管理机制和管理制度的构建，通过相关制度和规范可以更好地规范旅游服务行为，约束农户行为，避免其在自主创业过程中的不良竞争行为，提升农户旅游创业规范性和成功率，进一步规范乡村旅游开发活动，保障乡村旅游精准扶贫的可持续性。企业参与乡村旅游精准扶贫的主要举措是根据当地特色资源发展主导产业，企业具有其专业经营的生产基地、市场资源等能够缩短贫困地区产业发展周期，推动贫困地区产业尽快进入当地市场，发挥产业联动优势，促进经济发展。此外，由于产业扶贫是“造血式扶贫”，因此产业扶贫具有可持续性。产业发展为贫困地区获得经济收益提供了方式和渠道，此外，主导产业发展可以带动当地其他产业链条的共同发展，发挥协同效应，推动贫困地区经济的全面发展。因此，企业参与乡村旅游精准扶贫可以促进扶贫绩效的可持续性，企业在乡村旅游精准扶贫过程中实现了经济效益与社会效益的协同发展，保证企业在市场中相当长的时间内长盛不衰。

（二）乡村旅游精准扶贫系统主体的角色与诉求分析

乡村旅游精准扶贫中的核心参与主体包括企业（核心运营主体）、政府部门（管理与协调组织）和社区农户（扶贫对象），外部影响主体包括消费者、支持组织等。各主体拥有不同的关键资源，在扶贫系统中具有各自不可替代的作用和地位，也具有不同的诉求特征。其中，企业的资金、技术和市场优势显著，但是政府、农户和相关组织也都具有企业发展需要的独特资源，因此各主体之间具有实现共享发展的基础和条件（见图2－1）。不同的系统主体具有不同的诉求特征，但企业发展与农户脱贫之间是互利的，有效的协同机制是实现乡村旅游价值链良性运转的关键。

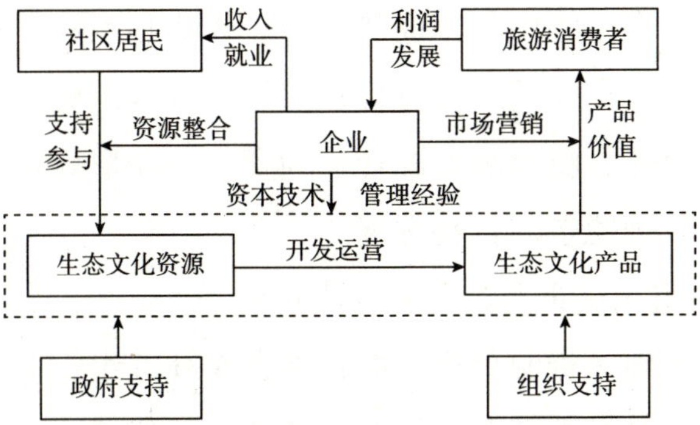

图2-1 企业参与的乡村旅游精准扶贫系统结构

1. 政府是乡村旅游精准扶贫系统的管理者、规划者和引导者

作为区域经济社会发展的统筹主体，政府提供乡村旅游精准扶贫的政策与环境，对于乡村旅游精准扶贫系统的运行具有重要的影响。作为区域经济社会发展和扶贫的引领者，政府关注区域经济社会发展，期望可以通过企业的市场、技术和人才优势实施乡村旅游精准扶贫活动，带动农户脱贫。

2. 企业是乡村旅游产业链的运营者

作为将乡村旅游资源转化为市场价值的关键主体，企业处于乡村旅游精准扶贫系统的核心地位，是乡村旅游精准扶贫产业链的主导者与运营者，负责将资源转化为产品，是实现资源市场价值的关键。作为以盈利为根本目的的组织，企业具有丰富的市场资源、资金和技术，并希望依靠农户获取在其他地区无法获取的生态、文化和土地等关键竞争资源构建核心竞争力，实现盈利和发展的可持续性。由于外部企业一般都缺乏乡村旅游开发的相关资源，因此必须依靠农户的参与和支持。

3. 贫困农户是乡村旅游的核心参与者和精准扶贫对象

贫困农户拥有生态、文化和土地等资源，属于扶贫系统的关键；但由于缺乏技术、资金和管理经验，难以主导乡村旅游精准扶贫活动，故在系统中处于弱势地位。作为精准扶贫的对象，贫困农户希望借助企业的运营管理，依靠其独特的资源与企业实现平等互利的合作，将自身资源转化为资本，获取就业机会并增加收入，最终实现脱贫与自我发展。

4. 相关组织是重要参与者和支持者

由于贫困地区资源分散，而各种合作社等组织对农户有一定的组织能力，具有整合乡村旅游资源的独特优势，在乡村旅游精准扶贫中处于重要的辅助地位。作为区域产业扶贫活动的重要组织者，对农户有一定的组织能力，经济组织希望依靠其资源组织能力和区位信息优势，并借助企业乡村旅游精准扶贫活动实现自身的发展壮大。

（三）企业参与乡村旅游精准扶贫的主体行为分析

企业是乡村旅游精准扶贫活动的核心主体，企业参与有助于提升扶贫绩效，但由于扶贫行为的外部性，企业构建有效的商业模式有赖于政府提供发展平台，政府行为对企业乡村旅游精准扶贫的最终效率具有显著影响（见图2－2）。

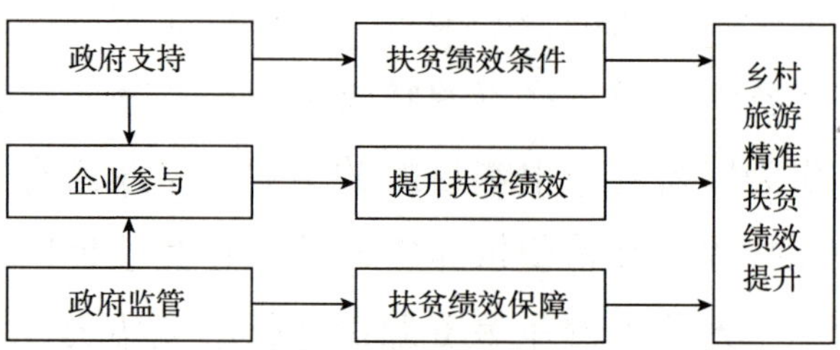

图2－2　企业参与的乡村旅游精准扶贫主体行为分析

1. 企业参与是提升乡村旅游精准扶贫绩效的关键

企业参与乡村旅游精准扶贫强调通过企业在人才、管理、技术和市场上的优势，将贫困地区的优势旅游资源有效转化为优势旅游产品和市场价值，实现企业发展与扶贫有机协同，更有助于实现扶贫项目的可持续性，是乡村旅游精准扶贫绩效提升的核心途径。乡村旅游精准扶贫系统的核心主体包括企业（核心运营主体）、政府部门（扶贫组织与管理者）、贫困农户（扶贫对象）和相关组织等。其中，企业更加了解旅游市场的需求，具有开发运营旅游产品的丰富经验，可更高效地将乡村旅游资源转化为具有市场吸引力的旅游产品，并实现产品市场价值。企业强调商业模式的最终效益，在政府合理有效监管的前提下，企业参与乡村旅游精准扶贫活动的效率更高，可保障当地农户的可持续脱贫，是实现“造血型”扶贫的重要途径。企业参与有助于区域特色资源的开发与利用；可为农户提供大量的就业岗位，为农户提供稳定收入，并提升农户素质和技能；有利于锻炼和培养高质量的创业者，提升旅游开发的质量；有利于锻炼和培养农户的创业技能，为农户创业提供了更多机遇。

2. 政府支持是企业参与乡村旅游精准扶贫的重要前提

由于扶贫活动的外部性，企业参与乡村旅游精准扶贫有赖于政府支持。企业属营利性组织，而扶贫活动具有更多的公益属性，虽然企业发展与扶贫活动具有协同的可能性，但由于企业风险偏大，在扶贫过程中构建竞争优势的难度更大，企业参与乡村旅游精准扶贫的积极性有限。因此，通过政策上的支持和优惠，降低企业参与乡村旅游精准扶贫的成本与风险，确保企业获得不低于从事其他经营活动的收益，是解决企业参与扶贫积极性问题的关键。首先，政府要优化乡村基础设施与发展环境，培育和提升乡村农户的素质和能力，完善区域政策和发展环境，为企业参与乡村旅游精准扶贫提供了重要的创业平台。同时，为推动企业参与乡村旅游精准扶贫活动，政府出台了包括直接补贴、税收、贷款、土地等一系列的支持措施，有助于降低企业参与乡村旅游精准扶贫的风险和成本。事实上，乡村拥有丰富的生态和文化资源，是企业进行转型发展的重要机遇，但是组织和整合各种资源的难度偏大，也需要政府帮助企业与社区农户进行协调，获取农户支持和乡村特殊资源，以构建独特竞争力。

3. 政府监管是企业参与乡村旅游精准扶贫绩效提升的保障

为鼓励企业参与乡村旅游精准扶贫活动，政府出台了各种支持政策和优惠措施，但由于落实与执行中的难题，导致不少企业出现机会主义行为，打着扶贫的旗号套取财政资金，而部分真正进行扶贫的企业却难以获取优惠政策支持。政府作为社会经济活动的管理者和协调者，优惠政策的制定权以及事后的监管权都归政府所有，政府监管对企业参与扶贫效率的提升具有显著影响。因此，对企业参与乡村旅游精准扶贫的行为进行引导、鼓励是必须的，关键是具体的实施措施，特别是如何保障事前、事中和事后的严格管控，这是提升乡村旅游精准扶贫最终效益的关键。事前如何进行项目的申报，包括申报的资格、条件等的限制；事中如何实施监管，项目是否得到有效的实施；事后的结果审核，最终扶贫效益的核查。如何破解企业参与乡村旅游精准扶贫的难题，提升企业扶贫的实际效益，成为未来旅游领域市场化扶贫政策实施的关键。

二、企业参与乡村旅游精准扶贫的动力机制与优势

虽然乡村地区基础设施落后、产业开发与发展条件不足，但企业参与乡村旅游精准扶贫项目对于其抢抓市场机遇、获取发展

资源和政策支持上都具有重要的作用，有助于企业形成核心竞争力。同时，企业的参与对于提升乡村旅游精准扶贫绩效也具有独特的优势。

（一）企业参与乡村旅游精准扶贫的动力机制

企业参与乡村旅游精准扶贫过程中动力机制不同，产生的扶贫效果也有所差异。动力机制往往是企业能够积极参与乡村旅游开发的重要原因，动力机制对企业的吸引力越强，企业参与乡村旅游精准扶贫的程度就越高。企业参与乡村旅游开发的动力主要来自市场机遇、获取发展资源、政府政策支持等方面，其中，政府政策是企业参与乡村旅游开发的保障，市场机遇是企业能够发挥积极效用的基础，获取发展资源需要是企业能够参与旅游开发的直接动力，最终实现企业的可持续发展（见图2-3）。

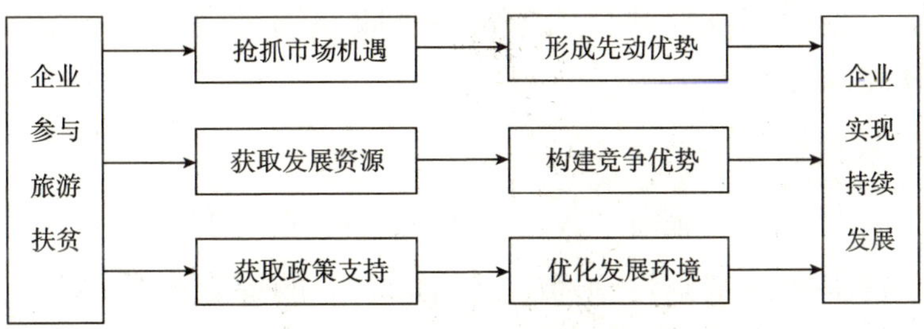

图2-3　企业参与乡村旅游精准扶贫的动力机制

1. 抢抓市场机遇

当前，旅游需求日益个性化与特色化，游客不再满足于观光与休闲需要，对于乡村田园风光的向往和需求也急剧扩张。乡村旅游逐渐崛起，成为旅游产业的重要组成部分，这为企业参与乡村旅游精准扶贫提供了市场机遇。随着经济发展和人们生活水平的逐步提升，人们开始不满足于一般的旅游景区、风景名胜地的游览，而开始追求差异化旅游带来的精神需求与满足，这种非物质的需求目的成为了贫困地区进行旅游开发最根本的需求动力，旅游者对非物质的需求越大，对差异化旅游的兴趣越强烈，乡村旅游开发的绩效越高。

2. 获取发展资源

贫困地区拥有丰富的生态文化资源，但是资源的有效利用率还很低，这为企业利用贫困地区的自然资源优势发展乡村旅游业提供了重大机遇。贫困地区农户拥有大量的土地、房屋及劳动力资源，企业如何利用这些现有资源发展乡村旅游，提高当地资源的市场化程度，形成具体的商业模式，带动周边贫困农户实现脱贫致富是实现企业发展和扶贫计划成功开展的关键问题。企业利用乡村旅游精准扶贫提供的机遇，可以提高乡村旅游资源的有效利用率，实现资源的最优配置，因此，资源优势是企业参与乡村旅游开发的基础。企业参与乡村旅游精准扶贫可以获得更好的发展环境，企业与农户共享产生的经济收益满足自身的需要，促使双方共同参与旅游开发。

3. 获取政策支持

贫困地区乡村旅游快发是未来旅游企业发展的重要机遇，但是由于贫困地区基础设施薄弱，当地农户的综合素质不高，旅游企业介入乡村旅游开发的成本和风险偏高，需要政府各方面的政策支持。通过参与乡村旅游精准扶贫、承担社会责任是企业获取政府政策支持的重要途径。国家可以从税收、信贷等方面为积极参与产业扶贫的企业提供政策支持，如结合相关企业对扶贫工作的贡献大小给予适当的税收优惠、推动地方财政成立扶贫引导基金、协调相关政策性银行为参与乡村旅游精准扶贫的企业提供低息贷款支持，以及推动建立产业扶贫保险保障体系等。此外，政府通过完善扶贫机制，对企业参与乡村旅游精准扶贫的项目进行有效帮扶，缩短项目审批时间，提高乡村旅游精准扶贫效率。当地政府可成立协调小组，帮助协调解决企业参与乡村旅游精准扶贫过程中出现的问题，如企业与当地农户的利益纠纷等。提高企业参与乡村旅游精准扶贫的绩效。政府可整合当地的资源，完善景区公路、能源供应、移动通信、住宿餐饮、风貌改造、游客中心，停车场等配套设施和服务，提高当地的基础设施建设，协助旅游企业共同改善当地的旅游环境，提升旅游景区接待能力和档次品位，共同推进旅游产业发展。

4. 推动企业持续发展

企业参与乡村旅游开发除了政府给予的政策激励外，还包含着企业自身对口碑、舆论和形象的需求。企业参与扶贫开发，使企业在发展与积极承担社会责任中实现了共赢，企业进行产业扶贫，前提是企业有能力长期去做。将产业扶贫与集团发展紧密结合，除产业扶贫有所成效之外，企业的扶贫开发行为更多是与企业发展的战略有关，是经过企业缜密的思考与对未来企业发展进行合理判断与计划后的结果。企业参与乡村旅游精准扶贫更多的是一种社会行为而不再是简单的商业行为。企业参与乡村旅游精准扶贫，在帮助农民脱贫致富的同时，能够达到自身的战略要求，实现双方的互利共赢。在参与乡村旅游精准扶贫的过程中，企业通过为农户提供产品或是发展产业的过程中，使当地农户更多的了解企业。更为重要的是，企业在参与乡村旅游精准扶贫过程中，通过帮助当地形成主导产业、打造旅游品牌以及开展多元合作的方式进而发展地方经济，提高企业自身的知名度和影响力。

（二）企业参与乡村旅游精准扶贫的独特优势

作为具有市场优势的运营主体，企业参与乡村旅游精准扶贫的效率更高，扶贫更为精准，可持续性更强，对于推动乡村可持续发展及乡村振兴也具有独特的优势（见图2－4）。

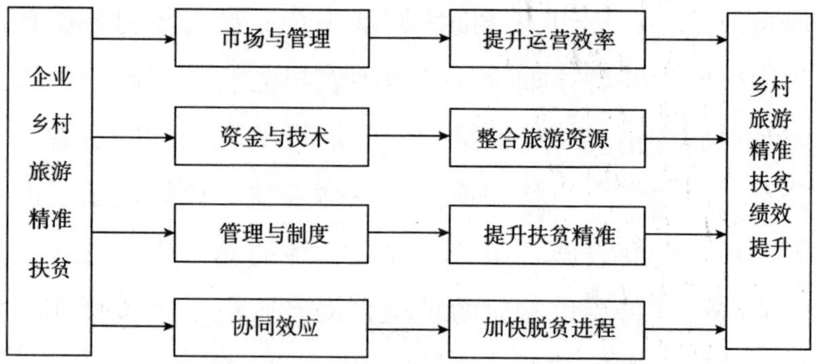

图2-4　企业参与乡村旅游精准扶贫的优势

1. 有利于提升乡村旅游运营水平和效率

乡村旅游精准扶贫工程是一个需要投入大量资金、并且投资收益期漫长的项目，而在贫困地区开展乡村旅游活动更是需要大量的人力、物力、财力。实施乡村旅游精准扶贫工程除了需要当地特色自然资源、土地、劳动力等基本的生产要素外，还需要技术、信息、经营管理能力等生产要素的支持，而这些正是企业的资源优势所在，企业拥有可以发展产业的多种资源如厂房、生产线、市场等。企业的支持与参与可以缩短贫困地区乡村旅游开发的时间，从而可以提升乡村旅游精准扶贫的运营水平和运营效率，最终获得更大的效益。

2. 有利于整合旅游资源提升发展持续性

企业参与乡村旅游精准扶贫，是依靠资金、技术、管理等优势，可以更好地将当地分散的资源整合起来，发挥整体优势，提高乡村旅游精准扶贫效益。贫困地区虽然特色资源丰富，但是资源较为分散，难以发挥资源的综合优势，企业参与则可以弥补这一不足。企业可以在政府支持下制定乡村旅游精准扶贫规划，有效整合当地的资源如土地、劳动力、房屋等，通过土地流转提供补贴的方式整合当地土地资源进行旅游开发，提高扶贫效益。贫困地区人力资源丰富，但是存在人力资源利用不足的问题，企业参与可以将产业发展和贫困地区人力资源利用相结合如企业通过与当地专业合作社合作，将当地贫困人口资源组织起来，实行规模化经营，能够使旅游和相关产业开发项目尽快落地，更好地发展当地主导产业。

3. 有利于提升乡村旅游精准扶贫的精准性

在开展乡村旅游精准扶贫工程过程中，企业借助市场机制可以对农户进行精准甄别，提升扶贫项目实施的精准性，从而加快乡村旅游精准扶贫进程。企业乡村旅游开发与精准扶贫具有很强的协同性，企业乡村旅游开发有助于提升扶贫绩效，乡村旅游精准扶贫为企业发展提供平台和机遇，企业乡村旅游开发有助于推动扶贫精准化。一是企业旅游开发有助于扶贫对象的精准识别。企业资源开发与整合活动具有一定筛选功能，推动具有创业能力者进行创业活动，创业能力不足在企业中就业，无就业能力的可以提供资源，从而实现精准的识别扶贫对象。二是企业旅游开发有助于扶贫方式的精准实施。企业运营活动以市场和效益为导向，相关的产业开发措施更为实际有效，有助于推动帮扶措施精准。三是企业旅游开发有助于扶贫过程的精准管理。企业乡村旅游开发的长期性与连续性，有助于扶贫过程管理的精准化。如具有劳动能力的农户可以参与就业，具有创业想法的农户可以进行旅游创业活动，即使是不具有劳动能力的农户也可以通过资产出租、入股等途径获取资产收益。

4. 有利于加快乡村旅游精准脱贫进程

贫困地区由于地理位置、经济发展情况等难以为当地贫困人口提供更多的就业和创业机会，企业参与乡村旅游精准扶贫可以与当地政府共同发挥协同效应，推动贫困地区人口脱贫致富。企业通过开展乡村旅游精准扶贫项目吸纳贫困人口就业，帮助贫困人口进行创业，开展文化活动和技术培训来提高贫困人口素质。企业拥有政府和农户所缺少的市场、客户群等商业资源，企业的参与能够为当地特色产品的生产、销售提供渠道，发挥当地的特色资源优势。此外，企业参与可以整合当地的特色资源，发展特色产业，利用规模化经营的方式发展贫困地区经济，产业化扶贫辐射范围广，扶贫效果比贫困地区分散型经营好。

三、企业参与乡村旅游精准扶贫行为的演化博弈分析

作为以营利为目的的组织，少部分企业有通过政府的乡村旅游精准扶贫项目平台，获取不当收益的动机，这必然会损害贫困农户的利益，降低乡村旅游扶贫的精准性。因此，政府如何通过支持政策有效推动企业主动扶贫，并通过监管措施有效保障农户利益，实现企业发展与扶贫协同是发挥企业扶贫效应的关键。以下将构建演化博弈模型，从政府监管的视角分析企业参与乡村旅游精准扶贫的演化博弈行为及其策略选择。

（一）博弈假设与收益矩阵

1. 博弈假设

（1）参与者。假设博弈参与者只包括政府和企业，两者都是理性主体，各自按照效用最大化选择策略。

（2）参与者策略。政府有严格监管和形式监管两种策略：严格监管需付出较大成本，涉及项目中期检查和事后审核；形式监管则几乎无成本。考虑到企业对政府扶持政策的策略性利用问题，企业有实质和虚假扶贫两种策略：进行实质扶贫要求企业在参与扶贫过程中必须关注农户收益与可持续发展，政府的相关政策与支持异常重要；进行虚假扶贫则以企业短期利益最大化为原则，往往会损害农户的利益，收益取决于政府监管，若政府监管

不力则可获得更多收益，若政府监管严格则会遭到严厉惩处。

(3) 策略集。企业和政府都以一定的概率选择策略集。假设政府严格监管的概率为 $x\ (t)$；形式监管的概率为 $1-x\ (t)$；企业进行实质扶贫的概率为 $y\ (t)$；进行虚假扶贫的概率为 $1-y\ (t)$。

2. 收益矩阵

考虑到当前企业参与乡村旅游精准扶贫的积极性还比较低，为简化分析，假设申请参与扶贫项目的企业都可获取初始的政策支持与补贴，企业获得的最终收益则取决于政府后续的监管力度；政府收益代表整个社会福利，实质上也是扶贫绩效的直接体现；政府监管和企业扶贫收益博弈的矩阵如表 2-1 所示。

表 2-1　企业与政府在乡村旅游精准扶贫博弈中的收益矩阵

政府监管	企业	
类型	实质扶贫	虚假扶贫
严格监管	$E-C$，$M+R$	$sR-C-tR$，$N-sR$
形式监管	E，$M+R$	$-vR$，$N+R$

(1) 政府进行严格监管。若企业选择实质扶贫策略则收益为 $M+R$，其中，M 为实施实质扶贫项目的市场收益，R 为政府落实支持政策时获得的财政补贴、低息贷款、税收优惠等政策性奖励收益；此时政府收益为 $E-C$，其中，E 为企业进行实质扶贫项目后整个社会福利提升，即扶贫绩效；C 表示政府为此付出的代价，且 $E \gg R$，$E \gg C$。若企业选择虚假扶贫的策略，则收益为 $N-sR$,其中，N 为实施虚假扶贫项目获取的市场收益，$-sR$表示企业进行虚假扶贫被政府惩罚遭受的损失；由于惩罚需要远大于投机的收益，故 $s \gg 1$，$N \ll sR$；此时政府收益为 $sR-C-tR$，其中，

tR 表示由于企业的虚假扶贫整个社会遭受的损失，sR 为处罚企业的收入；由于政府的严格监管，社会损失比较小，故 t 小于1，且 $sR-C-tR>0$。

（2）政府进行形式监管。若企业选择实质扶贫策略，则可获取的收益为 $M+R$，此时政府收益为 E。若企业选择虚假扶贫策略，则收益为 $N+R$。由于实质扶贫的收益比较有限，一般情况下有 $M<N$，此时政府收益为 $-vR$，表示由于企业虚假扶贫使社会整体收益遭受的损失，且社会的损失要远大于企业的获益，故 $v\gg1$。考虑到惩罚力度的效果要求，一般情况下有 $vR<sR$。

（二）企业参与乡村旅游精准扶贫的演化博弈过程

1. 博弈双方复制动态方程

通过计算政府严格监管的期望收益 R_{gl} 和形式监管的期望收益 R_{gb}，得出政府的平均收益 R_{gp}，再利用复制动态机制可得到政府策略的复制动态方程为：

$$
\begin{aligned}
F(x) &= \frac{\mathrm{d}x(t)}{\mathrm{d}t} = x(R_{gl}-R_{gp}) = x(1-x)(R_{gl}-R_{gb}) \\
&= x(1-x)(-C-ysR+sR-tR+ytR+vR-yvR)
\end{aligned}
\tag{2.1}
$$

同理，通过计算企业进行实质扶贫的期望收益 R_{et} 和虚假扶贫的期望收益 R_{ef}，得到企业扶贫的平均收益 R_{ep}，可得到企业策略的复制动态方程为：

$$
\begin{aligned}
F(y) &= \frac{\mathrm{d}y(t)}{\mathrm{d}t} = y(R_{et}-R_{ep}) = y(1-y)(R_{et}-R_{ef}) \\
&= y(1-y)(M-N+xsR+xR)
\end{aligned}
\tag{2.2}
$$

2. 政府策略的演化稳定性分析

由复制动态方程稳定性定理及演化稳定策略性质可知，当 $F(x)=0$，$F'(x)<0$ 时，x 取值为演化稳定策略。令式（2.1）

等于0，当 $y = \frac{C + tR - sR - vR}{tR - sR - vR}$ 时，对所有的 x 取值均为稳定状态，政府严格监管的力度是稳定的；当 $y \neq \frac{C + tR - sR - vR}{tR - sR - vR}$ 时，$x = 0$，$x = 1$ 都是可能的稳定状态。

（1）当（$-C - ysR + sR - tR + ytR + vR - yvR$）$< 0$ 时，则 $x < 0.5$；若 $y = 1$，企业进行实质扶贫要求 $-C < 0$，这显然成立；若 $y = 0$，企业进行虚假扶贫有 $-vR > sR - C - tR$，此时要求政府严格监管的成本极大，这出现在政府效率极低、寻租行为异常严重、惩罚力度不力的情况下。只要监管成本足够大，$x = 0$ 为全局唯一的稳定策略，即政府采取形式监管策略。

（2）当（$-C - ysR + sR - tR + ytR + vR - yvR$）$> 0$ 时，则 $x > 0.5$；若 $y = 1$，企业进行实质扶贫有 $C < 0$，即政府进行严格监管的代价可忽略，这显然不可能；若 $y = 0$，企业进行虚假扶贫，则有 $-vR < sR - C - tR$，政府严格监管的收益更大。当严格监管收益足够大时，$x = 1$ 为全局唯一的稳定策略，即政府采取严格监管策略。

（3）事实上，（$-C - ysR + sR - tR + ytR + vR - yvR$）与0的关系主要取决于 y 的大小。若 $y > \frac{C + tR - sR - vR}{tR - sR - vR}$，即企业进行实质扶贫的概率足够大并呈增大趋势时，则 $x = 0$ 为稳定策略，政府应采取形式监管策略；若 $y < \frac{C + tR - sR - vR}{tR - sR - vR}$，即企业进行实质扶贫概率足够小并呈减小趋势时，$x = 1$ 为稳定策略，政府应采取严格监管策略。非对称两群体复制动态的关系如图 2－5 所示，其中 $y_0 = \frac{C + tR - sR - vR}{tR - sR - vR}$。

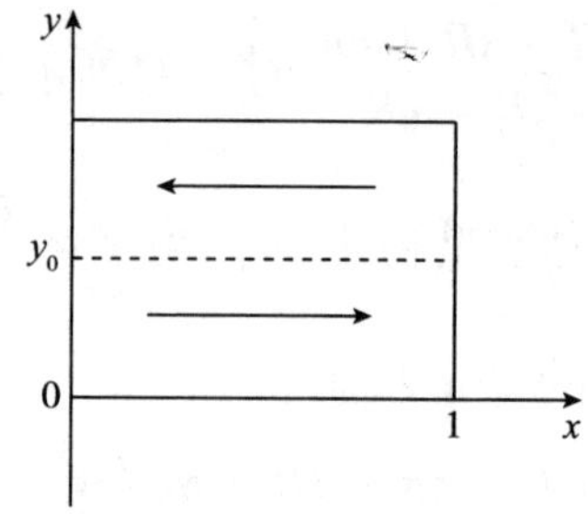

图 2-5 政府策略的复制动态相位

经过长期演化，当政府严格监管的收益小于形式监管导致的社会损失时，不管企业进行虚假扶贫还是实质扶贫，政府都会选择形式监管策略。当政府严格监管的收益大于形式监管导致的社会收益损失时，政府的策略选择依赖于企业进行实质扶贫的概率，实质扶贫的概率越大，则政府严格监管的力度就越小；反之则越大。

3. 参与企业策略的演化稳定性分析

同理，当 $F(y)=0$，$F'(y)<0$ 时，y 取值为演化稳定策略。则令式（2.2）等于0，当 $x=\frac{N-M}{sR+R}$ 时，对所有 y 取值均为稳定状态，企业进行扶贫策略都是稳定的；当 $x\neq\frac{N-M}{sR+R}$ 时，$y=0$，$y=1$ 都是可能的稳定状态。

（1）当 $(M-N+xsR+xR)<0$ 时，则 $y<0.5$；若 $x=0$，政府形式监管则有 $M>N$，即企业进行虚假扶贫的收益小于实质扶贫，要求乡村旅游精准扶贫项目完全无寻租空间。若 $x=1$，政府严格监管则有 $M+R<N-sR$，即企业虚假扶贫获益远大于实质扶贫，这多出现在政府政策效力极为低下情况下。若实质扶贫获取的收益不够多，$y=0$ 为全局唯一的稳定策略。

（2）当 $(M-N+xsR+xR)>0$ 时，则 $y>0.5$；若 $x=0$，在

政府形式监管下有 $M < N$，即企业进行虚假扶贫获益大于进行实质性扶贫，这出现在乡村旅游精准扶贫项目存在寻租空间的情况下。若 $x=1$，政府严格监管下则有 $(M-N+sR+R)>0$，即企业进行虚假扶贫获益小于实质扶贫，此时企业策略取决于政府监管政策是否有足够效力。只要政府严格监管的强度足够高，$y=1$ 为全局唯一的稳定策略。

（3）$(M-N+xsR+xR)$ 与0的关系与 x 的取值关系密切。若 $x > \frac{N-M}{sR+R}$，政府严格监管的概率足够大并有增加趋势，且企业进行实质扶贫可得到补偿，则 $y=1$ 为稳定策略；若 $x < \frac{N-M}{sR+R}$，政府严格监管概率不够大且有减小趋势，企业虚假扶贫受到惩罚的概率较低，则 $y=0$ 为稳定策略。非对称两群体复制动态的关系如图2-6所示，其中 $x_0 = \frac{N-M}{sR+R}$。

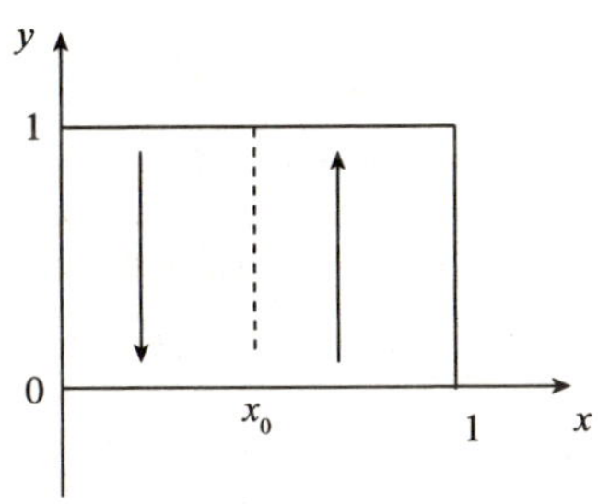

图2-6 企业策略的复制动态相位

经过长期演化，不管政府是否进行严格监管，如果企业进行实质扶贫的收益大于虚假扶贫时，企业都会选择实质性扶贫策略。如果企业参与乡村旅游精准扶贫的收益依赖于政府优惠和相关补偿时，其实质扶贫策略有赖于政府严格监管的概率，严格监管的概率越大，则企业进行实质扶贫的可能性就越大；反之则越小。

（三）政府与企业策略的演化稳定点分析

根据演化博弈原理可得到政府与企业在博弈动态系统中的五个可能的均衡点，(0, 0)，(1, 0)，(0, 1)，(1, 1)，($x_0=\frac{N-M}{sR+R}$, $y_0=\frac{C+tR-sR-vR}{tR-sR-vR}$)，当且仅当 $0\leqslant x_0\leqslant 1$, $0\leqslant y_0\leqslant 1$ 时成立。对式（2.1）和式（2.2）都分别对 x 和 y 求偏导，可得到系统的雅可比（Jaconbian）矩阵（即式2.3），

$$J=\begin{bmatrix}(1-2x)(-C-ysR+sR-tR+ytR+vR-yvR) & x(1-x)(-sR+tR-vR)\\ y(1-y)(sR+R) & (1-2y)(M-N+xsR+xR)\end{bmatrix} \tag{2.3}$$

根据雅可比矩阵局部稳定性分析法可对5个均衡点的稳定性进行分析，结果如表2－2所示。

表2－2　　基于雅可比矩阵局部稳定分析的平衡点稳定性分析

<table>
<tr><th>均衡点</th><th colspan="2">J的行列式及符号</th><th colspan="2">J的迹及符号</th><th>结果</th><th>条件</th></tr>
<tr><td>$x=0$，$y=0$</td><td>$(-C+sR-tR+vR)(M-N)$</td><td>－</td><td>$(-C+sR-tR+vR)+(M-N)$</td><td>－</td><td>不稳点</td><td rowspan="4">$R>tR$
$M\ll N\ll sR$
$R\ll vR\ll sR$</td></tr>
<tr><td>$x=0$，$y=1$</td><td>$C(M-N)$</td><td>－</td><td>$-C-(M-N)$</td><td>－</td><td>不稳点</td></tr>
<tr><td>$x=1$，$y=0$</td><td>$-(-C+sR-tR+vR)(M-N+sR+R)$</td><td>－</td><td>$-(-C+sR-tR+vR)+(M-N+sR+R)$</td><td>－</td><td>不稳点</td></tr>
<tr><td>$x=1$，$y=1$</td><td>$-C(M-N+sR+R)$</td><td>－</td><td>$C-(M-N+sR+R)$</td><td>－</td><td>不稳点</td></tr>
<tr><td>$x=x_0$，$y=y_0$</td><td>－</td><td>－</td><td>0</td><td>－</td><td>鞍点</td><td>任意</td></tr>
</table>

根据政府和企业的复制动态方程，可把双方的复制动态关系利用二维平面坐标轴表示出来得到相位图，如图2－7所示。结合

表2－2中雅克比矩阵分析的结果，可知图2－7中的点（1，0），（0，1），（0，0）和（1，1）都为不稳点，点（x_0，y_0）为鞍点。

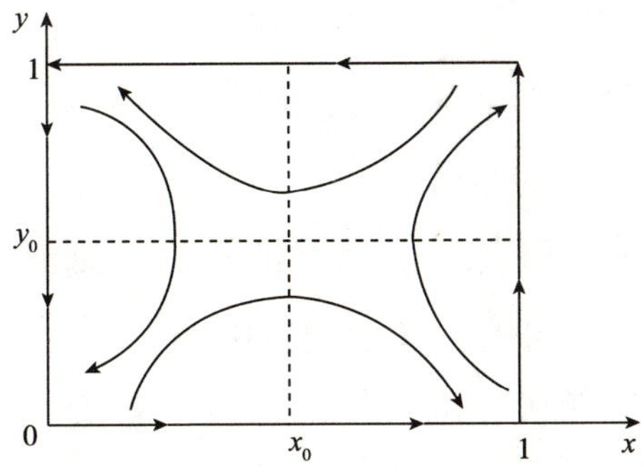

图2－7　政府监管与企业实质扶贫行为博弈演化相位

点（0，1）为系统帕累托最优均衡，政府无须严格监管而企业进行实质性扶贫，这一般出现在企业参与乡村旅游精准扶贫的经济效应显著，企业能实现发展与扶贫有效协同的情况下。事实上，点（0，1）不稳定，缺乏政府的严格监管，企业具有通过虚假扶贫套取政府资金的动机，进行机会主义行为的企业会逐渐增多；则经过长期演化 y 会趋向于0，系统均衡向（0，0）移动。如不少地区的乡村旅游精准扶贫项目由于政府后期监管不力，导致其可能成为企业套取财政补贴的工具，严重影响了乡村旅游精准扶贫的实际效益。

点（0，0）不利于区域经济社会发展，会促使政府加强对企业扶贫行为监管，经过长期演化 x 会逐步趋向于1，系统均衡向（1，0）移动。点（1，0）均衡为系统最劣点，此时政府严格监管但企业仍然不进行实质扶贫活动，这多出现在政府支持政策不科学或执行不力的情况下。不少乡村旅游精准扶贫项目招商异常困难，企业参与积极性极为有限，这除了与旅游资源本身的价值有关外，区域发展软环境，特别是政府的诚信是重要因素。

点（1，0）与政府的扶贫目标严重相悖，会推动政府采取更为有效措施推进企业更多参与实质扶贫；则经过长期演化 y 会趋向于1，系统均衡逐步向（1，1）移动。点（1，1）政府保持严格监管的高压态势，使企业不敢也不能通过机会主义行为获利，可保障实施实质扶贫的企业构建竞争优势。由于点（1，1）企业进行实质扶贫可能会降低政府监管的动力，则经过长期演化 x 会逐步趋向于0，系统均衡点又会向（0，1）移动。

假设初始状态随机，则系统均衡点一直会在几个点之间不断移动，最终演化结果具有不确定性。要推动企业长期采取实质扶贫的策略，政府的支持措施要有力度，提升企业进行实质性扶贫的收益 $M+R$，降低企业的收益损失；政府必须认识到企业虚假扶贫问题的严重性，保持严格监管的力度，减少企业机会主义行为收益 $N+R$，增加惩罚系数 s，对虚假扶贫惩罚的要远大于机会主义收益，降低陷入（0，0）均衡陷阱的概率。同时，政府必须要提高管理效率，有效降低监管成本 C，建立完善的过程评估机制和事后审计机制。

（四）博弈结论与建议

乡村旅游精准扶贫是一项系统工程，针对企业参与乡村旅游精准扶贫中面临的问题，推动企业采取实质性的扶贫策略，满足企业参与扶贫得到的效益足够大是基本条件，而政府足够强的监管则是保障长期扶贫绩效的关键，因此要创新企业参与的激励与监督机制。

1. 强化实质扶贫的激励机制

树立企业在乡村旅游精准扶贫中的主体地位，通过股份制、联营等方式改变企业的短期行为，减少追求短期政绩而运动式投资、掠夺式开发的模式。出台支持与引导政策，特别是财税金融政策，鼓励企业和社会资本介入乡村旅游精准扶贫领域；加快金融创新，推动旅游资源的资本化，为乡村旅游开发提供更多的资金支持。创新政府支持资金的使用方式，以市场化为原则，强调根据企业的扶贫实际效果进行事后奖励。

2. 加大虚假扶贫惩处力度

虚假扶贫不仅造成社会资源的浪费和损失，同时也会严重的损害进行实质扶贫企业的积极性，必须严厉打击这种行为，使虚假扶贫行为失去生存的基础。因此，政府不仅要完善法制，还要加强失信惩戒机制建设，及时查处乡村旅游精准扶贫项目申报与执行中的机会主义行为，加大对虚假扶贫的惩罚力度，使之永久性失去参与市场经营行为的资格，维护平等竞争的市场发展环境。

四、企业参与乡村旅游精准扶贫的影响机制分析

对比乡村丰富的旅游资源，真正积极参与乡村旅游开发和精准扶贫的企业并不多。调研显示，企业是否会参与乡村旅游精准扶贫工程，受到内部、外部和综合等诸多因素的影响。[①]

（一）企业参与乡村旅游精准扶贫的影响机理

企业参与乡村旅游精准扶贫具有很多优势，但是也受到诸多制约因素的影响。作为旅游活动的运营管理者，企业的参与意识、机制和能力是决定乡村旅游精准扶贫项目实施的关键；作为扶贫对象，贫困农户的参与意识和参与能力也会直接影响到扶贫项目的最终成效；企业和农户的参与意识机制之间也有相互的影

① 朱海英．企业参与乡村旅游扶贫的影响机制研究［J］．商学研究，2018，25（1）：97－105.

响。另外，外部旅游开发环境是乡村旅游精准扶贫项目实施的基础条件，而利益相关者行为是最终扶贫绩效的重要保障，旅游环境与利益相关者态度也会影响到企业和农户的参与意识和机制（见图2－8）。

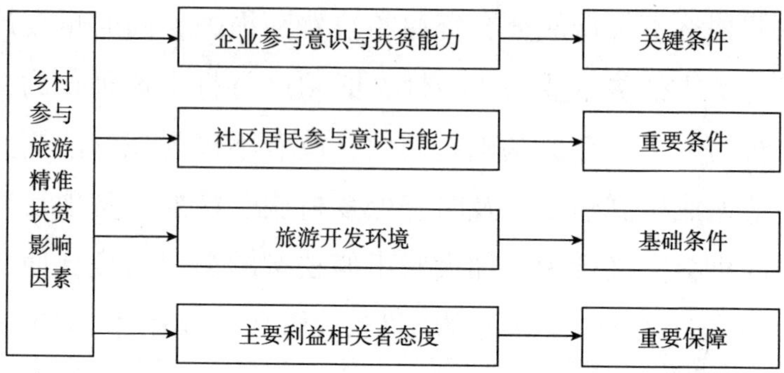

图2－8　企业参与乡村旅游精准扶贫的影响因素

1. 企业参与意识与扶贫能力是关键

乡村旅游精准扶贫活动多与农业结合，不仅抵抗风险的能力更低，且投资周期偏长，短期内很难获取收益，需要企业具有较高的社会责任和扶贫参与意识，愿意与贫困农户共享发展收益，同时也对企业资金、技术实力和市场能力等提出了更高要求。

（1）扶贫意识。企业作为以营利为目的的法人，加上扶贫的成本与风险偏高，实施纯粹捐助和帮扶式扶贫不具有可持续性，但是市场化扶贫的风险也比较大。因此，企业的市场化扶贫意识与社会责任，直接关系到企业参与乡村旅游精准扶贫的可能性。

（2）资源整合能力。贫困地区虽然有生态文化资源的优势，但往往碎片化和分散化特征显著，不利于工业化开发，整合难度和成本比较高。产品在当地销售难度比较大，往往要面向外地高端市场，市场营销极为重要，对企业的资源整合能力具有较高的要求。企业要成为低收入群体和高收入群体之间的桥梁，能够整合低收入群体的不可复制资源，开发高端产品，经过运营销售给高收入群体获取利润，并给予低收入群体利润分成。

（3）社会资本。企业整合能力的实现，必须具有强大的社会资本。扶贫活动中可争取到政府、合作社等民间组织的支持，为其在土地流转、农户参与等方面提供支持，便于其更快更好地组织资源，并实现资源获取的可持续性；同时，有一定的市场营销和渠道开拓资本，便于实施高端市场的开发，能够将其产品的市场价值实现。

2. 农户参与意识与能力是重要条件

农户作为乡村旅游精准扶贫的直接对象，属于利益相关者，其参与积极性、支持力度和参与能力直接影响到企业参与乡村旅游精准扶贫项目的实施效果；必须说明的是农户的参与意识与能力可以通过一定的手段进行培育。

（1）自我发展意识。长期的输血式扶贫，导致部分贫困农户"等靠要"思想严重，自我发展与旅游参与意识淡薄。而乡村旅游精准扶贫是以市场化配置资源为核心的产业扶贫，要求农户必须具有强烈的自我脱贫意愿，具有通过参与旅游开发得以致富的意愿，同时认识到企业介入旅游开发的必要性。因此，农户积极主动参与产业发展的意愿和意识能否得到有效的培养和提升，是否愿意支持旅游开发，是企业参与乡村旅游精准扶贫的前提。

（2）基本素质与能力。当前，农村的空心村问题异常严重，老、弱、妇、孺是劳动力的主体，基本文化、素养与技能偏低，参与乡村旅游精准扶贫活动的能力比较有限。因此，农户的健康、知识、文化和技能等基本素质能否得到有效改善，特别是基本的劳动能力和参与能力对于企业最终的乡村旅游精准扶贫绩效具有显著的影响。

3. 旅游开发环境是基础条件

企业的乡村旅游精准扶贫活动本质上属于面向群体的资源开发性商业模式创新，为实现营利的目的就必须要考虑资源的开发价值及成本收益的问题，因此旅游资源本身的开发价值和可行性是最终扶贫绩效的基础与前提；当然，旅游开发环境不是一成不变，可以逐步的改善。

（1）资源开发价值。并不是任何村寨都适合进行旅游开发，也并不是任何地区都适合进行乡村旅游精准扶贫。作为旅游开发的基础，旅游资源本身的价值是核心，涉及旅游资源的唯一性、可开发性、可创意性等要素。只有具备一定资源开发价值的区域，企业才可能会参与乡村旅游精准扶贫活动。

（2）基础设施水平。贫困地区的基础设施比较落后，特别是交通区位劣势显著，需要进行投资的项目比较多，这些因素会成为企业进行投资的巨大障碍。因此，改善基础设施，完善交通网络，特别是通村公路和景区内部道路的通畅，是企业参与乡村旅游精准扶贫项目的重要条件。

（3）发展软环境。当前，贫困地区的基层治理面临严重问题，村支两委（村支部与村委会）管理能力不足，农户组织难度偏大，缺乏共享发展的意识，严重阻碍旅游资源的开发；部分地区管理机制僵化，政府公信力相对不足，对投资者的承诺往往因各种原因而难以兑现，使投资者不敢也不愿意介入乡村旅游精准扶贫活动。因此，如何营造一个诚信、良好的投资环境，成为企业参与乡村旅游精准扶贫活动的关键因素。

4. 主要利益相关者态度是重要保障

政府、乡村相关组织等具有独特的信息优势和资源整合优势，争取到利益相关者的支持是企业参与乡村旅游精准扶贫项目的重要保障。

(1) 政府的主导作用。政府是区域扶贫主导者，但实践证明行政扶持无法实现扶贫的可持续性，必须借助市场化的手段。因此，政府的作用是否得到充分发挥，特别是能否为企业的商业模式创新提供发展环境保障和政策支持，如能否改善基础设施和发展环境，能否作为农户和企业之间的重要沟通媒介促成合作，将对最终的乡村旅游精准扶贫绩效产生显著影响。

(2) 相关组织和协会的辅助功能。当前，农业合作社、农业协会等成为农村资源整合与组织的重要媒介，“企业 + 合作社(基地) + 农户”已成为一种比较有效的发展模式。合作社是农民和农村资源的重要整合者和组织者，负责人和参与者本身也是农民，便于整合资源。企业能否取得其支持和参与，对于未来乡村旅游精准扶贫项目的实施具有重要影响。

(二) 企业参与乡村旅游精准扶贫的影响机制案例分析

雪峰山公司自 2014 年 5 月成立以来，以共享发展理念为引领，以雪峰山地区最重要的生态与文化资源为依托，以贫困乡村为重点，以共同富裕为目标，积极参与精准扶贫，大力提升农户的自我发展能力和旅游参与能力，同时企业也稳步的发展壮大，初步形成了雪峰山旅游品牌，成功走出了一条“发展乡村旅游，实现脱贫致富”的新路子，实现了公司发展与农户脱贫的双赢格局，2016 年成功入选国家级旅游扶贫示范项目。雪峰山公司参与乡村旅游精准扶贫的时间并不长，扶贫效益已经显现，与以下因素具有显著关系。[①]

1. 企业家的扶贫意识强烈

雪峰山旅游公司参与乡村旅游精准扶贫项目，与企业家具有

---

① 关于企业的相关资料源于湖南雪峰山生态文化旅游有限责任公司网站，http://www.hnxfsly.com/.

强烈的扶贫意识密切相关，这是企业参与乡村旅游精准扶贫的基础与前提。雪峰山生态文化旅游公司是由上市公司大康牧业公司原董事长陈黎明于 2014 年 5 月注册成立，旨在通过开发雪峰山地区优质丰富的旅游资源，开展乡村旅游精准扶贫，实现共同富裕。陈黎明 16 岁参军，退役后办起养猪场，通过艰苦创业发展成为湖南著名农业产业化龙头企业，并于 2012 年成功在深交所上市。“一带一路”倡议和沪昆高铁带来的新机遇，使陈黎明认为在雪峰山风光发展生态文化旅游产业，是贫困农户适应最广、受益最快的致富门路。2014 以来，他投入 3 亿多元开发乡村旅游，打造了阳雀坡古村落、穿岩山森林公园两个国家级 3A 景区，探索出了乡村旅游精准扶贫的“雪峰山模式”，取得了显著的扶贫成效。

2. 企业资源开发能力强

（1）企业具有乡村旅游开发的资金与市场等能力。以强大的母公司作为支撑，雪峰山旅游公司在湖南旅游界创造出四个“全国第一”，全国第一个由民营企业申报的森林公园获得成功并正式挂牌；全国第一家企业与美国南方木业巨头签订了开发建设美式休闲木屋的战略协议；全国第一家民营旅游开发公司成立了文化研究会；全国第一家由民营企业主办旅游电视频道，这些举措为公司有效整合资源奠定了基础。

（2）具备高品位建设景区的能力。公司凭借强大的开发实力，与溆浦县人民政府签订中国花瑶梯田、抗战古村落阳雀坡、穿岩山森林公园和统溪河旅游休闲小镇四个景区的旅游开发协议，总投资 20 亿元。为增强开发的科学性，公司高度重视景区的规划设计，专门邀请国内著名专家来景区实地考察，通过竞标选择中国科学院地理规划设计院和桂林七颗星旅游规划公司、中南林业科技大学旅游规划设计院等机构进行规划设计，为景区定位提供了科学依据。

（3）具备开发高端旅游功能产品的能力。利用穿岩山森林公园景区交通优越，沪昆高铁溆浦南站位于景区中心的优势，积极打造总部经济，已有中国天健会计师事务所、大康牧业、鹏欣集团等7家上市公司和院所拟在景区设立企业文化、党建活动及创新研究等总部基地。公司与湖南健康养老基金会合作，在中国花瑶山背梯田和穿岩山森林公园景区打造两个国家级健康养老基地，为老年人提供候鸟式的健康、休闲、度假等全方位的优质服务。

（4）具有开发高端生态旅游商品的能力。利用区域的原生态优势，大力开发高端生态山野旅游食品。如2015年端午节前组织的雪峰山首届稻作文化节，吸引了各地游客云集景区梯田参与插秧、犁田、吃忆苦思甜餐、放丘捉鱼等活动。通过粮票模式，以高出普通稻米几倍的价格，将通过传统的耕种方式、不使用任何农药化肥的传统老稻种进行预售，现场预售2万斤大米，形成了较好的经济效益。

3. 企业愿意提升农户素质与技能

为了取得社区农户的支持，企业在开发过程中高度重视保障农户的利益，为农户的自我发展提供了较多的机遇和便利。

（1）组织农户外出增强见识。2014年9月到2015年6月，公司出资组织1125名景区农民和基层干部，分四批赴桂林、龙胜、通道、镇远、千户苗寨和梵净山、大围子山等地学习考察，使农户的思想观念得到有效转变，旅游管理技能也得到提升，公司发展旅游项目也得到了村民的理解和支持。

（2）培训农民提升其自我发展能力。积极教育农民、培训农民，提升其旅游开发参与能力及自我发展能力，使其真正成为旅游受益主体。公司请旅游主管部门及大学教授来景区办培训班，组织景区贫困人口学习，提高旅游服务意识和技能；先后邀请湖南师大、中南林业科技大学专家为景区的2500多名贫困乡村的干部群众，系统讲解《旅游开发带给景区的益处》《旅游接待礼仪》等课程，以及服务技能、导游技能、农产品开发、农家客栈运作、消防安全等方面的知识。

（3）投入资金支持农民创业。公司全力扶持贫困群众创业脱贫致富，并对创业农户进行资金奖助。如山背梯田景区某农户在雪峰山公司支持下，于2014年国庆节推出“秀兰农家客栈”，半年即收回全部投资，并得到雪峰山公司4.6万元奖助。公司累计投入400多万元，扶持景区36户贫困家庭建起了“农家客栈”“农家饭庄”，参与景区的餐饮、住宿接待业务，已形成500余张床位的接待能力，从业人员达300余人。同时，投资300多万元，扶持景区80多个贫困户从事生态养殖业和生态加工业，分享旅游开发的收益。

4. 企业能够有效优化旅游开发环境

为了改善开发的条件，提升资源价值，公司通过科学规划，加强基础设施建设等措施不断提升资源开发的价值。

（1）有效挖掘资源价值。雪峰山地区生态良好、文化深厚，旅游资源丰富多样，具有打造为核心吸引物的价值；但由于交通闭塞，缺乏资金、人才和经营能力，当地农户和政府无力推动生态旅游发展，缺乏对接国家“乡村旅游精准扶贫”政策的发展平台。沪昆高铁开通后，雪峰山旅游景区具有全国独一无二的“一下高铁就到景区”的交通优势，区位优势显现，开发养生度假、乡村休闲、文化探秘和户外运动等旅游项目的价值凸显。

（2）强化营销与宣传。公司加强与湖南日报、中国旅游报、中华文化报、怀化日报，以及湖南电视台、怀化电视台等各大传媒联系合作，并结成战略合作伙伴关系。公司通过合作协议，将怀化电视台移动频道更名为文化旅游频道，把雪峰山地区的旅游宣传作为报道的主要内容，制作的《秘美千年的花瑶梯田》《雪峰山之魂穿岩山》《古宅疑云》等景区宣传专题片播出后引起强烈反响，直接提升了雪峰山旅游的知名度。

（3）大力改善基础设施。公司将景区建设与当地农户生活类基础设施建设同步实施，全面开展了公路、桥梁、游步道、游泳池、景观坝、度假村、停车场、娱乐场、接待站等基础设施建设，不仅优化了景区设施，也有效改善了农户的生活环境。2014年10月以来，共完成实质性投资8200万元，修建硬化5条进组公路和花瑶古寨公路，完成4条景区游步道、休闲小镇景观大坝以及景区水利设施等工程建设，完成抗战古村落阳雀坡家防火安全培训、消防设施配置、电线改造等。

5. 企业能够争取到利益相关者支持

（1）成功争取湖南省和怀化市各级政府的支持。湖南省、怀化市、溆浦县积极扶持陈黎明参与乡村旅游精准扶贫，对雪峰山公司开发中国花瑶山背梯田、统溪河休闲小镇、穿岩山森林公园、阳雀坡抗战古村落等景区景点，及时给予政策、宣传等方面支持，2016年6月，景区的穿岩山省级森林公园还获得了“2016湖南最佳避暑胜地”称号。

（2）争取区域文化组织的支持。公司成立了拥有150多名会员的雪峰文化研究会，组织专家、作家、摄影家到景区采风调研，挖掘研究雪峰山文化，在国内报刊、网站发表作品360多篇（幅）；雪峰文化研究会会员、湖南省作协副主席邓宏顺的散文《山背梯田》在《人民日报》发表，有效提升了景区的知名度。

（3）支持成立农业合作组织。根据城市游客的需要，结合雪峰山区的生态优势，公司鼓励农户调整农业生产结构，组织贫困农户成立了薏米、高山猕猴桃生产合作社，野生茶业生产合作社、花瑶挑花合作社等农村合作组织，高山笋子，蕨菜等农产品都已经得到有效的开发，2014 年至今，入会农户平均增收 3000 元以上。

6. 企业坚持共享发展理念

为了让景区的贫困群众长期受益，持久脱贫，公司坚持共享发展，贫困农户通过参与景区建设、在景区就业、兴办农家客栈及以房屋、山林等资源入股分红等形式，获取了比较稳定的收入，有效破解了旅游开发中利益协调的难题。

（1）吸收和带动农户就业。雪峰山旅游公司在景区开发建设中，搭建了管理、宣传、导游、客运、餐饮、住宿等多个工作平台，600 余贫困农户通过参工、参建获益 2400 多万元；吸纳贫困人口在景区就业 87 人，年发放工资 270 多万元。2016 年底，雪峰山旅游公司预计可吸纳景区内劳务工 1500 余人，其中贫困人口达 700 多人，人年均收入 4 万余元；扶持贫困户创办农家客栈 26 家，年收入 300 余万元，实现了农户的就近脱贫致富。

（2）帮助农户资源转变为资产。雪峰山旅游公司鼓励景区农户以山林、田地、房屋、宅基地等资产折价入股，变闲置资源为可用资产，成为公司股东，参与公司分红。目前，景区范围内的统溪河镇、葛竹坪镇已有 275 户村民（贫困户占六成多）以资源、资产入股成为股东，年收益可达 200 余万元。公司目前已签约收用农户 1500 栋老式木屋建设乡间旅馆，直接吸收 1000 余农户加入公司，并带动 5000 多农户致富。

（3）保障农户资金投资收益。为提升分散扶贫资金的收益，雪峰山旅游公司根据相关法律法规，成立“雪峰山贫困农民股权托管中心”统筹管理贫困农户的资产入股工作，通过将农户享受的各种扶贫资金和扶贫贷款交由托管中心统一管理，然后入股公司投入景区建设，公司按月付给红利并负责还贷，有效保障了贫困农户的收益。

雪峰山公司的案例说明，企业愿意并能够与贫困农户共享发展成果，并通过商业模式创新能够在乡村旅游精准扶贫实施过程中不断发展壮大，是企业参与乡村旅游精准扶贫的关键。

（三）推动企业参与乡村旅游精准扶贫的启示

乡村旅游精准扶贫是一项系统工程，雪峰山公司的成功与其自身实力与科学运营有关，与外部条件的支持也密切相关。当前，企业参与乡村旅游精准扶贫还面临诸多难题，企业参与乡村旅游精准扶贫的意识不足；空心村问题严重，老、弱、妇、孺是劳动力的主体，实施产业开发的意愿不强；农户的知识、文化和技能等基本素质偏低，难以为旅游开发提供高素质的劳动力；农户多居住分散，单个村寨的规模和体量有限，进行大规模开发的难度大；基础设施严重落后，投资成本偏高。因此，要以共享发展理念为引领，以扶贫绩效提升为根本目标，从环境、企业和相关主体等层面，创新推动企业参与乡村旅游精准扶贫的机制。

1. 培育企业参与的意识与能力

（1）企业社会责任意识提升机制。政府要以共享发展理念为引领，积极向企业宣传扶贫政策和措施，重点向企业家、乡村能人、旅游创客等进行乡村旅游精准扶贫项目的宣传，强化其社会责任意识和扶贫意识，争取更多的民营企业参与乡村旅游精准扶贫；要通过政策创新和税收优惠等措施，有效弥补企业扶贫的收益损失，引导企业承担更多的社会责任，积极参与乡村旅游精准扶贫工程。既要树立企业在乡村旅游精准扶贫中的主体地位，通过股份制、联营等方式改变企业的短期行为，又要注意减少企业为追求短期业绩而实施运动式投资、掠夺式开发等问题。

（2）企业扶贫能力培育机制。要为企业搭建乡村旅游精准扶贫参与平台，发挥市场在资源配置中的决定性作用，为企业参与乡村旅游精准扶贫创造条件，提升企业参与乡村旅游精准扶贫的能力。从资源整合能力入手，通过打造资源共享平台，构建企业旅游精准扶贫等能力的培育与提升机制。要积极推动形成乡村旅游精准扶贫联盟与平台，鼓励和支持企业通过参与扶贫获取其他企业无法获取的资源和优势，提升市场的知名度和收益。要着力培育乡村能人的旅游扶贫能力，鼓励其通过创办旅游企业带动其他村民致富，发挥其扶贫带动效应。

2. 优化企业发展环境

（1）强化服务意识。出台支持与引导政策，特别是财税金融政策，鼓励社会资本特别是优秀企业介入乡村旅游精准扶贫领域；加快金融创新，推动乡村旅游资源的资本化，为旅游开发提供更多的资金支持；要创新服务方式，积极为企业参与扶贫项目排忧解难；支持企业在旅游开发中的自主经营，杜绝不正当的干涉行为；要统筹利用专项财政资金，重点做好农村风貌改造、公路建设、环境治理、旅游培训等基础设施和公共服务等项目。

（2）优化区域发展软环境。着力提升政府政策的公信力，要强化政府诚信形象建设，有效地兑现和落实相关优惠政策和补贴，保障企业参与乡村旅游精准扶贫项目的利益，解除企业参与乡村旅游精准扶贫的后顾之忧；完善相关法律制度，推进各种扶贫政策实施的法制化；制定扶贫补贴的实施细节，保障支持政策公平、公开和公正执行，切实的支持真正参与扶贫企业，为参与扶贫的企业创造更多发展机遇和生存空间。

（3）创新管理机制，优化乡村治理环境。政府必须从直接的旅游经营中退出，完善相关的法律制度，重点从基础设施改善、农户利益保障、生态文化保护等层面，为企业参与乡村旅游精准扶贫提供更好的发展环境和条件。构建乡村内部的制度与规则，对企业扶贫行为进行合理有效的监管，保护农户利益和生态环境，支持企业在乡村旅游精准扶贫中的自主经营，杜绝干涉行为。

3. 创新利益共享机制

打造农户与企业的利益共同体，创新利益共享机制，实现企业发展与农户脱贫的协同，这是企业参与乡村旅游精准扶贫项目的关键。

（1）构建利益协同机制。坚持共享发展理念，构建科学的制度与规则，形成乡村旅游精准扶贫的农户参与机制，有效保障农户利益；构建农户利益诉求表达机制和渠道，明确农户在旅游开发中的分红、就业、创业等权益，并以制度的形式确定下来，使农户能够切实享受到旅游开发的成果。构建科学的机制，对旅游资源进行科学的价值评估，确定投资者和农户的利益分配原则，协同各方的利益。

（2）壮大村级集体经济。要强化贫困地区的内生能力建设，要以村集体经济和村经济组织建设为重点，通过外部企业的乡村旅游精准扶贫活动的带动与示范作用，培育属于乡村的本土市场参与主体；要以基层党组织建设为核心，组建村级经济主体组织管理机构，负责集体经济日常的管理运营，特别是与外部市场的交流与合作。

（3）强化对企业的监督。政府对企业参与扶贫已采取了诸多的激励措施，也有不少企业确实开始参与扶贫活动，但是由于存在机会主义行为，扶贫效果受到影响。因此，必须要强化对扶贫企业扶贫效果的考核及监管，落实责任追究机制，加大惩罚力度，使企业不敢也不能侵占扶贫资金，切实保障农户利益。

（4）转变农户理念，提升农户能力。引导农户形成共享发展意识，愿意通过各种共享机制实现脱贫，提升村民对旅游开发的支持度，减少村民与企业的矛盾和冲突；引导农户树立自我发展的理念，增强农户的自我发展能力，要根据农户的实际需求，开展贫困农户知识与技能培训，切实提升农户的参与能力。

第三章 企业参与乡村旅游精准扶贫的组织机制研究

党的十八大以来，通过景区、能人、合作社、企业等旅游市场主体的投资与运营，不断创新乡村旅游精准扶贫组织机制，精准扶贫实践中探索创新出了“两带两加”[①] 等企业参与乡村旅游精准扶贫模式，带动贫困户和贫困人口分享旅游收益。企业（合作社等准企业组织）已经成为乡村旅游精准扶贫组织机制构建和运行的关键主体，对于精准扶贫绩效具有显著的影响。

一、乡村旅游开发的主要组织模式

乡村旅游发展过程中，按照不同利益主体发挥作用的强度不同，可以分为政府主导、企业主导、基层组织引领、合作组织及能人带动等多种模式；[②] 组织形式与利益联结机制密切相关，对

① “两带两加”分别表示：两带——景区带村、能人带户；两加——公司 + 农户、合作社 + 农户。

② 关于乡村旅游开发组织模式部分的介绍，参考了奇创旅游规划设计咨询机构网站中的乡村旅游专题研究部分，http：//www. kchance. com/LandingPage/village/index. asp。

于精准扶贫绩效具有显著的影响。2018 年 11 月，发布的《关于促进乡村旅游可持续发展的指导意见》，提出要鼓励各地从实际出发，积极探索推广多方参与、机制完善、互利共赢的新模式新做法，为乡村旅游开发的组织机制提出了指导和方向。如贵州省在乡村旅游发展中，在不断加大政府引导性资金投入的同时，在乡村动态关注体制、运行机制和经营管理模式上进行了积极的探索，吸引了大量社会资本投资开发乡村旅游；贵州形成了以“旅游协会 + 农户”“政府 + 公司 + 农户”“政府 + 公司 + 旅行社 + 农民旅游协会”“农村合作社 + 村民”等多种社区参与、民主管理的贵州乡村旅游模式，调动了广大农户参与发展旅游业的积极性；引导和鼓励贫困农户参与旅游商品制作技艺培训，凭借“公司 + 合作社（村集体） + 农户”平台，创造手工劳动价值，获得直接的现金收入。①

（一）政府主导型

1. 政府主导型的主要特征

政府主导型多采用“政府 + 公司 + 农户”模式，其中，公司一般是政府出资成立或政府实际控股的，政府是乡村旅游精准扶贫的主导者和实际控制者。在实际运作中，由于政府不便于直接介入旅游开发运营，往往会主导成立旅游开发公司，具体负责乡村旅游的运营，实质上是政府主导下的“企业 + 农户”模式。通过政府旅游主管部门按市场需求和旅游总体规划确定开发地点、内容，政府进行有效的规划，引导农户参与旅游建设，指导旅游公司实现市场化运营，发动景区农户实施联合开发，达到政府获益、企业增值，农户增收的效果（见图 3 – 1）。这种经营模式多

---

① 王雪峰．贵州 3000 余个自然村寨开展乡村旅游［EB/OL］．2008 – 7 – 19. http：//www. chinaguizhou. gov. cn/system/2018/07/19/016706959. shtml.

是旅游开发基础比较薄弱的贫困地区，吸引外部投资的难度大，需要政府进行直接投资；部分地区是因为愿意投资的企业不愿意介入扶贫项目，需要政府进行统筹扶贫开发；也有地区担心企业开发无法兼顾生态、扶贫和乡村整体发展，故由政府出面成立公司开发。此模式多数和扶贫攻坚项目密切结合，比较重视贫困农户利益的保护，多组建旅游合作社等组织来保障农户的旅游参与权和收益权，使当地农户真正得到实惠。但由于政府的主观干预偏多，其他市场主体参与有限，政府的投资压力和债务压力偏大；农户参与方式单一，利益难以衡量，利润分成矛盾多，部分农户甚至出现逆反心理和抗拒意识。因此，政府主导的"公司+农户"模式要充分考虑农户的实际利益和诉求，通过丰富农户参与形式和受益方式，切实提高农户参与经营管理的积极性。

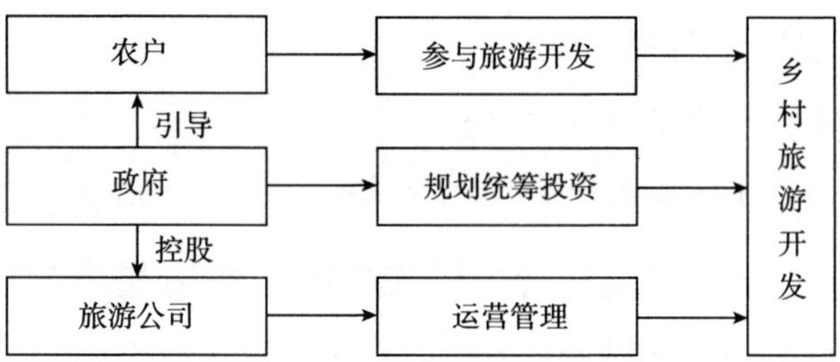

图3-1 政府主导型乡村旅游开发项目

2. 贵州省湄潭县金花村七彩部落案例

"七彩部落"景区位于贵州省遵义市湄潭县东北部，属湄江镇金花村大清沟组，距县城10公里，借助大青沟良好的自然生态环境和地处于核桃坝—金花—龙凤农业旅游4A景区的区位优势发展乡村旅游。金花村大青沟组农户发展旅游的积极性比较高，自发向村委会请愿，再由村委会将群众的申请书带到镇党委，镇党委商议决定在大青沟开展新的（扶贫）模式。2015年湄潭县湄江镇围绕“农业更强、农村更美、农民致富、企业创收、村级集体经济壮大”为目标，以突尼斯南北小镇为开发灵感，结合名人诗句提出在大青沟组打造“七彩部落”。

七彩部落采取“合作社+公司”模式，两块牌子一套人马运作，探索形成了“村民主体、股份合作、公司运作、利益共享、政府扶持”的建设运行机制。为保护村民利益，大青沟村民组成立了“金花村大清沟乡村旅游合作社”，73户农户以黔北民居、生态茶园、有机稻田等生产生活资源入生态资源股，其中33户还以每户1万元入现金股，以此为平台整合土地资源，对接并实施政府扶持的项目；筹建“七彩部落乡村旅游开发有限公司”，农户将资源全部打包入股合作社，再通过合作社入股七彩部落乡村旅游开发有限公司，抱团开发乡村旅游。公司制定了“1432”的分红模式，将旅游开发公司运营获得利润的10%用于73户农户以生态环境入股的分红，40%用于33户出资农户分红，30%用于合作社及旅游开发公司管理团队的绩效考核，20%上交村旅游开发公司用于全村旅游发展基金。①

金花村通过政府主导、村民主体、股份合作、引智引资、创业创新等措施，采取统一规划打造、统一资源整合、统一运营管理、统一股份分红和政府兜底基础设施的“四统一兜底”方式，探索建立“人人是股东、户户能分红”的新型农村经营模式，走出了一条“产业兴、村寨美、村民富”的茶旅一体新路子。自2015年5月运营以来，“七彩部落”每天吸引游客上千人，日均纯收入达5万元，旅游综合收入达5000余万元，占该村民组总收入的85%以上，解决周边及外来贫困群众就业400余人。如金

① 杨霄霄．贵州遵义金花村：“童话小镇”七彩部落［EB/OL］．中国网，2016-7-8．http：//news.china.com.cn/cndg/2016-07/08/content_38840840.htm.

花村村民袁连国现在是“七彩部落”的一位农家乐老板，除经营农家乐外，还种植5亩茶园，另有1.8亩土地流转种果树，一年有1800多元的流转租金，人均年收入大概在5万元左右。按照协议“七彩部落”村民盈利的10%要交给合作社，村集体经济超过500万元。一些村民还主动提出不拿分红，继续投入，让村集体经济更加壮大起来，真正实现了“资源变资产、资金变股金、农民变股东”的多赢局面，金花村也实现了茶区变景区、茶园变公园、茶山变金山的巨变。[①]

（二）企业主导型

企业主导模式的典型代表为公司独立运营制和“公司+农户”式，公司一般是外部投资者，独立性强。企业主导乡村旅游开发的整个过程，市场化程度高，但可能会忽视农户利益，并导致乡村生态文化严重破坏，降低旅游发展的可持续性。

1. 公司独立运营制特征

公司运营制模式中，直接引进组织结构成熟的公司经营，政府和村集体在具体开发中并不参与。所有权和经营权都归公司，农户一般通过就业的方式加入获取收益，依托公司进行旅游开发和经营活动。这种模式多出现在农户权益意识匮乏，政府资金极为困难的情况下，旅游开发权益多被一次性出售给企业，由企业独立负责运营开发。利用企业的市场、技术和资金等优势，可以实现跨组织区域相互联合经营，起点高，发展速度快，能快速的实现区域乡村旅游开发的目的，便于使乡村旅游开发迅速走上有序化发展的道路。企业建设运营中往往会将旅游开发范围内的农户全部迁走，农户参与旅游开发的难度很大，也难以从旅游公共

---

① 李培松．湄潭“七彩部落”人人是股东户户能分红［EB/OL］．遵义日报，2018-7-23. http://www.cnepaper.com/zyrbszb/html/2018-07/23/content_1_5.htm.

资源开发中直接获利；农户一般靠从事低端的、非正规的旅游服务，获得少量且不确定的旅游利益，却要承担旅游开发所带来的各种负面影响，往往造成公司与农户的重重矛盾和冲突，乡村旅游精准扶贫效果偏低（见图3－2）。必须指出的是，公司通过一次性买断并独立开发运营的模式多出现在乡村旅游开发的早期阶段，随着农户权益意识觉醒，不顾农户利益的开发模式已难以适应发展需要，保障农户获取旅游利益已经成为必然，完全的公司制独立经营模式已经较少。从调查来看，公司制开发模式已经开始通过构建乡村旅游精准扶贫机制，使政府、合作社及旅行社参与管理，提高农户参与性、积极性，除确保农户的旅游就业优先权外，明确当地农户在旅游资源中的产权地位，使旅游资源产权能给当地农户带来直接经济利益。

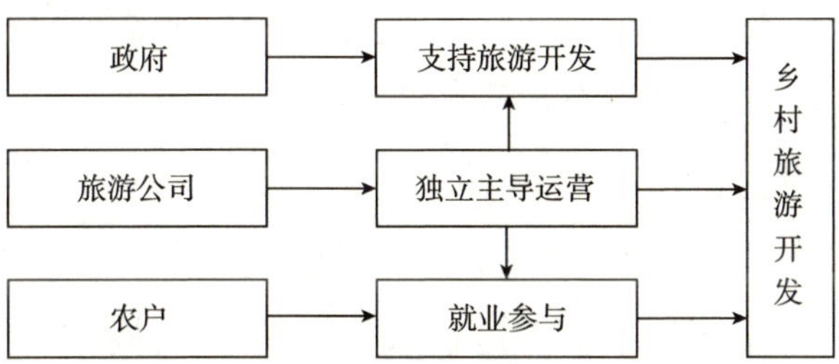

图3－2　公司制乡村旅游开发项目特征

2. “公司＋农户”模式特征

“公司＋农户”模式是当前企业参与乡村旅游开发的主要模式。通过旅游公司的主导和带动，吸纳社区农户参与旅游经营；利用社区农户闲置的资产和富余的劳动力，开发各类农事活动，可有效增加贫困农户收入。通过旅游公司的统筹管理，可以对农户的接待服务进行规范，提高服务水平，向游客展示真实的乡村文化，避免恶性竞争损害游客利益，从而促进乡村旅游健康发展。企业主导运营，开发资金和管理水平有一定保障，比较容易实现组织内部的分工协作，可以利用公司运营优势开发单个农户难以实现的高端产品，同时也实现了企业和农户的差异化竞争。同时，在乡村旅游开发过程中，企业对旅游地社区进行规划建设，对征用社区的土地进行经济补偿，招收社区村民进入企业工作，并根据经营获利情况给予社区农户一定利润分红。通过保护农户利益，也确保了可以较低的交易费用和适宜价格获得稳定原料来源，并提高服务水平，实现可持续发展。从目前的实际情况来看，公司与农户的合作是建立在一定的经济基础上的，受投资商实力的影响较大，不少旅游企业的经营项目与农户处于相同的档次和水平，矛盾突出；部分农户的知识层次、素质、服务意识等还有待于进一步提高，特别是对于提升景区服务质量和维护景区环境方面的意识比较淡薄。因此，公司要充分听取农户的意见和看法，提高农户的参与性，实施对农户的旅游意识、知识、技能培训，加强对农户知识水平的提高。

3. 龙胜乡村旅游扶新模式

广西龙胜自治县积极探索乡村旅游精准扶贫路径，形成了“企业带动”“景区辐射”“村寨联盟”等扶贫模式，逐步探索出一条生态、旅游、扶贫的发展模式，全县 20 多个乡村旅游扶贫示范点惠及贫困人口 2600 多户 8000 多人。其中“企业带动”即通过龙头企业对旅游景区进行统一运营，群众享受景区收益分红、地租收益和劳务收益。泗水乡周家村的布尼梯田景区，公司将 94 户村民的 1000 多亩梯田全部流转，整体打造四季花海梯田，当地村民通过出租土地、参与经营、种植花卉、自办旅馆等途径得到收益，直接带动贫困户 46 户 184 人脱贫，间接带动贫困户 108 户 412 人增收。大寨村以龙头企业对旅游景区内旅游资源进行整体包装，统一管理，景区内所有村民享受旅游门票分成，还可按照规定参与景区旅游开发，获取利益。2003 年，大寨金坑梯田景区正式对外开放，村委与旅游公司签订了共同开发景区协议，村民负责种植水稻和维护梯田景观，旅游公司每年将门票收入的 7% 返还大寨村，给村民分红。通过发展旅游，曾经被称为“空壳村”的大寨村，成为当地远近闻名的“旅游致富村”，入选“中国经典村落景观”。大寨村还建起了多个观景平台、民族歌舞场等；村民们靠着旅游业走上了致富路，曾外出打工的村民纷纷返乡，开农家旅馆、卖民族手工艺品、表演歌舞等，仅开办的农家乐就有 100 多家，成了“扛着犁耙种田地，唱着山歌搞旅游”的“两栖农民”。大寨村从 2003 年全村人均收入不足 700 元，到 2018 年仅旅游分红一项村民人均收入 5000 多元，“年终奖”更是逐年攀升。2018 年，大寨村接待中外游客超过 78 万人次，大寨村旅游分红 670. 6 万元，共有 271 户 1232 人获得分红，户均 2. 5 万元。[①]

（三）基层组织引领型

当前，农村基层组织力量薄弱，集体经济缺失，基层治理能力不足，使乡村旅游开发面临巨大的困境。村集体主导型，可以发挥基层党建的战斗堡垒作用，由基层干部带头成立合作社或旅游公司主导旅游开发，对于壮大和发展集体经济，带动村民致富具有重要的作用。

1. 基层组织引领型特征

村集体对旅游开发经营进行规范和管理，组织村民自愿参与村集体开发经营的旅游项目。村集体进行统筹开发管理，利益一

① 吴丽萍，李志雄，黄宇鑫. 龙胜走出“双创双促”发展新路子［EB/OL］. 广西新闻网，2019 - 3 - 29. http：//www. gxnews. com. cn/staticpages/20190329/newgx5c9d5313 - 18175732. shtml.

般通过合作社按参加农户的入股数量进行分配，有利于解决利益冲突，调动农户积极性。利用村集体的独特统筹与规划优势，易于实现农户有序参与开发和经营，减少农户开发的盲目性。村集体通过旅游协会或者合作社对农户自开发经营的旅游项目进行监管，农户经营必须接受村集体的监督和管理，遵守村规民约的规定，服从村寨的统一规划，所获得的旅游收益归开发经营者所有（见图3-3）。村集体主导的形式需要拥有坚强的领导集体，特别是基层党组织和村干部的管理能力要足够强。但是由于缺乏高等级的专业人才，村集体模式在旅游管理和投资方面的局限性很明显，规模一般都比较小，难以形成较强竞争优势，打开市场的难度比较大。在集体经济脆弱的地区，旅游开发面临严重的资金问题，不利于长期发展。因此，未来要适当让企业、政府、旅游相关部门介入，实现旅游发展的企业化经营，提高经营管理水平；同时可通过招商引资提高其融资渠道，积极培养人才培训与储备，通过自身的发展提高运营水平。

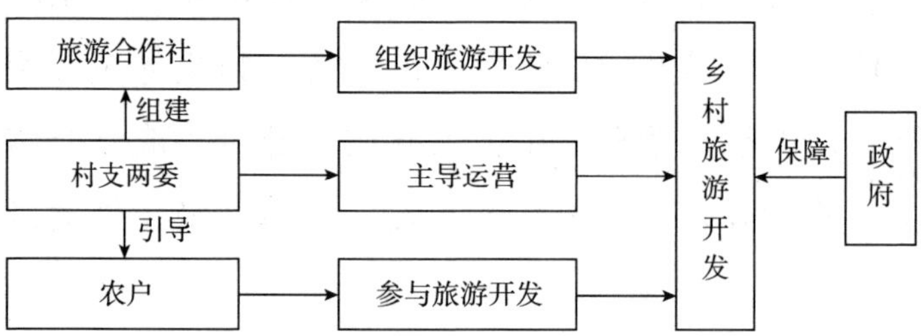

图3-3　基层组织引领型乡村旅游开发项目

2. 河南重渡沟的乡村旅游开发经验

重渡沟是一个1370多人的村庄，当时大概有375户，1999年人均收入只有400元，全村没有一座用砖盖的房子，不通路，不通电，不通自来水，民风很淳朴，信息很闭塞，生活很贫穷。

2018 年，人均收入增加了 100 倍，重渡沟的“公司 + 村组 + 农户”的乡村旅游开发模式成为全国乡村旅游发展的成功经验，已经在全国范围内得到推广，重渡沟实现了六有：“家家有宾馆，家家有经理，家家有名片，家家有雇工，家家有汽车、家家有存款”。在乡村旅游开发过程中，如何对村民农家乐进行管理，维护市场秩序是实现可持续发展的关键。

2013 年以前，接待的游客以旅行社团队为主，景区通过重渡沟旅游协会实现四统一设施统一、价格统一、管理统一、收费统一；对于农家乐如何建设、如何管理、如何服务，景区都有详细的规定和要求，农户的农家乐必须符合相关要求才能开业；景区和农户形成了稳定的利益分配机制，景区主要收入来源为旅游门票、交通、娱乐服务、高档餐饮住宿等，负责景区环境维护管理和宣传营销；农户主要收入为农家乐、务工和租金等，但必须要接受景区的相关管理制度要求；村组主要负责协调。

2013 年以后，重渡沟景区开始进行乡村旅游升级，开发乡村度假酒店。为了保障服务质量，景区通过重渡沟旅游协会对景区农家乐的价格、质量等都进行了进一步规范，避免出现扰乱市场秩序，损害景区品牌的问题。重渡沟景区对住房价格、餐饮、旅游纪念品、土特产品，甚至是方便面、矿泉水都进行了统一定价、明码标价。率先承诺游客在重渡沟景区受了委屈、受到质量或价格方面的欺诈，景区先行双倍赔付；游客无法和农户理论，只要有证据表明受到欺诈，景区直接进行赔付，其他由公司处理。相关的投诉范式和途径在景区门口公示，让游客成为我们服务的监督员，通过诚信建设，让游客想来重渡沟、敢来重渡沟，来了重渡沟敢消费。重渡沟景区既有成功乡村旅游发展经验，又有带动群众参与旅游发展脱贫致富的经验，重渡沟景区的投资人都是栾川本土企业家，既有经济实力，又有发展旅游的理念。重渡沟的乡村旅游实际上是给老百姓，深山区的老百姓找到了一把脱贫致富的金钥匙。景区在发展中，承诺不让一家农户外迁，并通过重渡沟景区的帮助和引导让所有农户在度假区内参与旅游产业的发展，尽快脱贫致富，构建出良性的互动机制。①

3. 安顺西秀区大黑村村支两委引领型案例

大黑村位于安顺西秀区刘官乡东南部，距安顺市区 37 公里，距清黄高速平坝出口 13 公里。大黑村“村支两委”以国家旅游扶贫政策支持为契机，以“三权”促“三变”为改革抓手，以乡村旅游为目标，采取了抓基础惠民生，抓示范促发展的方式，精准识贫、精准扶贫，带领全体村民共享建设成果。大黑村依托独特的地理优势、区位优势和气候优势，乡村旅游业呈现出良好的发展势头。大黑村属于典型的“基层引领型”乡村旅游精准扶贫模式，“村支两委”带领村民去重庆引客源，建设“观光果蔬采摘园”丰富村产业项目，经济取得持续增收。大黑村通过集体土地入股，村民资金入股、以劳折资入股和项目资金入股，形成了集体分红股 40%、村民入股分红股 30%、滚动发展股 20%、扶贫攻坚股 10% 的“四三二一”模式分红，全体村民共享合作社发展效益。先后整合资金 500 万元修建的游客接待中心，包含餐饮、娱乐、会议培训、酒席承办、住宿等功能，有乡村风情小木屋、培训和宣教中心、5000 人的演绎广场和餐饮娱乐大厅；休闲观光采摘果园种有樱桃、杨梅、大棚草莓等 10 余个品种，达到一年四季都有鲜果采摘，面积约 500 亩。2016 年全村接待人数达 2 万人（次），全村建有农家客栈 51 家，村接待避暑床位 600 余个，年接待休闲观光、避暑度假的游客近 3 万人次，村集体旅游直接收入 90 万元。2016 年村集体创收 120 万元，户均增收

---

① 重渡沟景区网站相关信息整理，http：//www. chongdugou. net/.

5400 元，人均增收 1300 元，人均年收入达到 10900 元。①

（四）合作组织型

合作组织型模式强调乡村旅游利益相关者的多方参与与合作开发，形成"公司 + 合作社 + 农户 + 政府"等发展共同体形式。当地村民或村民与投资者一起承建乡村旅游开发有限责任公司，旅游经营管理按企业运作，利润由村民（乡村旅游资源所有者）和外来投资者按一定比例分成，村民们还可以通过为游客提供住宿、餐饮等服务而获取收益。

1. "政府 + 公司 + 农村旅游协会 + 旅行社"模式

"政府 + 公司 + 农村旅游协会 + 旅行社"模式中政府是主导者，公司和协会分工协作，农民广泛参与，各方均按投资比例进行分配，有利于激发相关主体潜能。通过发挥旅游产业链中各环节的优势，合理分享利益，避免了乡村旅游开发过度商业化，保护了本土文化，增强了当地农户的自豪感，从而为旅游可持续发展奠定了基础。政府负责乡村旅游的规划和基础设施建设，优化发展环境；乡村旅游公司负责经营管理和商业运作投入；农民旅游协会负责组织村民参与地方戏的表演、导游、工艺品的制作、提供住宿餐饮等，并负责维护和修缮各自的传统民居，协调公司与农民的利益；旅行社负责开拓市场，组织客源（见图 3 – 4）。此模式充分发挥旅游产业链中各环节的优势，通过合理分享利益，推进农村产业结构的调整，为旅游可持续发展奠定了基础。这种模式通过科学运营可以实现多方共赢，但由于核心主体比较多、领域广，协调的难度极大；各方贡献难于评价，因而容易引发利益冲突，持续发展的难度比较大。因此，未来要统筹安排，

① 中共安顺市委政策研究室，安顺市旅游发展委员会．贵州安顺市乡村旅游扶贫发展路径实践与探索［J］．贵州调研，2018（3）．

协调全局，完善经营和管理条例，合理划分各主体的利益；要建立有效的监督机制，落实可持续发展模式。

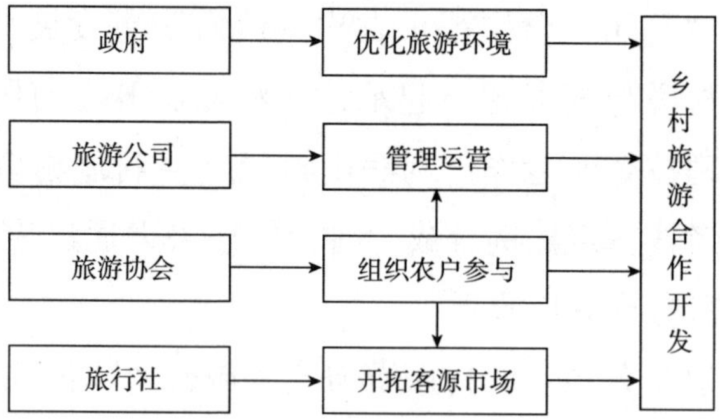

图3-4　合作型乡村旅游开发项目特征

2. 合作社参与模式

这一模式的实质是“公司+合作社+农户”模式，公司是主体，合作社是公司与农户之间的重要沟通桥梁。“公司+农户”模式下公司跟农户多是“一锤子”买卖关系，作为订单生产也很难保证产品准时交货，并不是所有公司都有精力来监管每个农户的生产和产出产品的质量。合作社的参与，有利于很好地利用农户手上的资源，保证产品的原材料和资源的支持；同时，公司还可以通过加入合作社，并利用合作社社员之间的闲散资金扩大投资和进行深加工项目的打造。合作社可以通过成员账户和财务数据等多方面材料来反映旅游项目的经营情况，农户不但实现增收，地位也有了上升。借用公司实力与合作社合作，可以借用合作社的基础实力和人脉资源迅速启动合作社，还有利于使政府信任企业的持续发展，有利于农户更好地获得政府的关注与支持。

（1）古北口村民俗旅游合作社案例。古北口村是密云区最早成立旅游合作社的民俗村，于2004年成立了民俗旅游合作社。

民俗旅游合作社主要做以下几个方面工作。一是对民俗户培训进行培训，如厨艺、礼仪、英语及院落装修等。二是帮民俗户办理卫生证、营业执照等相关证件执照。三是统一接待、统一经营、统一分配客源、统一管理、统一宣传营销。这主要涉及制定统一的价格、菜单和接待标准等。四是处理游客投诉：一旦出现游客投诉民俗户的情况，合作社便不再分配游客，直到其整改完毕。五是做整体环境，提升民俗旅游的吸引力。乡村旅游合作社是村里的旅游管理中心，乡村旅游合作社的出现较好地解决了乡村旅游接待户之间争抢客源及接待户与游客之间的矛盾，受到了不少民俗旅游接待户的好评。农民加入民俗旅游合作社后，不仅不愁客源，而且合作社还会组织餐饮服务、面点制作、接待礼仪等方面的培训，实行床上用品统一配送工作等，受益颇多。①

（2）乡村旅游“梁家沟模式”案例。随着乡村旅游的快速发展，平山县西柏坡镇梁家沟村农家乐数量快速增加，形成了以该村新民居建筑群为核心的农家乐集聚区，数量占到全村农家乐的一半以上。2016 年以来，该村大力推进农家乐合作社建设，逐步转型“农家乐 + 合作社”经营新模式，全村农家乐正由规模扩张向品质提升转变。随着游客数量的增加和餐饮休闲要求的提升，传统的一家一户的农家乐已不能满足市场的需要，集群效应和提档升级成为该村旅游业发展的必然趋势。通过成立农家乐合作社，将分散的农家乐聚集起来，按照统一规划设计、对外营销、接待安排、定价收费等“七个统一”要求，秉承“转换 + 整合”的思路，采取“市场合作 + 农户主体”的运营方式，走出了集聚发展的新路子。在具体运营中，合作社负责规范管理和行业自律、农家乐经营户负责提供住宿场地等旅游产品。农家乐

① 徐万佳．合作社助力乡村旅游发展［N］．中国旅游报，2012 - 12 - 19.

经营规范程度大幅提高，成立农家乐合作社有利于避免恶性竞争，维持梁家沟村乡村旅游市场秩序，进而最大限度保障村民收益。旅客须在合作社统一登记入住，并将住宿费统一交至合作社，合作社则根据旅客需求，将其安排至不同的农家乐经营户中。待旅客住宿行为结束后，合作社将按照相应规定，以月或季度为周期，将扣除少额运营费后的住宿费用全部返还至经营户。[①]

3. 村委会参与模式特征

这种模式的实质是“公司 + 村委会 + 农户”模式，村委会承担了合作社的组织角色，公司仍然是旅游产业发展的主导。公司一般先与当地村委会进行合作洽谈，再通过村委会组织农户参与乡村旅游，公司一般不与农户直接合作，但农户接待服务、参与旅游开发则要经过公司的专业培训，并制定相关的规定，以规范农户的行为和旅游接待服务水平。这种模式不仅可以保障公司、农户和游客的利益，同时村级经济实力也可得到较大提高。这种模式分工比较明确，农民将土地承包经营权进行流转并与村委会签订协议，企业通过对农户土地的集中开发使农民共享成果，并共担风险。公司负责资金与技术以及培训的投资（规划、开发、营销、宣传和培训），村委会负责将农户的闲散资金与设备收集与整合（协调办公室、选拔工人、接待、检查和处理冲突），当地农户按规定经营家庭旅馆等旅游服务（设施维修、接待、导游和环保），村委会和农户均可获得丰厚的旅游利益。这种模式适用于基层党组织比较完善，对农户具有一定组织能力，但缺乏旅游开发资金和运营能力的地区。通过村委会构建稳定的沟通与协

---

① 赵晓慧，张天虎，宁晓雪，李全．从农家乐到合作社 看乡村旅游开启“梁家沟模式”［EB/OL］．长城网，2016 - 9 - 28. http：//report. hebei. com. cn/system/2016/09/29/017383475. shtml.

调机制，便于公司与农户协调、沟通，克服公司与农户因利益分配产生的矛盾。村委会还可对公司起到一定监督作用，保证乡村旅游实现正规、有序发展。但由于公司一般不与农户直接合作，加之农户知识水平有限，导致农户参与性不强，影响经营管理水平；若村委会介入程度有限，或者协调水平不高，难以参与旅游公司实际经营管理，则难以有效维护农户的利益。因此，公司要提高农户的参与性，并加强对农户基本素质的提高；村委会要组织农户成立旅游合作社，构建完善的农户参与机制，形成规范的管理机制。

新塘村村委会组织观光农业拉动旅游案例。宁远县新塘村一无资源、二无资产、三无资金，村级集体资金一穷二白。2015 年12 月，新塘村将全村流转出来的 200 亩土地集约使用，投入178.5 万元，成立了集观光、休闲、娱乐、康养、教学于一体的长新水果合作社和长新水产养殖合作社。长新水果合作社种植了70 亩葡萄、7 亩红心火龙果、20 亩黄金百香果和 20 亩脐橙，新塘水产养殖合作社利用 80 亩养鱼。2017 年，新塘村两大合作社销售总额达到 113.2 万元，实现利润 40 万元，2018 年实现收入200 万元，利润 60 余万元。规模化种植已打造成观光农业，周末成群结队的游客赏风景摘水果，带来了人气也带来了财气。全县建成了大界源生态休闲度假村和云轩生态农庄省五星级乡村旅游点以及下灌花海等 100 余个特色农业观光休闲示范园。[①]

（五）能人带动型

农民对企业介入乡村旅游开发有一定的顾虑，大多农户不愿把资金或土地交给公司来经营，但在“示范户”开发乡村旅游并

① 张静．宁远县“景区带村”精准扶贫趟出一条宽阔路［EB/OL］．中国江苏网，2018－12－5. http：//tour. jschina. com. cn/gdxw/201812/t20181205_2089875. shtml.

获得了成功的带动下，农户们通过向示范户学习经验和技术，经过短暂的磨合与交流后多会加入示范户的项目，加入乡村旅游接待行列，并学习旅游经营经验和技术。能人带动模式多出现在乡村旅游发展的初级阶段，农户自主经营，经营权与所有权的合一，原真性强。农户善于学习别人经验，汲取别人教训，因其势单力薄，规模有限，往往注重揣摩、迎合游客心理，极具个性化服务。由于经营模式比较原始，农村文化保留最真实，游客花费不多，多是以“农家乐”为主的小规模乡村旅游。这种模式以农民自发投入为主，投资者和经营者一般都是农户，由农户自负盈亏，最终的受益者为农户。虽然项目投入较少，接待量有限，但乡村文化保留最真实，游客花费少还能体验最真的本地习俗和文化，是最受欢迎的乡村旅游形式。由于缺乏资金与技术支持，经营管理水平低，旅游经济的带动效应较差，难以形成规模化发展。因此能人带动未来要走联合的道路，引导龙头企业介入，加大对资金和管理的投入力度，规模化发展；采用企业与合作社联合的方式，对现有农户资源进行有效管理分配。

雪峰山公司参与乡村旅游精准扶贫的模式。雪峰山公司是乡贤引领的典型代表，企业家的投入和科学的运营，在乡村旅游开发与扶贫中发挥了重要作用。2014 年 5 月，陈黎明成立了湖南雪峰山旅游公司，注册资金 1.1 亿元，全力开发雪峰山地区的优质旅游资源，发展乡村旅游，实施旅游精准扶贫，带动当地农民实现共同富裕；在旅游开发过程中，通过主导全域规划、主导项目投资、主导基础设施建设、主导景区建设、主导旅游营销五个主导模式，乡贤陈黎明事实上成为乡村旅游精准扶贫的顶层设计者和主导者；通过“劳务用工”“就业安置”“扶持创业”“慈善捐助”等具体措施，乡村旅游精准扶贫取得了显著的成效，得到省委主要领导的认可，并将其经验向全省推广。

二、企业参与乡村旅游精准扶贫的主要方式

乡村旅游精准扶贫作为产业化扶贫项目，强调市场化机制的作用，企业的参与机制和乡村旅游精准扶贫组织机制极为重要。2016 年，国家旅游局等部委联合出台的《乡村旅游精准扶贫工程行动方案》进一步明确了企业等市场主体的扶贫作用，2017 年 10 月召开的中共十九大报告提出，激发和保护企业家精神，支持民营企业发展，为企业参与民族地区旅游开发提供了新的机遇。根据文化和旅游部的普查，到 2018 年 9 月全国 12.8 万个建档立卡贫困村中，已确定 2.26 万个具备发展旅游的贫困村开展乡村旅游精准扶贫①。乡村旅游精准扶贫领域出现了不少旅游扶贫新模式，特别是 2016 年国家旅游局推出的 280 个全国旅游扶贫示范项目中，包括“企业联村”“景区带村”“能人带户”“公司 + 农户”“合作社 + 农户”等旅游精准扶贫模式 280 个（见图 3 -5）。分析可以发现，其中“公司 + 农户”与“景区带村”是

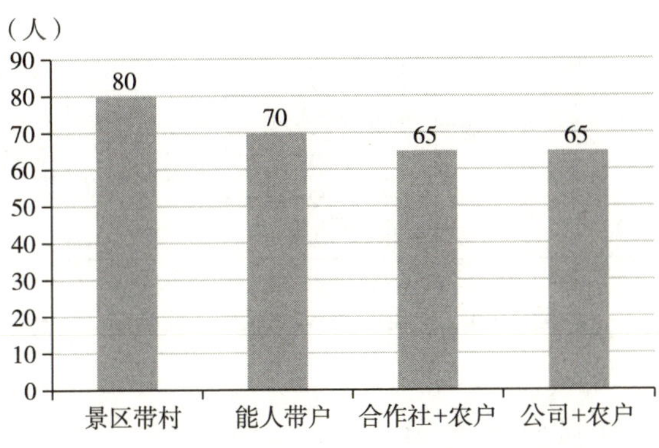

图 3 -5 全国旅游扶贫示范项目类别分布

① 李金早. 发展乡村旅游已成为脱贫攻坚的一个重要渠道 [EB/OL]. 搜狐网，https：//www.sohu.com/a/253801680_654573.

旅游企业主导的；“能人带户”与“合作社+农户”中，能人与合作社也是通过相关的企业实现带动农户脱贫的；因此，企业参与成为乡村旅游精准扶贫实现可持续发展的关键机制。

（一）企业联村开发

企业联村开发模式一般是由一个旅游企业牵头，联合一个或几个相邻村寨开发乡村旅游项目，最终将其打造为乡村旅游目的地，并实现旅游精准扶贫的目的。这个过程中，企业主要负责客源导入、宣传营销和景区运营，村寨则负责组织农户参与、景区建设、生态文化保护以及环境维护等，农户则通过参与景区建设和运营获取收益，政府提供相关的政策支持和环境保障（见图3-6）。牵头的旅游公司处于乡村旅游精准扶贫项目的主体和主导地位，企业开发乡村旅游项目的能力及企业与村寨的合作方式是此模式成功的关键。从实际来看，联村企业中旅行社企业居多，旅行社可以利用客源优势，最大限度宣传推介旅游资源并组织游客前来旅游，并通过联合营销等方式共同打造旅游目的地，开发旅游市场实现扶贫目标。

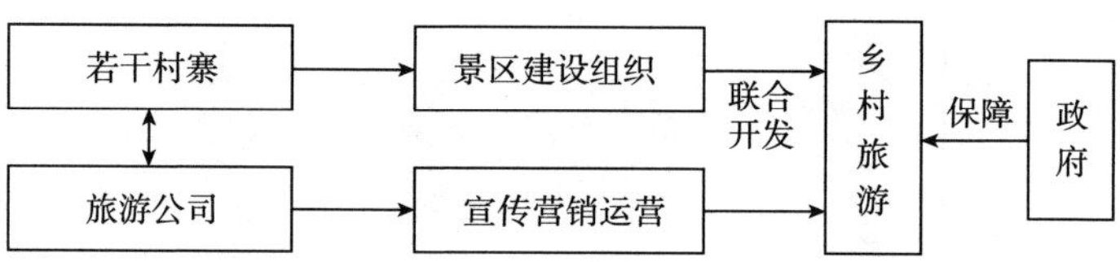

图3-6 企业联村乡村旅游扶贫机制

1. 江口县联村发展案例

江口县依托自身的优质旅游资源，以全域旅游为抓手、围绕“建一个景区、引一批企业、活一带经济、富一方群众”的发展思路，通过发展乡村旅游带动周边村寨脱贫致富，探索出了一条

"景区带村"的乡村旅游精准扶贫新思路。一是科学规划建设，让贫困乡村美起来。江口县以保护民族文化传统村落为原则，按照"四在农家·美丽乡村"的发展思路，紧扣养生度假、休闲农业、特色文化、传统村落等主题，积极构建"一品一特"的乡村旅游发展新格局。坚持因地制宜，重点打造了寨沙侗寨、云舍土家第一村、漆树坪羌寨、提溪土司城等特色鲜明的民族文化乡村旅游景点；寨抱村、快场村、孟家屯、江溪屯、苗汉溪等健康生态的山水体验乡村旅游景点，等等，真正实现了农村"变"景区、让贫困乡村美起来的美好愿景。二是创新发展方式，让乡村旅游强起来。按照政府资助70%、群众自筹30%的"帮7出3"模式，对景区周边的农村房屋进行了全面改造，破解了群众没钱改造的难题。大力推广"以企带户"的发展模式，即企业在用工和农产品收购方面优先考虑和保障贫困户，带动景区沿线贫困群众稳定增收致富。积极引导企业拿出一定比例的资金用于周边村寨旅游的基础设施建设，引导贫困群众开办农家乐、民俗客栈、文化展演、乡旅体验等旅游服务项目，在群众增收的同时有效带动周边村寨的发展。鼓励贫困群众盘活房屋、宅基地、土地承包使用权等资源，采取股份制、捆绑制、合作制"三制合一"的方式积极参与乡村旅游，让乡村旅游强起来。三是丰富产业形式，让贫困群众富起来。通过引进行业龙头企业（涉旅企业）参与市场开发、产品包装和经营管理，整合农村闲置资源、闲散资金和劳动力等要素，形成"政府+企业+合作社（基地）+农户"的利益联结模式，实现了资源变资产、资金变股金、农民变股东的转变。江口县已建成快场村生态旅游、兴隆村旅游商品加工等涉旅合作社550个，入股群众达10319人，带动群众每户年均增收6000元以上、带动1500余名贫困人口脱贫致富。旅游产业覆盖了7207户25554名农村人口，乡村旅游正成为江口县农民增收、农村脱贫的重要产业。[①]

2. 思源生态园"公司+农户"案例

普定县思源现代农业发展有限公司位于安顺市普定县白岩镇境内，下属的思源生态园成立于2012年10月。生态园以生态开发为宗旨，集水果采摘、农耕体验、石林观光、花卉欣赏、野外露营及烧烤、草坪婚礼、篝火晚会、垂钓技能比赛、游泳比赛、学习中国传统文化为一体的绿色生态园，现有独栋别墅8栋，18个包房以及一个多功能大厅，总占地面积约为3000亩。生态园给周边村民创造多个就业岗位，并带动周边村寨发展农业合作社，通过土地流转金、用工报酬、发展农业合作社的形式帮助当地村民增收致富。思源生态园在成立后，得到普定县委政府及信用联社的支持，给思源公司办理了第一本土地流转经营权证并发放900万元贷款；得到省级贴息补助30万元、农业补助20万元、林木补助3万元、林业补助8万元、公厕补助4万元及菜品检测补助1.36万元。思源生态园自2012年成立，形成自身比较完整的产业模式：一是酒店餐饮及相关的附属产业，主要是独栋别墅、包房、生态餐厅，以及户外婚礼草坪以及智能酒窖；二是种养殖产业，包括精品水果、花卉、高脚鸡等；三是户外健身产业，含垂钓、素质拓展训练基地、游泳等；四是文化体验及相关产业，以思源书画院为载体。

在乡村旅游精准扶贫的过程中，公司以产业项目为载体，采取以下方式进行扶贫。一是资助大学生在园区内自主创业，帮助指导成立了13个农业专业合作社及家庭农场。二是征收、租赁园区周边村民地方土地共计1090亩；三是雇用周边贫困户从事

---

① 王芳. 江口县："景区带村"助推旅游扶贫［EB/OL］. 人民网－贵州频道，2018－11－23. https：//news. 10jqka. com. cn/20181123/c608332231. shtml.

种养殖、餐饮、园区管理等工作，当前有固定员工 112 名，临时性用工能覆盖 6 个村的剩余劳动力，2016 年底解决 200 名固定人员就业，共帮助建档立卡贫困户 239 人解决就业增收的问题。四是带动周边村寨成立了草莓专业合作社、农机专业合作社、韭黄专业合作社等 13 家农民专业合作社，帮助附近村寨培育产业，拓展生产空间，帮助贫困村民就业增收。思源生态园在 2017 年被评为 3A 级旅游景区和全省首批 5 星级乡村旅游示范户。[①]

3. 爱彼迎金江村乡村旅游精准扶贫案例

爱彼迎是面向全球的线上民宿租赁服务网站。2017 年 10 月，爱彼迎与桂林市签署战略合作协议，以国家 4A 级景区龙脊梯田景区内的贫困村金江村为试点，开展乡村旅游精准扶贫项目。公司邀请全球知名设计师对当地传统干栏式建筑进行改造，打造具有当地文化特色的现代共享民宿，探索爱彼迎的共享住宿模式实现乡村振兴，提高当地村民的经济收入，扩大全域旅游发展成果。2018 年 11 月，改造完成的 6 间共享房屋，在爱彼迎平台正式上线，扶贫辐射面覆盖全村 38 户家庭百余人。

坐落在龙脊梯田下的金江村拥有原生态的自然环境、多彩的民族风情、古老而保存完好的民族文化，金江村江边组是景色秀丽的壮族村寨。爱彼迎积极与当地政府进行合作，市旅游部门派员驻村，全面对项目进行监督，龙胜相关部门也给予大力支持。在改造施工上，爱彼迎有着丰富的经验，认为民宿改造要有特点，不能把村子改造成千篇一律的样子，必须保留当地村子的文脉，有传统而又个性化的内容才能成为民宿的魅力。爱彼迎对江边组交通通达性、与旅游核心区的距离和当地村民的意愿进行了

① 中共安顺市委政策研究室，安顺市旅游发展委员会．贵州安顺市乡村旅游扶贫发展路径实践与探索［J］．贵州调研，2018（3）．

详细调查，并对江边组发展民宿进行一次评估，然后才选择合适的房屋进行改造。

龙胜马堤乡聚居着苗族、瑶族、壮族等少数民族，民族文化特色鲜明突出。该乡张家村近年来利用特色民族文化和特色乡村资源开展乡村旅游精准扶贫，带领农民增收致富。村里最有特色的干栏式建筑风格被设计师最大限度地保留了下来，设计师把原有的建筑材料逐片拆下，经过工艺处理后再拼装回去。设计师用简单的施工工艺、传统的建筑材料来改造传统的建筑，在延续村子的文脉和风格的基础上创造温馨舒适的民宿，满足现代人旅游的需求。

改造完成后，爱彼迎还对当地的民宿管家进行了培训。开始爱彼迎采用集中授课的方式，请老师给民宿管家上课，可是效果并不理想。之后，爱彼迎房东学院的五六名房东专程来到桂林，对民宿管家和村民进行一对一辅导，传授经验。与此同时，爱彼迎西南地区的一名专业房东还派来一位民宿运营经理，从 2017 年 11 月到 2019 年 5 月对民宿管家进行更加系统的培训，教会村民如何与外来游客打交道，并学习专业技能，规范服务标准，提高服务质量。现在江边组的 6 间民宿已经完全交由村里 3 位民宿管家进行运营，从顾客满意度和旅游接待水平来说，已经达到甚至超越了标准。村民潘菊花就是其中一名民宿管家，她和另外 2 个姐妹负责民宿的卫生和接待工作，通过爱彼迎这个民宿项目村民的收入也在逐渐提高 。①

（二）景区带村发展

景区带村模式的关键是必须有一个已经成熟的旅游景区，一

---

① 刘倩．“旅游＋扶贫”让好风景换来好日子［EB/OL］．桂林生活网，2019－7－2. http：//m. guilinlife. com/news/article/docid/137－440437.

般都是具有一定规模和知名度的4A以上的景区，具有整村带动的能力。并形成了稳定的客流量，具有了发挥旅游外溢效应的条件；景区毗邻村寨可以依托景区的外溢客流，为景区提供补充性或者辅助性旅游服务和产品，农户也在这个过程中通过就业和创业等方式，获取收益实现脱贫致富。村寨依托景区游客开发乡村旅游项目，并为景区提供补充性和差异化的服务与产品，形成优势互补，不仅可以提升农户的经济收益，提升农户的基本素质，对于提升集体经济实力，助推乡村振兴也具有重要的现实意义；景区通过帮扶村寨发展乡村旅游，有利于丰富景区旅游产品和业态，增强景区核心竞争力，是区域实现全域旅游战略的重要途径。立足全域旅游理念，统筹规划景区周边及内部的各村寨的旅游发展，实现村寨发展与景区的协同。通过功能分区，使景区与社区各司其职，协同发展。景区负责争取客源，提供游览服务，并负责景区及周边的统筹管理；社区主要提供特色服务，主要是食宿、娱乐及购物。成熟景区通过辐射带动周边村寨发展乡村旅游，形成了村寨与景区共生共荣、共建共享的乡村旅游精准扶贫模式（见图3－7）。

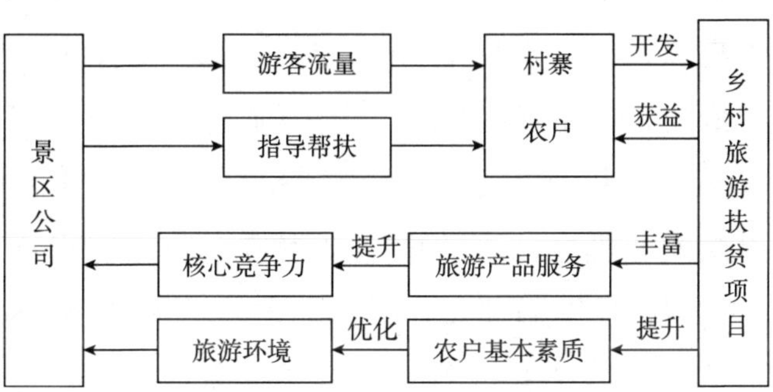

图3－7　景区带村乡村旅游扶贫机制

1. 荔波县大小七孔景区带村发展案例

荔波县以打造成为贵州旅游的“龙头”“样板”和“新标杆”为目标，奋力提升大小七孔景区管理和服务水平，实施“景区带村”工程，发挥景区核心带动作用，积极引导景区周边群众参与旅游服务，让景区群众享受景区发展红利，努力实现群众“脱贫致富奔小康”目标，为决战脱贫攻坚、决胜同步小康注入强大动力。一是抓基础建设，提升旅游接待条件。完成22个共88亿元的景区提质扩容项目建设，成功打造一批围绕小七孔景区周边的特色小镇，瑶山梦柳、小七孔驾欧、新街等特色鲜明的旅游村（镇），旅游要素日趋丰富多样，有效带动周边群众脱贫致富。目前，梦柳布依风情小镇景区已获批为国家3A级旅游景区。二是抓产业带动，促进景民共富。依托小七孔景区资源优势，引导、支持周边群众参与旅游业的发展，组建“旅游饭店业协会”“客栈联盟”等行业自治组织，指导规范经营管理，多渠道引导群众创造致富门路，实现“以旅促农”。景区周边群众累计开办特色农产品商店、宾馆、饭店、农家乐500余家，参与旅游服务人数超过2万人。如瑶山瑶族乡高桥村采取“支部＋合作社＋贫困户”的模式，发展“农家乐”餐饮接待和精品水果种植，2017年旅游接待总收入达1000余万元，成为远近闻名的“千万村”。三是抓就业带动，助推旅游脱贫。因地制宜实施精准扶贫户就近就业帮扶政策，景区保洁、安全等岗位优先考虑景区周边贫困户，为其提供就业机会，有效增加贫困群众收入。目前，景区已为周边农户直接提供就业岗位300多个，覆盖贫困户73户（人），实现人均年收入2.5万元。四是抓景村共建，探索景区管理新模式。规划建设停车场交村组收费管理，在景区合理区域建商铺50家，无偿供给移民新村及周边群众经营，有效解决景区周边长期撑杆搭棚摆摊设点的乱象，又增加贫困群众收入，使当地群众在景村共建中每年收入200余万元，实现景民共富目标。①

2. 河北涞水县景区带村发展案例

涞水县大力探索推行景区带村乡村旅游精准扶贫模式，把贫困群众组织起来、把贫困村带动起来、把利益联结机制建立起来、把文化特色弘扬起来，带领贫困群众走上致富路。涞水县对33个旅游扶贫试点村的基本情况和贫困人口构成进行摸底调查，将试点村按照区位分为3类：1个景区核心村，18个景区周边村，14个景区辐射村。大力实施以资产平台带村、以旅游规划带村、以基础设施带村、以旅游业态带村、以旅游培训带村、以政策扶持带村、以市场营销带村、以优先就业带村、以智慧景区带村、以光伏产业带村的"十带"举措。以资产平台带村方面，依托野三坡核心景区，建立两大旅游扶贫资产收益平台，对山区贫困群众直接帮扶。建立县乡旅游扶贫资产收益平台，县政府一次性投入1000万元用于野三坡百里峡景区建设，把投资转化为山区贫困群众的股权，每年从景区门票收入中提取1000万元，发放给贫困群众每人1000元股权收益。建立村旅游扶贫资产收益平台，统筹使用扶贫和美丽乡村建设资金，扶持33个试点村每村规划建设扶贫农业观光园、扶贫生态停车场、扶贫经营一条街。各村成立旅游合作社，贫困群众全部入社并享受股权收益。以旅游业态带村方面，以省首届旅发大会为契机，按照"一村一品"的思路，培育壮大旅游新业态及配套服务业。在景区核心村，建设一批具有地域文化特色的参观体验项目、特色休闲漫步道等。在景区周边村，重点发展"太行部落"乡村游，建设一批与核心景区互补相融的农业观光园、特色小镇等。在景区辐射

① 甘明，裴庭婧．荔波县实施"景区带村"工程助推旅游扶贫显成效［EB/OL］．新华网，2019-1-24. http://www.gz.xinhuanet.com/2019-01/24/c_1124029284.htm.

村，建设家庭手工农家院和特色种植养殖产业园。同时，政府构筑起了务实管用的保障支撑体系。由政府出资聘请优山美地、中央美院等一流规划设计单位，为每个村高标准编制乡村旅游精准扶贫总体规划。对试点村的乡村旅游精准扶贫项目，在新增建设用地计划中优先予以保障。县财政给每个试点村安排不低于100万元的地方公共预算资金，同时积极争取国家、省、市财政专项扶贫资金等，鼓励试点村村民以不动产或自有资金加入合作社。对试点村交通道路、污水垃圾处理等基础设施建设及旅游扶贫合作社产业培育给予补贴扶持；对发展旅游农家院或旅游家庭手工业的贫困户，达到标准的给予资金补贴和金融信贷支持。[①]

3. 贵州黄果树携手6个村寨共赴旅游盛宴

构建“大旅游圈”，共建和谐家园、共享瀑布资源、共创同步小康，是黄果树景区带村实现发展的经典模式。[②] 通过整合力量，实现景区与群众同发展、共致富；以规划为引领，统筹景区与周边村寨的协调发展，避免各自为政，无序开发，甚至以破坏景观和资源为代价换取发展；推动和谐家园的建设，助推一方水土与一方人的协调发展，推进共建共荣共享。

一是化“独”为“整”。在观光旅游已日趋落伍的当下，仅靠大瀑布吸引游客的发展路径已陷入“一日游”乃至“半日游”的门票经济困境，严重影响了旅游产业发展质量。扩大景区范围，延伸旅游链条，丰富产业内涵，村寨必须同步发展。整村搬迁，会出现耗资巨大和百姓生产生活无着落的问题。因此，安顺

① 程卫民，潘文静．景区带村 能人带户——涞水县大力发展旅游扶贫［EB/OL］．保定市扶贫开发办公室网站，2016 - 9 - 8. http：//www. bdsfpb. gov. cn/index. php？ a = show&c = index&catid = 35&id = 901&m = content.

② 吴爱民．黄果树携手6个村寨共赴旅游盛宴［EB/OL］．金黔在线，2013 - 2 - 26. http：//gzrb. gog. cn/system/2013/02/26/012041234. shtml.

市委、市政府出台建设黄果树和谐家园的决定，发布《黄果树景区战略规划报告》，将周边村寨与景区同步发展，把原本被排斥在瀑布之外的农村打造成景观的重要组成部分，打造集观光休闲、农家体验、吃购行游住为一体的“大黄果树”旅游圈。原先附近村寨里近30%的人还出去打工，家家户户的手工蜡染都是自产自销，拿到附近的乡场上去卖，难以从旅游中获益。在黄果树工管委、旅游集团公司的协助努力下，露营扎帐的石头寨、“热带河谷”郎宫、“活着的布依族文化博物馆”滑石哨、舌尖上的洒把村、购在石星寨、田园休憩石翁寨6个试点村的功能定位、特色优势、发展方向等已明晰。“一棵树”的枝繁叶茂，6个村寨从“一方山水独好”到“处处皆是风景”的华丽转身，指日可待。

二是化“争”为“合”。村民除了务农，就是做些工艺品去卖，既挣不了几个钱，村民和景区管理人员还时常有些摩擦。黄果树周边的百姓把瀑布作为创收的原点，和景区抢收入，追客拉客、逃票观景、沿途兜售、强卖强买；环境脏、商品质量低、交通堵、形象差、投诉多、干群关系紧张。滑石哨村作为试点村的“领头雁”，打造成集生态文化、人口计生文化、乡村旅游文化、民俗文化为一体的景点，通过家庭旅馆、农家乐、农产品和布依刺绣销售等，2~3年让村民人均纯收入翻一番。山水人物、花草亭阁、言行衣饰、民族习俗，都能体现一个地方的文化，都能给游客一种视觉的信息传递。因此，景区重视统一村民思想、形成合力、长期推进，以村寨成立公司或协会自治的形式，调动村民的自觉参与性，在集团公司的带动下，把每个村寨打造成一个产品，每个人都成为景区形象代表。

如石头寨村位于黄果树大瀑布上游6公里处，由原石头寨、偏坡、普岔3个自然村组成，主要产业为旅游业、种植业、蜡染手工及餐饮住宿业。全村共有18个村民小组，总人口747户、3309人，其中，劳动力1317人，外出务工617人，80%的女性继承了传统的蓝染手艺。2015年，镇党委、政府对石头寨水上烧烤进行全面整治，并根据石头寨独特的环境、民俗、文化等特点和打造目标，引导其向乡村农家乐和农家旅馆、自行车租赁、布依风情文艺表演等多元化发展，鼓励多种经营。立足本村产业基础、资源禀赋和市场优势，紧紧围绕乡村旅游精准扶贫的总体目标，提高土地确权成果应用效率，着力打造精品水果、乡村旅游、无公害（绿色）蔬菜、传统（特色）种养、旅游小镇等五个产业扶贫板块。围绕"食住行游购娱"旅游传统六要素和"商养学闲情奇"新六要素，紧盯全域旅游的发展目标，大力提升乡村旅游服务质量和服务水平，初步形成了"4310"的区域发展体系，即人居环境、最美乡村、海绵村居、党建扶贫4个范例定位，变收费为消费、变生态为生活、变客人为主人的"3变"路径，路、线、网、室、景、味、物、文、验、情的"10有"目标。通过旅游项目建设、开展技能培训、带动特色农产品和手工艺品发展等让贫困群众参与到旅游发展中来。2017年2月，建成面积94500平方米的黄果树石头寨创意乐园，进一步提升石头寨景区的生态修复能力，恢复景区的湿地功能。景点串联起来，带动村寨和群众通过发展乡村旅游实现稳定脱贫。在党组织的强有力带动下，贫困户抱团发展，通过采取"公司+公司+农户"的生产模式，为农户提供产前、产中和产后服务，并通过与农户签订协议，降低农户的市场风险，鼓励引导贫困户自主经营，为发展"一村一品"项目打下坚实的基础。①

---

① 中共安顺市委政策研究室，安顺市旅游发展委员会．贵州安顺市乡村旅游扶贫发展路径实践与探索［J］．贵州调研，2018（3）．

（三）公司带户与能人带户发展

与景区带动类似，“公司+农户”模式在本质上也属于企业参与扶贫的一种形式；但是公司的规模一般比较小，以从事旅游创业的企业较多；公司实现整村带动的能力有限，主要与农户直接对接，实现部分的帮扶功能，并据此实现更好的发展。与景区带村相比，“公司+农户”模式带动的范围相对较少，主要是旅游公司针对特定的有合作条件的农户展开，旅游公司以食宿、商贸公司为主；公司并不一定是专业的旅游产品与服务公司，可能是其他行业企业，业务涉足旅游。公司牵头吸纳当地农民参与乡村旅游经营与管理，充分利用农户闲置资产、富余劳动力、农事活动等来丰富旅游产品活动；公司对农户产品与服务进行规范，实施统一管理，定期进行检查，从而保证产品质量和服务规范性。公司利用其管理优势负责管理和市场开拓，农户则负责旅游产品、商品和服务。公司还可以提供资金组织农户进行专业知识培训，引导农户进行规范化服务。① 利益分配机制以公司为主体，农户为公司提供生产原料和劳动，公司为农户提供经营管理方法，双方优势互补，实现共赢。资金可通过协商按照一定比例由公司和农户共同承担，也可采取入股方式，村民的房屋、田地和果园等个人财产都可作价入股，按股份分红（见图3-8）。“公司+农户”模式可以利用公司在市场、资金、信息、营销等方面的优势，克服了农户不懂市场、不懂经营的弊端，又解决了公司不易进入农村内部市场的短处。因此，未来要不断壮大企业主导乡村旅游经营规模，吸纳当地村民参与经营或管理的“公司+农户”模式。

① 关于农家乐“公司+农户”经营模式的探讨分析［EB/OL］. 土流网，2016-6-28. https：//www. tuliu. com/read-33378. html.

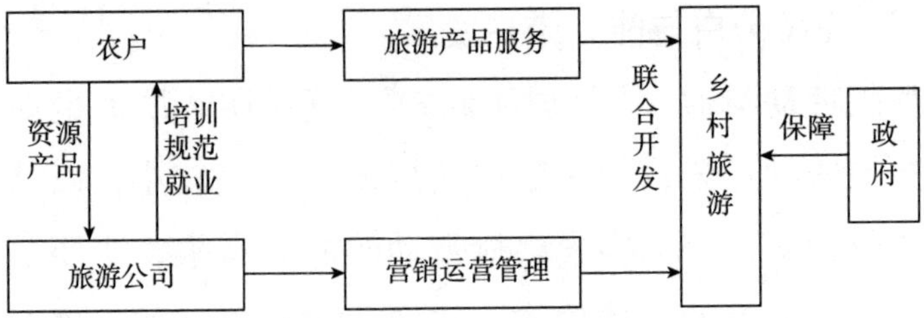

图 3－8　公司带户旅游扶贫机制

与“公司＋农户”模式相比，能人带户的规模和范围相对更小，基本的带动机制比较类似。能人以本地返乡创业人员、本地乡贤为主，能人懂经营、善管理，拥有丰富的关系网络，具有开发乡村旅游项目的独特优势。但是能人的创业项目规模偏小，带动农户具有更强的非正式性，主要通过言传身教的方式展开，面临的风险也更大。因此，要大力支持本地及返乡能人投资乡村旅游，扶持其不断发展壮大，逐步实现正规化，提升其通过吸纳就业、带动创业的方式带动农民增收致富的效应。

1. 秀水村公司带户案例

秀水村位于普定县穿洞办东部，在 2015 年乡村旅游精准扶贫之前，是典型的无产业、无集体经济、无收益来源的“三无”贫困村，村民生活水平差、收入差。2015 年 4 月，在兴伟集团帮扶下，依托秀美的山水和得天独厚的田园风光，开展丰富的乡村旅游建设，如兴建生态农业园、特色旅游、休闲度假村等。秀水村组成乡村旅游发展公司，建设了波玉河漂流、龙滩露营基地、秀水湖、水上乐园等 56 个旅游景点的基础建设；在乡村旅游建设中整合资源投入，实施电网升级改造、河道清理、移动通信、房屋立体整治、绿化亮化等民生基础设施，不仅为游客村行游玩提供了便利，也改善了村民的生活环境，为其脱贫奔小康提供了有力的保障。公司探索出了“秀水五股”乡村旅游精准扶贫的模式，指人头股、土地股、效益股、孝亲股和发展股等村民参与持股和分红的途径：人头股占10%，凡是秀水村常住户籍人口，人人持股；土地股占30%，村民自愿以土地入股的方式参与投资，年终按面积分红；效益股即劳动参与股占30%；孝亲股，全村65岁以上的老人还可每年从项目利润中占5%；用于秀水旅游项目的后期管理维护、资助贫困学生、因病因灾临时救助等社会公益性事业的发展股，占25%。兴伟集团公司完成投资3.77亿元，村集体资产达到2.05亿元，农民人均可支配收入从2014年的4560元提高到10080元，实现了从"三无"贫困村到"小康村"的巨变，2016年秀水村被国家农业部评为"中国最美休闲乡村"。①

2. 涞水县推进能人带户案例

涞水县对33个旅游扶贫试点村的基本情况和贫困人口构成进行摸底调查，将贫困人口分为5种类型：彻底丧失劳动能力、基本无劳动能力、缺乏基本就业技能、具备劳动能力、有意回乡创业。立足各村、户实际情况，大力实施"三带"举措。组织带个人，每个村至少成立3个合作社（乡村酒店股份制合作社、乡村旅游服务合作社、乡村旅游资源股份合作社），贫困人口全部入社参股，选拔懂经营、善管理、讲奉献的能人负责经营管理，带动贫困户增收。党员带群众，发挥党员先锋模范作用，以设立扶贫互助金、吸纳就业、带动创业等方式带动贫困群众增收。回乡带本乡，发挥回乡创业人员示范引领作用，进一步加大扶持力度，吸引在外务工人员回乡发展旅游产业，带动当地贫困群众就

① 中共安顺市委政策研究室，安顺市旅游发展委员会．贵州安顺市乡村旅游扶贫发展路径实践与探索［J］．贵州调研，2018（3）．

业创业。[①]

（四）“合作社+农户”发展

在“合作社+农户”发展的模式中，合作社组建过程中一般都有企业参与，并作为外联市场的核心主体。一般来说，公司与农户会共同出资成立旅游合作社，公司多以货币资金出资控股，农户多以承包土地经营权、住宅或农家乐营业场所等资源作价入股，公司与农户均是合作社的股东；与一般的“公司+农户”模式相比，合作社的独立性更强，农户（主要是能人）对合作社的控制能力更强，合作社的运营更为独立，合作社可能与多个企业合作。合作社根据乡村旅游收入，按一定比例提取经营管理费用，作为日常经营管理费用的来源；按一定比例提取发展资金，用于合作社自身滚动发展资金的来源；按一定比例提取增资资金，用于将合作社做强做大。入社农户收入主要有三种：一是劳务收入、出租出借非入股资源及经营场地的直接性经营收入；二是在合作社可分配利润中按出资比例享受的分红收入；三是政策性收入或其他收入。“合作社+农户”模式的相关主体分工明确，公司负责旅游产品的开发与设计、市场定价与营销、旅游品牌的建立，负责旅游设施建设、服务标准的制定与管理，投资或引导投资建设公共配套设施或核心功能设施，指导合作社的经营、筹融资管理与核算。合作社为乡村旅游的实际经营主体，主要负责对农户的管理及关系协调，组织农户为经营项目提供劳务服务，负责对股东入股资产的管理，负责项目的日常经营，以合作社名义争取政府支持政策。农户作为合作社股东是房屋、承包土地等合作社经营资源的提供者，也是乡村旅游项目的劳务供应者（见

---

① 河北涞水县大力发展旅游扶贫：景区带村能人带户［EB/OL］. 人民网，http://he.people.com.cn/GB/nz/2016/0829/c192235_28907070.html.

图3－9)。因此，要引导规范专业化服务与规模化经营相结合的“合作社＋农户”模式，助推品牌旅游商品开发。

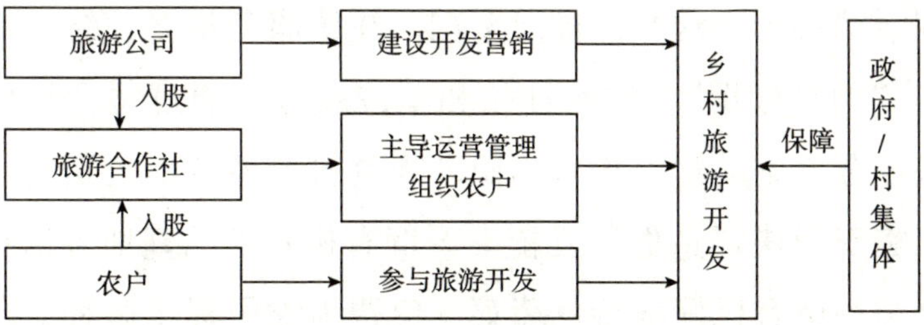

图3－9　“合作社＋农户”型乡村旅游扶贫模式

1. 青州上白洋村“党支部＋旅游合作社＋农户”案例

上白洋村成立“青州柿子沟乡村旅游专业合作社”，以“党支部＋旅游合作社＋农户”的运作模式，探索出一条村民拥护、生态和谐、环境友好、健康持续的乡村旅游精准扶贫之路，全村从事旅游业人数达到140人，占全村劳动力比例达的33%。一是“党支部＋旅游合作社”打造“山里老家——柿子沟”。组织党员和村民代表参观考察学习经验，凝聚旅游开发共识，制定《村规民约》，划分各家卫生责任区，对环境卫生进行整治。因地制宜挖掘资源，以突出柿子特色旅游资源，整合村内宋家大院、古石桥等人文历史资源，挖掘娘娘岭、银葫芦顶、神龟岭等民间神话传说，立足村民山楂、香椿、核桃等传统作物，打造具有自然生态乡村观光、民俗文化体验、生态农业建设等功能的生态旅游特色村。配套建设服务设施，对村内闲置房屋和农家院进行摸底盘查，打造农家乐饭店、宾馆和文化大院，建造接待中心、停车场等配套服务设施，实现4G信号全覆盖，配套室内卫生间、铺设地暖火炕，提升接待品质。二是全方位宣传推介。实施品牌发展，抢注“青州柿子沟”商标，健全规章制度，全面优化旅游环境，注册微信公共平台账号，打造“山里老家柿子沟”旅游品牌。搞好活动宣传，组织篝火晚会、小型演出，组建锣鼓队、秧歌队，通过电视、网络等媒体对乡村旅游全方位报道，通过柿子节系列活动将柿子沟景区推向全国。注重服务提升，统一制作摊位制作“商品标识”，注明食品和单位编号，通过每个摊位缴纳诚信保证金，主动学习旅游知识，规范村民经营。三是持续深度开发，实现帮扶“造血”功能。开辟有机农产品基地，依托青州伟格公司种植有机标准特色蔬菜，免费为农民提供菌种、药品和技术支持，发展采摘园；引导有种植意愿的贫困户参与基地种植，种植能手与贫困户结成帮扶对子，全程指导。拉伸农业产业链条，合作社优先考虑本村及附近村村民，帮助特困人群打造了老酒坊，合作社收购香椿进行腌制加工并探索香椿、柿子精细加工，融合农业特色产业实现双赢。项目带动深度开发，通过资金变股金与村民变股民，11 户贫困户实现双重“红利”收益，吸纳贫困人口 10 人就业，年纯收入 1 万元，实现脱贫并有持续收益不返贫。①

2. 农宅合作社模式案例

农宅合作社是以入股、出租、转让等方式，将村闲置房屋集中管理运营，发展旅游的一种组织形式。着重对基础设施和民居内部进行提档升级，尽量保持原有格局，不破坏村庄的整体风貌，在运作模式上充分协商确定运作模式。主要的运作模式为“企业（公司）＋村委会（合作社）＋农户”模式，这是村委会和企业合作的一种市场运作模式，由村或企业注册农宅合作社，

---

① 蒋德新、马永婷．“党支部＋旅游合作社＋农户”打造美丽“柿子沟”——青州市上白洋村旅游扶贫开发典型案例［EB/OL］．中国青州政府网，2016－12－17. http：//xxgk. qingzhou. gov. cn/SZFBGS/201612/t20161217_358614. htm.

村户入社（入股），年终实行利润分成，村户享受股金。农宅合作社的经营发展势必占用许多公共资源，在运行中充分考虑村和农户的利益。在协议签订和合作社章程制定过程中，强调发挥村委会的主导作用，农户、合作社、村集体和企业各方利益做到了统筹兼顾。栾城区柳林屯村立足周边草莓、蔬菜，东方园林等农村休闲采摘旅游优势，发挥美丽乡村设施环境文化优势，采取“村委会+企业+农户”模式，与石家庄禾木有限公司合作，注册“柳林小镇”农宅专业合作社；共投入100余万元，流转8户闲置农宅，保留老房子不变，打造成不同特色的乡村主题酒店，聘请专业人员对厨师、服务、财会等人员进行培训，与“阿里巴巴”合作，引进农村电商。另外，“公司+合作社（村委会）”模式是以企业为主开发运营的市场化运作模式，如北京密云区阁老峪村打造赏、品、享、住、玩于一体的希望小镇，由公司开发运营，农户入股分成。“村委会（合作社）+农户”模式由村委会注册合作社，依托村庄原始传统特色，由村委会进行改造提升，对外统一经营，利润分成。北京密云穆家裕镇由村合作社采取两种形式开发旅游：合作社为农户统一设计改造，统一对外经营，利润分成为合作社享60%，农户享40%；农户按村统一设计标准自行装修改造提升，农户享60%，合作社享40%。农宅合作社发展中，入社与利益分配要充分尊重群众意见要求，在农户院房整修上不破坏整体风貌，不搞“一刀切”，运作模式多元化；由村委会主导，优先保障农户利益，兼顾企业和村街利益；要强化引导，实施个性化经营，推进融合发展。①

① 赵运桥．关于建立农宅合作社发展乡村旅游的几种模式和我县可借鉴的做法[EB/OL]．京商时讯，2016-7-25. http：//szbz. gaxcw. gov. cn/content/2016-7/25/000214. html.

三、企业参与乡村旅游精准扶贫中的利益分配机制

利益机制是企业参与乡村旅游精准扶贫的核心机制，是确保农户收益的关键。2017 年 10 月，党的十九大报告提出要巩固和完善农村基本经营制度，深化农村土地制度改革，完善承包地“三权”分置制度，深化农村集体产权制度改革，保障农民财产权益，壮大集体经济。2018 年 11 月发布的《关于促进乡村旅游可持续发展的指导意见》，提出要建立健全多元的利益联结机制，让农民更好分享旅游发展红利，提高农民参与性和获得感。

（一）企业参与乡村旅游精准扶贫的利益机制类型

对于乡村旅游精准扶贫来说，利益机制的关键是农户通过什么途径受益以及受益的程度，这就涉及农户受益的主要方式以及与企业等经营主体的利益分配问题。①

1. 股份制模式

股份制是当前企业分配收益的主流方式，可行性强，争议少。在乡村旅游中，也可以采取国家、集体和衣户个体合作的方式，通过“股份制”进行乡村旅游精准扶贫，把旅游资源、特殊技术、劳动量转化成股本，将农户的责任、权利、利益有机结合起来，引导农户自觉参与乡村的生态资源保护。同时，农户作为企业的股东和员工，可以直接参与乡村旅游的开发决策、生产经营活动和利益分配，旅游地农户和企业具有共同的利益和目标。这种模式产权结构明晰，采取股份形式开发旅游资源，按照各自股份获得相应收益，可以减少企业与农户的利益冲突，有利于扩

① 关于股份制和股份合作制的介绍参考了奇创旅游规划设计咨询机构网站中的乡村旅游专题研究，http：//www. kchance. com/LandingPage/village/index. asp。

大乡村集体经济规模；实现农户参与的深层次转变，引导农户自觉参与到生态资源的保护中去；有利于提高企业和资本的运行效率，是组建大型旅游企业集团的有效途径。但股份制自负盈亏，农户的契约意识比较单薄，一旦出现经营的风险，容易导致严重的社会问题；分红易侵犯其他股东利益，不利于合作社的资本规模的稳定和规模的扩大。同时，农户资源难以量化为股份，可能因为股份量化问题产生新的矛盾，这也限制了其适用范围。因此，未来要优化股权，明确产权；进行跨资产整合，让当地农户代表成为合法股东参与企业经营管理；合理划分各自红利，使农户得到应有的股权，把农户的责任、权利、利益有机结合起来，保证乡村旅游的良性发展。

2. 股份合作制模式

采取国家、集体和农户个体合作，收益按股分红与按劳分红相结合，进行股份合作制经营。农户通过土地、技术、劳动等形式参与乡村旅游的开发。企业通过开发旅游积累的盈利，不仅可以完成扩大再生产和乡村生态保护与恢复，进行旅游设施的建设与维护，还可投资乡村的公益事业，维持农户参与机制的运行，并通过股金分红方式给股东支付股利。国家、集体和个人可在乡村旅游精准扶贫中按照自己的股份获得相应的收益，实现社区参与的深层次转变。股份合作制，实现了乡村旅游的社会化和管理的民主化、科学化，丰富和扩大了原有的股份制模式。股份合作制是组织形式上的混合所有制和基本性质上的集体经济形式，实行劳动联合和资本联合。按股分红外，还可以按劳分红，扩大资本的筹资渠道，适应了农业对家庭经营的选择，实现了千家万户分散的小生产和大市场的对接，资本合作与劳动合作实现有机统一，管理的民主性，分配的灵活性，还有相当的监督机制对集体资产的完整性进行监督。股份合作制的产权结构是比较单一的，且股本不能流通只能退出，制度不规范，忽视了村民的合法权益，企业和村民矛盾尖锐。因此，政府应在政策上予以优惠、组织上予以保护、生产经营中一视同仁的态度，建立稳健的经营管理制度，明确农户合法权益，让其获得应有利益。

3. 典型的农户受益途径

文化和旅游部副部长李金早在2018年9月举办的“世界旅游联盟·湘湖对话”上提出了旅游扶贫实践中的五种收益分配机制：一是直接从事旅游经营。贫困地区农户依托山清水秀的特色旅游资源，直接开办农家乐和经营乡村旅馆，成为第三产业的经营业主，极大地增加非农劳动收入从而脱贫致富。二是在乡村旅游经营户中参与接待服务，取得农业收入之外的其他劳务收入；据山东、陕西、福建、宁夏等省区测算，一个普通村民通过参与乡村旅游接待服务，平均每年可增收1万~2万元。三是出售自家农副土特产品获得收入，广西大新县明仕村，通过发展乡村旅游使“明仕香米”市场销售价达7元/公斤，火龙果可卖到10元/斤，极大地促进了当地蔬果种植业、农产品加工业、畜牧业等的产业化规模化发展。四是通过参加乡村旅游合作社和土地流转获得租金，山东省淄博市得益于特色民宿的发展，农民农房出租平均收入达到每年每户3.5万元左右。五是通过资金、人力、土地参与乡村旅游经营获取入股分红。贵州省六盘水市普古乡积极探索“资源变资产、资金变股金、农民变股东”三变模式，先后将8个村的10.68万亩生态林、湿地、水面、耕地自然资源进行量化，变成村集体和农户持有的股权，累计带动885户、3288人脱贫。①

① 刘麟，肖瑛．全国乡村旅游与旅游扶贫工作取得阶段性成果［EB/OL］．经济日报－中国经济网，2018－9－14. http：//www.ce.cn/xwzx/gnsz/gdxw/201809/14/t20180914_30306743.shtml.

另外，2018 年发布的《关于促进乡村旅游可持续发展的指导意见》提出了若干乡村旅游精准扶贫的利益联结机制，也主要包括股份分红、资产收益、创业就业等。如探索资源变资产、资金变股金、农民变股东的途径，引导村集体和村民利用资金、技术、土地、林地、房屋以及农村集体资产等入股乡村旅游合作社、旅游企业等获得收益，鼓励企业实行保底分红；在贫困地区实施一批以乡村民宿改造提升为重点的乡村旅游精准扶贫项目，引导贫困群众对闲置农房升级改造，指导各地在明晰产权的基础上，建立有效的带贫减贫机制，增加贫困群众收益；支持当地村民和回乡人员创业，参与乡村旅游经营和服务；鼓励乡村旅游企业优先吸纳当地村民就业。

4. 黔南州五种模式巧解农村“三变”改革难题案例

黔南州加大农村改革力度，全面统筹部署农村“三变”改革工作，通过入股、租赁、置业等方式，将闲置的资源变为活资产，让资金变股金，农民变股民，从而成为贫困村、贫困户持续增收的活水源泉。黔南州通过吸纳各地经验，大胆创新，总结提炼出 5 种适宜黔南农村发展的“三变”模式，解决农村“三变”改革“变什么”“怎么变”的难题。①

一是土地资源入股。福泉市黄家湾村木嘎组，引导 40 户农户将 285 亩土地，按照每亩 1200 元的标准折价 34.2 万元入股合作社发展梨、茶等产业。将 365 亩集体土地入股茶帝茶叶种植专业合作社，组集体按每亩 40 元进行保底分红。40 户入股农户户均年增收近 2 万元，带动贫困户 6 户 14 人全部脱贫，组集体年增收 1 万余元。

① 黔南州政府办公室．黔南州五种模式巧解农村“三变”改革难题［EB/OL］．贵州网，2019－1－18. http：//news. gzw. net/2019/0118/1336566. shtml.

二是整合扶贫资金作为股金入股。罗甸县木引镇木引村，将1000万元扶贫资金量化给500户贫困户和5个村集体后，整合起来发展精品水果产业园项目，带动贫困户户均年增收7500元以上，村集体年增收4万元以上。

三是贷用低息金融资本作为股金入股。长顺县广顺镇，引导广东天农食品有限公司的扁王绿壳蛋鸡养殖基地周边800户贫困农户，用5万元“特惠贷”作为股金入股公司，入股资金共计4000万元，入股贫困户每年可增加分红收入4500元以上，增加务工收入1万元以上。

四是投资异地置业参与入股。瓮安县鑫隆坪村，将30万元扶贫资金量化给村内216户贫困户后，把该资金作为股金入股另一个产业基础较好的果水村优秀企业苗岭雾海生态有机茶园有限公司，与公司通过合同约定，按8%的年利率参与分红，贫困户户均增收近1000元。

五是成立村集体经济股份合作组织。独山县基长镇在6个村注资成立村集体公司，组建了桑蚕专业合作社19家，吸纳社员5286户，建档立卡贫困户入社率达100%。引导贫困群众以“土地入股到集体企业”发展桑蚕产业，种植桑树1.5万亩，在桑蚕产业带动下，入股社员户均增收1300元以上。

通过这五种“三变”模式，全州共盘活农村集体耕地入股3.32万亩，林地、荒山等资源入股3.6万亩，整合各级财政资金形成股金4.9亿元，实现农民变股东21.9万人，其中贫困人口11.63万人。参与农村“三变”改革农民获得收益总计1亿元，其中贫困人口增加收益总计4880万元，促进贫困人口年户均增收1540元以上，年人均增收419.6元。

（二）企业参与乡村旅游精准扶贫中的“悲剧”问题

乡村旅游精准扶贫过程中，由于家庭联产承包制落实后农村的房屋、田地、山林、湖泊等资源几乎全部分配给农户所有，集体所有的资源极为有限，直接导致了乡村旅游资源的碎片化和分散化。而按照市场机制进行旅游开发，需要保障规模化和集约化，这就要求能够对农村旅游资源进行有效整合，整合过程中必然要触及农户的资源和利益。分散化和集约化的矛盾，加上其他因素造成了乡村旅游精准扶贫中利益分配问问重重，其中“公地悲剧”和“反公地悲剧”成为乡村旅游精准扶贫利益分配中的主要问题。

1. 企业参与乡村旅游精准扶贫中“公地悲剧”发生机制

哈丁（Hardin，1968）首先提出了“公地悲剧”的概念，公地作为一项资源或财产有许多拥有者，他们中的每一个都有使用权，但没有权利阻止其他人使用，而每一个人都倾向于过度使用，从而造成资源的枯竭。过度砍伐的森林、过度捕捞的渔业资源及污染严重的河流和空气，都是“公地悲剧”的典型例子。每个当事人都知道资源将由于过度使用而枯竭，但每个人对阻止事态的继续恶化都感到无能为力，且都在自利心理的驱使下，抱着及时捞一把的心态加剧事态恶化。“公地”作为一项资源或财产有许多拥有者，他们中的每一个人都有使用权，而且没有人有权阻止其他人使用，结果是资源被过度使用而导致最终枯竭，如过度砍伐的森林、过度捕捞的渔业资源、污染严重的空气和河流等。因此，当缺乏有效监督机制的前提下，乡村公共资源因产权难以界定，被竞争性地过度使用或侵占成为必然的结果。

美国学者认为“公地悲剧”发生的根源在于：当个人按自己的方式处置公共资源时，真正的公地悲剧才会发生，是无节制的、开放式的、资源利用的灾难。“公地悲剧”的发生，人性的自私或不足只是一个必要条件，而公产缺乏严格而有效的监管是另一个必要条件，因此“公地悲剧”并非绝对不可避免（见图

3－10）。对此，哈丁提出解决“公地悲剧”要实现共同赞同的相互强制，甚至政府强制，而不是私有化。2009 年历史上第一个获得诺贝尔经济学奖的女性文森特·奥斯特罗姆（Vincent A. Ostrom）在其著名的公共政策著作《公共事物的治理之道》中，针对“公地悲剧”“囚徒理论”“集体行动逻辑”等理论模型进行了分析和探讨，同时从小规模公共资源问题入手，开发了自主组织和治理公共事务的创新制度理论，为面临“公地悲剧”的人们开辟了新的途径，为避免公共事务退化、保护公共事务、可持续利用公共事务从而增进集体福利提供了自主治理的制度基础。

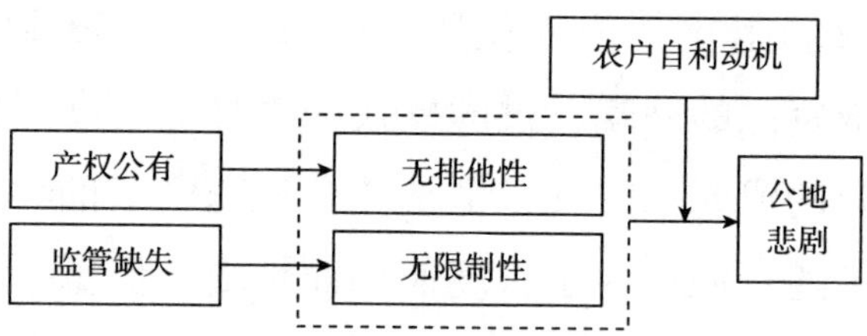

图 3－10 “公地悲剧”发生机制

“公地悲剧”就自然资源而言，会因缺乏有效的监督而造成浪费；就企业而言，因产权不清，会产生委托—代理人问题、“搭便车”及各种机会主义行为。乡村旅游精准扶贫中“公地悲剧”导致的危害也非常显著。首先是生态环境，因个人利益部分农户在发展旅游中疯狂地掠夺各种公共资源，肆意排放污水垃圾，破坏生态环境，最终导致整个旅游地环境的损失；其次是文化损失，由于农俗、民俗、传统技艺等文化元素虽然属于公共资源，但是其载体却是单个的农户，由于无人组织，缺乏利益驱动，文化传承和创新发生危机；最后是农村风貌危机，由于农村的古迹、民居、文物等所有权多数为农户所有，农户对民居的改造等个人行为，事实上造成了农村整个风物风貌的改变。这些危害给企业参与乡村旅游的整合开发造成了极大的不便。

目前，乡村的多数物质资源产权已经明确，但是很多无形的资源、部分无法分配的资源事实上处于无主状态，这也是“公地悲剧”发生的基础条件，各种乡村生态文化资源的破坏非常典型。从乡村旅游精准扶贫的实际来看，“公地悲剧”产生于乡村资源极端公有化，每个村民都可无限制地享受“免费午餐”，最终导致乡村公共资源的损毁；同时，实行家庭联产承包责任制以后，由于部分村寨基层组织几乎陷于瘫痪，集体经济严重萎缩，导致乡村治理机制严重弱化，无法形成有效的监督机制；乡村资源产权公有虚置，每个人都有无限使用权，但缺乏有效的惩戒机制。从乡村旅游发展的历程来看，最早一批繁荣的乡村旅游地，繁荣和衰落的速度都很快，但由于“公地悲剧”问题导致持续发展能力都严重不足。

2. 企业参与乡村旅游精准扶贫中“反公地悲剧”发生机制

与“公地悲剧”对应，美国密歇根大学的黑勒（Michael Heller，1998）提出了“反公地悲剧”理论模型。“公地悲剧”说明了人们过度利用公共资源的恶果，但他却忽视了资源未被充分利用的可能性。如果作为一项整体的资源或财产有许多拥有者，为达到某种目的每个当事人都有权阻止其他人使用该资源或相互设置使用障碍，但是无人拥有独立有效的使用权，导致资源的闲置和使用不足，造成浪费，于是就发生了“反公地悲剧”。新加坡南洋理工大学陈抗教授用一个很形象的例子来描述“反公地”的产权特性：就像在一间房子的大门上安装需要十几把钥匙同时使用才能开启的锁，这十几把钥匙又分别归十几个不同的人保管，而这些人又往往无法在同一时间到齐，显而易见打开房门的机会非常小，房子的使用率非常低。另外，若产权支离破碎，企业发展中会因缺乏有效的使用权或干扰太多而造成资源闲置，也会因寻租活动的存在造成资产无效率；若对某项工作实行多头管理，各分管部门意见不一，相互掣肘扯皮，下属无所适从导致事业难以成功。

缺乏有效的制度约束机制，是产生“反公地悲剧”问题的重要原因。“反公地悲剧”情况下资源产权公有具体，使用权支离破碎，每个所有者都有绝对监督控制权，导致任何人都很难完整地利用资源，但是却很容易阻碍其他人使用资源。“公地悲剧”在于私人成本小于社会成本，“反公地悲剧”则是私人成本大于社会成本，个人没有足够的力量通过市场交易的方式来实现完整的产权；当缺乏有效的组织机制，来协调参与人利益则“反公地悲剧”发生概率很高（见图3－11）。如在乡村旅游精准扶贫中，乡村资源公有除了产生“公地悲剧”外，乡村旅游开发中多个不相统属部门无序管理，各部门会可能对投资者收取管理费或利用各种机会“寻租”，则往往会导致企业撤资。

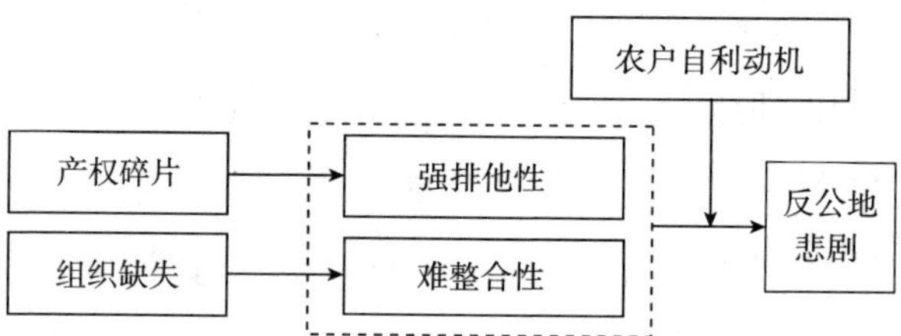

图3－11　“反公地悲剧”发生机制

“反公地悲剧”的破解难度和成本都很高。“公地悲剧”因为产权虚置、不明晰所以需要明晰产权，而“反公地悲剧”则因为产权支离破碎，故必须要整合产权，加强制度建设。首先，把分散的权能集中到一个统一的部门，在交易费用日益高升的情况下，由政府出面整合产权要比市场整合有效得多。其次，产权分散也是滋生寻租行为的重要原因，会造成资源浪费或利用不足，要加强制度建设，形成有效的资产管理人员的激励和约束机制，制止寻租行为的发生。但是，避免“反公地悲剧”，要花费大量的交易费用、谈判成本以及说服潜在竞争者的成本；一旦“反公地悲剧”发生，则很难将各种产权整合成有效的产权。每个参与人都知道资源或财产的使用安排能给每个人带来收益，但由于相互阻挠而眼睁睁地看着收益减少或资源浪费。

“反公地悲剧”造成资源浪费、投资及收益减少，从一定程度上说是一种负外部性。从调研的情况来看，由于各地都在强化资源监管和文化保护，乡村旅游精准扶贫中的“公地悲剧”情况越来越少，但“反公地悲剧”反而出现得更多。不少地区虽然有丰富的生态文化旅游资源，但是由于开发过程中的沟通协商成本过高，导致招商引资异常困难，没有企业愿意投资，资源闲置和浪费严重；不少乡村的空心化严重，导致土地撂荒，各种特色民居等村民私有财产损毁严重，但是经营主体进行整合开发时则需要高昂的谈判成本。

3. “公地悲剧”和“反公地悲剧”交织演化特征

产权一般具有公共产权和私人产权两种形态，公地悲剧与“反公地悲剧”的本质是产权问题。当某种资源为某个人单独所有时，该资源为私人财产，其产权为私人产权；私人产权具有产权制度边界清晰、产权归属明确，所有权效率高的特点。当某种资源为两个或两个以上当事人所有时，称为公共财产，其产权为公共产权；公共产权在消费规模上没有限制，每个社会成员都能享受这项资源的权益，所以存在收费困难；每个当事人天然享有资源权益，无需采取交费申请加入的方式；每一当事人在使用该资源时，会影响和损害其他成员的利益，即存在外部性。由于公共产权的资源向每个社会成员开放，可以自由进入，平等分享，并获取平均利益，因此“搭便车”和产权拥挤现象就难以避免。鉴于权利是相互排斥的，对于稀缺资源来说，公共产权要么造成资源过度利用的“公地悲剧”，要么造成资源利用不足的“反公地悲剧”。“公地悲剧”有有效的使用权，而“反公地悲剧”是无效或低效的使用权；“公地悲剧”产生无效的监督权，而“反公地悲剧”具备有效的监督权；“公地悲剧”有平等的收益权，而“反公地悲剧”没有平等的收益权；“公地悲剧”没有明确的处置权，而“反公地悲剧”有明确但不完全的处置权。按照生命周期理论，乡村旅游发展的起步、成长、平稳、衰退（转型）几个阶段中，两种“悲剧”问题是交替发生甚至是交织在一起的，这也给乡村旅游治理代理了巨大的难题。不同类型的发展方式中，“悲剧”问题产生的机制也不相同。

调研发现，自发型的乡村旅游开发模式中“公地悲剧”的发生概率更高。随着乡村旅游产业迅速发展，区位优势显著的乡村，特别是临近大城市和临近景区的农村，出现了客流的持续涌入，部分农户捕捉到旅游商机（主要是农家乐）致富后，其他村民纷纷跟进，但是由于缺乏组织机制和市场秩序维护机制，乡村旅游地很快出现恶性竞争和柠檬市场，游客体验下降，客源减少，乡村旅游地也迅速衰落；同时，村民在开发旅游过程中，对生态环境造成了巨大的危害，过度商业化导致独特的文化变味，毫无规划的房屋民居改造导致独特的农村风物不复存在，这就导致未来重新规划旅游开发的难度和成本极高。这种发展模式的乡村旅游地，自发阶段主要是“公地悲剧”问题；到了转型阶段，需要进行统一建设、统一组织等整合开发活动，主要的问题是“反公地悲剧”；转型发展的关键是引入市场机制，通过大户或企业来整合资源，打造区域品牌，这就需要所有的农户和经营者密切配合；但是由于资源的碎片化，部分农户的不配合就会导致企业资源整合失败，使得旅游地失去重新发展的机遇；若整合成功，新一轮发展中，将会是“公地悲剧”和“反公地悲剧”交织并存的时期，企业要通过利益机制防止“反公地悲剧”问题，实现资源整合的持续性；同时，“公地悲剧”的威胁时刻存在，乡村旅游地品牌形成后，由于无法进行明确的产权界定，所有农户和经营者都有利用品牌逐利的动机，就需要严格的落实相关的市场秩序监督和乡村治理机制，维护乡村旅游品牌（见图3－12）。

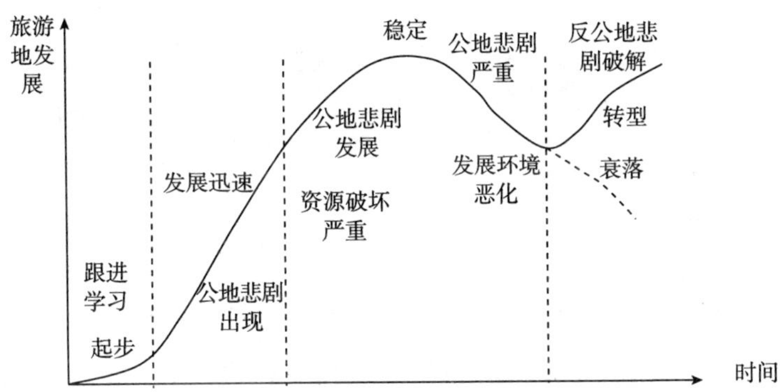

图3－12　自发型乡村旅游地“悲剧”演化特征

对于后期发展的乡村旅游，相对发展条件都比较差，依靠农户自发进行的难度很大，多数都是政府或者企业介入进行整体性的开发。由于农户的产权意识逐渐觉醒，部分农户会坐地起价，要求过高的补偿条件，大大提高企业的整合成本；还有部分农户（主要是老年人）的思想观念短期难以转变，对于房屋、土地等资源的依赖度极高，不愿意将其交付企业或政府进行整体开发；这一切都将严重影响乡村旅游精准扶贫成本和开发的进程，企业可能撤资，导致“反公地悲剧”发生，乡村旅游资源陷入限制状态。若企业整合成功，则乡村旅游的成长与发展阶段将进入“公地悲剧”和“反公地悲剧”交织并存的时期，其中成长期由于主要进行景区建设与资源投入，如征地、拆迁和同步建设，面临更多的仍然是“反公地悲剧”问题；进入成熟期则主要是“公地悲剧”问题，如部分经营者欺诈游客，不服从景区管理等，乡村旅游品牌和资源可能被滥用（见图 3－13）；这个阶段的关键是企业与农户的利益协同机制构建，如何打造利益共同体，实现共赢发展。

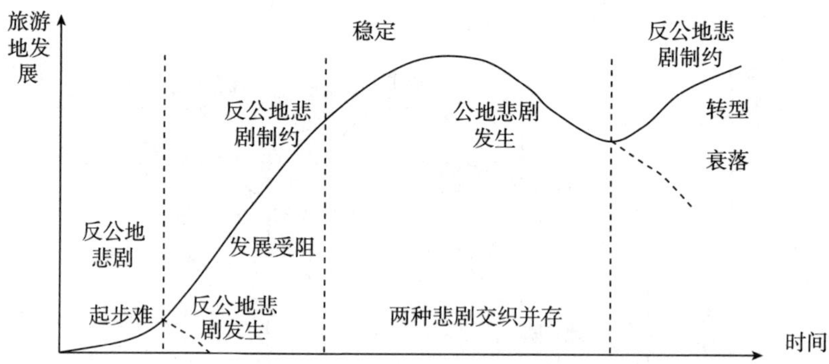

图 3－13　规划发展型乡村旅游地“悲剧”演化特征

（三）企业参与乡村旅游精准扶贫利益分配案例分析

1. 凤凰勾良苗寨的兴衰

凤凰古城的火爆极大提升了凤凰的知名度，迅速带动古城周边苗寨发展，其中的代表为勾良苗寨。凤凰村寨景点旅游业发展经历了由盛而衰的过程，它和旅游业发展大环境有关系。在 2001 年凤凰县旅游业获得快速发展后，旅游市场外溢到凤凰县周边苗寨，凤凰本地有市场眼光的私人老板，花少量的资本承包苗寨，搞一些简单的旅游基础设施投资，着力推出苗寨游旅游商品。先开发的苗寨旅游因古城市场的溢出效应愈发红火，苗寨游开发也由1家逐渐增加至几十家，到2007年前后，苗寨游达到鼎盛。随着苗寨游的蓬勃发展，因为一些无良的旅游经营者，市场上不断涌现出雷同商品，旅游市场秩序极不规范和混乱，无序竞争、拉客宰客现象严重，这让政府痛定思痛后断然采取措施，规范乡村旅游市场。2009年，凤凰县旅游局出台了相关文件；2012年，政府开始投资收购乡村游景点（控股），整合乡村游线路，避免无序竞争；2013年，政府部门基本上完成了乡村游景点的收购和关闭工作。

凤凰勾良苗寨文化底蕴深厚，20世纪80年代苗狮比赛获得冠军，是凤凰的苗歌第一村，每年农历六月初六都举行盛大的苗歌会，吸引了周边地区苗寨同胞及大批游客前来参与；村里面拥有一座苗族歌舞博物馆，有一支18人的苗狮及其他苗族节目的表演艺术队。勾良苗寨旅游发展始于2001年，其中2001年、2002年只有很少游客；2007年、2008年旅游非常红火，一个经营大户2008年的一个旅游厕所挣了3.6万元，从侧面反映了旅游市场的火爆。但是由于没有处理好苗寨保护与开发关系。伴随着旅游的发展，勾良苗寨村民从中获益较多，经济条件得到大力改善，勾良苗寨村民开始修建砖瓦结构的新房，苗寨整体面貌遭到难以修复的严重破坏，基本丧失了苗寨应有的特色。旅游产品单一化、同构化现象严重；政府因安全问题关闭古妖潭旅游点后，旅游产品单一的勾良苗寨失去了旅游产品的优化组合，致使团队游客投诉率高达八成。

如何处理苗寨保护与开发关系是乡村游发展的一个永恒话题，原本贫困的勾良苗寨，因为旅游业的飞速发展，村民快速致富，致富后的村民将积累起来的资金大部分投到兴建住房上，破坏了苗寨整体面貌，旅游业也因为苗寨美感被破坏而迅速衰落，如何避免这样悲剧再发生，这需要认真思考乡村游的治理问题。乡村游市场的规范需要有政府及相关管理部门要有超前的意识，要做好顶层设计，不能在旅游发展后遇到问题时，“头痛医头，脚痛医脚”，这样的治理效果会很难见到成效。另外，在乡村游的治理过程中，要发挥多元治理主体的作用，让它们都参与到旅游业发展的治理中。

2. 塘山村企业参与乡村旅游开发的悲剧

贵州省黔西南州兴仁县的塘山村，拥有3300多人口，土地石漠化严重，发展产业极为困难，青壮年劳力纷纷携家带口外出务工，打工收入是村民的主要生计来源。但塘山村拥有溶洞、天坑、温泉和喀斯特山群等特色旅游资源，经勘测温泉最浅距地表仅80多米；温泉四周是形似“两只被困住的牛”的山峰（困牛山），附近有被钟乳石填满的地下溶洞群，以及直线落差达几百米的巨型天坑群。2013年，某旅游公司在考察半年后，决定投资2.2亿元开发溶洞、天坑、温泉和喀斯特山群，预备打造成景区。未来，不仅投资商可以赚钱，村民也可以开农家乐、餐馆和旅馆，妇女学习刺绣未来可在景区售卖手工艺品；不少青壮年在得到旅游开发消息后也开始回流，准备利用景区的游客市场，开发农家乐等赚钱，这是村寨发展难得的机遇。①

按照规划，旅游区计划征用300余亩土地，共涉及90余户人家。旅游区确定的土地流转价格是2.8万元一亩，但这个价格未得到村民的认可；不少村民担心失去土地以后的生计，30多户人家成了“钉子户”，有人要求至少几十万元。但公司为了经营效益，急切地让村民决定签协议，地必须要给公司才行，直接导

① 袁贻辰．一场“两败俱伤”旅游扶贫背后的失与得［N］．中国青年报，2017-6-15.

致村民反感。最终，土地流转的问题使双方不欢而散，投资商扔下一句“这些农民有福都不会享”后撤资；旅游公司解散，投资商前期规划和投资打了水漂，损失惨重；村民愿望落空，不少回乡准备参与旅游开发的青壮年再次外出打工。

虽然塘山村在错失机遇后得到了齐心协力一起发展的勇气，后续也有投资商来考察，但阿斗目前再无企业落实投资，良好的旅游资源被闲置，导致“反公地悲剧”问题。究其原因：第一，由于土地属于近百个农户，投资商要与多名农户逐个谈判，成本很高，且部分农户坐地起价抬高土地流转的价格，使投资商无法承受；第二，投资的前期工作准备不足，在农户尚未按照一定的模式组织起来以前就匆忙投资，导致企业与农户关系紧张；第三，当地政府功能缺位，前期主要忙于和投资商洽谈，忽视了与农户的沟通协调，认为这种好事农户肯定会接受，相关的合作社没有成立，农户参与、生计保障等管理机制尚未宣传到位，最终造成企业与农户矛盾无法在短期内协调。

塘山村的失败并非个案，公司和农户的利益协调一直是乡村旅游精准扶贫的核心问题，不少贫困地区都出现了乡村旅游精准扶贫的“反公地悲剧”问题。只有形成稳定的合作机制，构建组织机构，打造发展共同体，才是避免此类问题的关键。公司要赚钱，但是要让利，要维护当地村民的权益，要通过沟通获取村民的认同，对村民要多一些耐心和诚心；村民也要提升自身的思想认识，自己权益要维护，但是要注意方式和限度，为公司发展提供良好的环境，自觉维护景区的发展环境。

3. 贵州黄果树景区探索利益共享新模式

长期以来，黄果树景区的发展并没有把当地村民正式纳入利益共同体，当地村民在黄果树景区客源的拉动下，从事餐饮、住宿、旅游商品销售等第三产业，很多村民脱贫致富。但这只是单个家庭的个别现象，黄果树周边村寨的村容村貌，甚至还比不上平坝、西秀的农村。整体来说，对周边村寨旅游资源开发深度不够、精品不多，对黄果树延长旅游产业拉动作用不够明显。黄果树周边村寨之所以形成“灯下黑”，一是利益主体单一，没有形成很好的利益捆绑，形不成合力；二是财力弱，黄果树旅游公司资本不雄厚，长期对周边村寨资金投入不够；三是产业链短，旅游产品单一。

为改变这一现状，2012 年 10 月，安顺市统筹协调市直各有关部门对黄果树风景名胜区 6 个试点村寨进行帮扶，通过政府、公司、村民共建“和谐家园”，探索利益共享新模式，使老百姓真正受益。“和谐家园”建设中，转变发展思路，强调和谐观念，把政府、企业、村民等利益主体捆绑，共同来开发建设，在发展中共同受益。各个村寨旅游基础设施完善以后，按照村民意愿，可自主经营，也可共同组织旅游协会参与经营，甚至可以绑入旅游公司下属企业共同经营，由黄果树旅游公司提供客源，各经营主体提供旅游产品实现共同受益。

在和谐家园建设中，黄果树尽量做到“村村具有可观赏性，村村具有接待游客能力，村村建设不重复”，并把 6 个村作为和谐家园示范村来开发打造。围绕“一村一个特色”的开发思路，通过增加旅游景点，健全服务设施和完善服务体系来吸引游客，留住游客。黄果树工管委把黄果树镇石头寨村、石新村、黄果树村石翁寨，白水镇洒把村、大坪地村滑石哨、郎宫村等 6 个村（组）作为“黄果树和谐家园示范工程”建设点。根据规划，由于洒把村贵黄公路、沪昆高速公路和水黄公路穿境而过。产业主要以餐饮、宾馆、旅游服务业、交通运输业为主，重点搞好旅游综合配套服务，吃、住、停车等过去以餐饮业和手工蜡染为主的石新村，规划打造成为集中购物区。石头寨村位于黄果树风景名胜区内，享有“蜡染之乡”的美誉，是布依族集居的民族村寨，规划打造为民族风情园，倡导休闲农业，观光农业。真正打造“花海石寨，布依水乡”。滑石哨因其优美的自然风光和传统的民族风情，电影《良家妇女》《致我们终将逝去的青春》在此取景，规划打造成“天下第一布依村”，以乡村旅游服务业为主的旅客集散地。郎宫村位于黄果树风景名胜区天星桥景区下游，因面积广，旅游产品开发的体量大，规划成集休闲、康体、疗养、会展于一体的高端度假休闲胜地。

由于已能看到“和谐家园”建设所带来的实实在在效益，极大激发了农户的参与积极性，有的示范村自行投工投劳清理河道，有的村民先行拆除自己原先乱搭乱建的建筑物等。同时，为快速推进“和谐家园”建设，涉及的镇和各驻村工作组通过召开“村支两委”会议、党员和群众代表大会，制作宣传标语等，切实加大工作宣传力度。“黄果树和谐家园示范工程”建设领导小组办公室印制发放了1500份倡议书和12000张文明守则卡，建设规划局和公安分局印制张贴发布《关于黄果树风景名胜区关于查处违法占地和违法建设的通告》和《关于进一步加强社会管理确保“黄果树和谐家园示范工程”顺利实施的通告》，确保“黄果树和谐家园示范工程”建设宣传到户、动员到人，让农户充分认识到景区的发展与自身的利益息息相关，做通思想，打消顾虑，增强主人翁意识和责任意识，调动农户支持和参与工程建设工作的积极性和主动性。① 另外，黄果树旅游区不断培育农村脱贫攻坚经济组织，形成区级统筹、镇村成立镇村级公司的布局。相关统计显示，截至2018年，100%的贫困村已建立农民专业合

① 蒋平平，李玲，沈仕卫．黄果树景区探索利益共享新模式［EB/OL］．贵州旅游在线，2012－12－25. http://www.chinaguizhou.gov.cn/system/2012/12/25/011849204.shtml.

作社或村级公司，100%的贫困人口参加农民专业合作社或入股公司，产业项目与贫困户形成利益联结，每一户贫困户有1个以上产业脱贫门路，建立完善了产业脱贫利益联结机制，助推农业产业发展，实现体制机制创新，促进产业发展规模化、规范化和产业化发展。[①]

4. 湘西墨戎苗寨的兴起

湘西州墨戎苗寨处于“张家界—凤凰”旅游黄金线路的中段，距张家界市区约140公里，距凤凰古城约90公里，地理位置、交通区位优越，独特的自然风光和历史人文，旅游资源较为丰富。在产品的质量打造上和景区运营中，墨戎苗寨坚持面向市场要效益，广泛联络张家界、凤凰等客源市场，把中间节点这一旅游行程的区位优势真真实实地转化成了旅游产业发展的优势。公司将墨戎苗寨的优势很好地结合开发，并充分发挥市场机制，将区位优势、资源优势转化为经济优势、产业优势，由最初的‘撒泡尿’经济发展成为目前的‘吃餐饭’经济，游客人均消费额度达到150元。墨戎苗寨游客接待量2013年5万人次，2014年12万人次，2015年20万人次，2016年32万人次，2017年79万人次，2018年102万人次，5年实现游客接待量增长20倍。[②]

农户的参与支持是墨戎苗寨旅游产业能崛起的关键。早在2011年，墨戎苗寨就开始发展旅游产业，但是由于种种原因没能发展起来，也没有带动群众增收致富。2013年龙鼻嘴村注册“湘西墨戎苗寨乡村游有限责任公司”（以下简称“公司”），村支书石远军向银行贷款50余万元带头入股，并发动全村老百姓

---

① 杨小友．黄果树旅游区：农旅融合打造美丽乡村［EB/OL］．人民网，2018－4－10. http：//m. people. cn/n4/2018/0410/c3530－10801534. html.

② 周名猛，田俊，龙尧．游客接待量5年暴涨20倍，墨戎苗寨凭什么［EB/OL］．湘西头条，2019－5－15. https：//mp. weixin. qq. com/s/jHAy3IOlFfUvcsgPo4CtzQ.

参与；石远军带领“村支两委”一班人前往张家界招商，遇到张家界的导游龙飞。经过协商，2013 年底龙飞签约入股湘西墨戎苗寨乡村游有限责任公司，并担任公司总经理。事实上，带动村民参与旅游开发的难度很大，很多村民信心不足；对此，墨戎苗寨公司结合实际，探索出了“资源变资产、资金变股金、农民变股东”的“三变”方案，以“村两委 + 旅游公司 + 合作社 + 党员 + 村民”的形式，建立利益共同体，用“股份制”把苗寨的“山、水、地、人、钱”串起来，使人人成为公司“小股东”，让全村群众都成为建设美丽家园的“主人”。

利益共享机制是墨戎苗寨旅游产业崛起的核心。墨戎苗寨乡村旅游精准扶贫中也面临资源整合的难题，特别是土地、房屋等核心资源难以整体性开发，部分农户甚至坐地起价。但现在，绝大多数村民都形成了“发展旅游，富民富村”的共识，这个共识是基于龙鼻嘴村和墨戎苗寨乡村游公司出台九大利益联结机制的：一是公司为龙鼻嘴村全村村民缴纳新农村合作医疗保险费，2017 年兑现代缴费用合计 48 万元，2018 年兑现代缴费用合计 72 万元。二是新建传统特色民居房屋，每平方米补贴 600 元，2018 年兑现补贴合计 62 万元。三是墨戎苗寨景区内 70 岁以上的老人，每月发放 300 元/人的生活费。四是景区内木质房屋作为自然资源入股，每年每栋分红 1000 元，2019 年提标至 2000 元/栋。五是帮助苗寨内村民在家门口规范售卖农副产品。六是投入巨资改善村里的基础设施建设和居住环境，全村的垃圾清运费用由公司支出。2018 年公司出资 120 万元用于修缮排己娄户间路和医院冲生产路。七是创造 520 个就业岗位，其中有 400 余人为本地老百姓。八是租用老百姓房屋作为茶室，老百姓在家中为游客泡茶就有 1500 元/月的收入。九是支持本地教育事业发展，对考上一本院校的新生奖励 5000 元/人，考上其他本科院校的新生奖励

3000 元/人，考上专科院校的新生奖励 2000 元/人，2018 年兑现助学奖励合计 5 万元。墨戎苗寨推出的“九大利益联结机制”是将企业、村集体、村民的利益紧紧联系在一起，一方面推动了企业的快速发展，另一方面也壮大了龙鼻嘴村的村级集体经济，凝聚起全村发展旅游产业的力量。企业与村民形成了利益共同体关系，群众参与旅游产业开发的力量和热情也就激发出来，有了村民的参与和支持，产业发展更加顺利。

（四）企业参与乡村旅游精准扶贫利益分配难题与破解路径

案例分析发现，企业参与乡村旅游精准扶贫的成功，需要天时（政策机遇）、地利（区位、资源等发展条件）、人和（农户的支持），更需要完善的市场机制与专业人士的运营管理。

1. 利益分配的难题

应该说通过多轮的产权改革和确权，乡村资源的产权基本明晰，山水田土等资源都有明确的产权所有人，“公地悲剧”问题发生的概率大大降低。但当人们都意识到乡村旅游精准扶贫需要进行整体规划和开发时，产权的碎片化又导致“反公地悲剧”开始成为乡村旅游精准扶贫的主要难题。调查中发现，整体与个体的管理矛盾、资源纷争、区位竞争、利益诉求等都是重要的影响因素，治理中还面临诸多的难题。

（1）收益分配难以均衡。农民无法确定的从土地收益中获得稳定的生活保障，就会在土地产权、流转等问题上谨小慎微。乡村旅游精准扶贫中，交易双方的地位往往是不平等的，企业明显占据优势地位，具有相对全面的市场信息等，而农户相对处于弱势地位，针对交易信息不敏感，市场信息关注度低，谈判技巧能力弱。企业、农户为各自利益考虑，最终容易产生机会主义行为，导致双方交易失败。乡村旅游精准扶贫中利益分配不平等会制造出矛盾冲突，造成工程搁置，谈判不拢等问题。乡村旅游精准扶贫中相关法律建设的不完善也是导致利益主体合作中产生冲突的一个重要原因。

（2）农户诚信意识淡薄。乡村旅游精准扶贫中出现的“敲竹杠”“搭便车”等机会主义行为，是企业农户双方没有树立法律意识的表现。农户诚信意识的淡薄会影响合作的关系并阻挠乡村旅游精准扶贫进度，“钉子户”“原则户”“条件户”等以各种方式阻碍乡村旅游精准扶贫；诚信意识、法律意识不足的农户违背合约或“打擦边球”行为，出现不符合规定，损害企业利益获取个体收益的行为，必然威胁到乡村旅游精准扶贫进程中双方合作关系。土地流转过程中常常因为利益主体法律意识淡薄相互间产生机会主义行为，如哄抬流转价太高企业开发成本，签订乡村开发协议后农户违背合同条约谋取个体利益。

（3）乡村治理机制不完善。开发企业一般是通过村委、集体经济组织等代表进行土地流转的谈判，由村委干部或组织中的负责人将农户的土地整合利用，最后双方商定签署协议。政府拥有社会资源的分配权，给予具有专业开发潜力的企业经营权，以保障开发顺利进行，企业可能会为顺利拿下中标项目产生“寻租”等行为，私下与相关人员建立联系。这中间不乏出现村干部以低价收购土地，再以高价流转给企业，获取中间差价的现象，或是开发企业与村委组织等达成内部条款，隐瞒农民土地流转相关收益，使农民权益受到侵犯。

（4）农村经济组织空心化。乡村旅游精准扶贫中留村农户大多为老人与小孩，农业劳动力短缺，村里的青年壮丁外出打工；农业种植及其他相关产业无法实现规模生产，耕地抛荒，住房呈“外扩内空”格局，村庄缺乏整体规划，侵占耕地现象严重；村内壮丁流失，缺少能人带动发展，最后由于缺乏统一的经济组织管理，产业开发少，相关产业发展滞后。农村空心化，使外出农户对村寨旅游开发漠不关心，乡村旅游精准扶贫成本升高，劳动力组织困难，制约乡村旅游精准扶贫进展。

（5）产权创新面临体制制约。农村土地产权相关法律保障界定模糊，除“四荒地”（荒山、荒沟、荒丘、荒滩）的土地使用权和承包经营权外，耕地、宅基地等集体所有的土地使用权原则上不得进行抵押等金融手段操作；同时，农村宅基地流转必须在集体经济组织内部进行，由此限制了集体建设用地的流转方式与途径。此外，农村实行家庭联产承包责任制，单个家庭拥有土地数量很少，无法形成规模效益。土地经营和占有的法律保障不足，承包纠纷繁多，严重限制了产权创新与发展，使乡村旅游精准扶贫相关土地、产权等方面层层受阻。

2. 利益分配的破解路径

乡村旅游运营管理涉及四大利益相关体，农户提供旅游经营载体，企业实现投资经营收益的运营者，政府是公共旅游资源的最大整合调配者，合作组织是乡村资源的组织者和重要利益协调者。利益纠纷、合作素养、村组管理、乡村空心化、产权模糊是“反公地悲剧”发生的主要原因，因此，可从创新利益联结机制、增强农户诚信与法律意识、优化农村治理机制、壮大农村经济组织协调能力、创新乡村产权体制等方面入手，创新“反公地悲剧”治理路径。

（1）创新利益联结机制。农民权益得不到保障是“反公地悲剧”问题治理的关键，所以要提升农民生活保障标准，弱化利益冲突，发挥政府第三方监督管理作用，建立平等的利益分配机制，协调合作主体间利益冲突，完善相关法律建设。创新利益分配方式，如企业可以用资金、股票等与农户土地产权、房屋产权等建立利益联结，拓展利益分配方式方法；建立交易主体之外的第三方监督平衡体系，由第三方组织客观评判利益分配机制，完善利益关系，发挥协调监督作用，完善农民土地产权流转过程中的法律保障，确保农民享有相关权利，有效避免双方交易冲突。

（2）增强农户诚信与法律意识。由于与企业不对等的合作关系，作为掌握市场信息能力弱且处于劣势地位的农户会自发树立保护屏障，抵制不平等的地位及受益方式，采用“先发制人”的策略从中获取部分利益。因此，农户与企业间相关合作的谈判、需求、利益等相关信息要公开透明，无特殊情况外严格按照条款协议执行，由第三方配合监督；村里应该定期在村委会或组织机构开展旅游开发相关法律知识讲堂，鼓励企业农户双方学习，懂得用法律维权和保障自己的利益；关注“违背”法律的惩处办法，树立法律意识，签订公平的协议，维护双方权益。

（3）优化农村治理机制。政府部门要牵头领导，加强乡村旅游精准扶贫的监管力度，完善农村管理体制；强化政府监督制衡作用，针对企业寻租等行为设定规章制度，依法制定惩罚制度，防止腐败现象的发生。体制上，杜绝出现乡村旅游精准扶贫多头审批现象，规范且简化繁琐的审批制度；建立农村开发监管组织，负责治理乡村旅游精准扶贫中出现的相关难题，作为第三方机构监管合作双方正常交易，确保开发运营工作顺利进行；做好相关手续办理的管理监督工作，确保交易信息公开透明，抵制不良行为，依照制度实施处罚惩治措施，优化农村治理机制。

（4）壮大农村经济组织协调能力。要发挥农村经济组织的中介协调能力。由政府机关部门引导，建立旅游开发协调机构，负责管制旅游开发中产权分散，地产边界模糊等问题，维护企业农户合作稳定关系。旅游开发协调机构协调企业和农户的利益联结，强化双方关系和睦，作为双方合作沟通的中介桥梁协调企业农户间的利益纠纷与矛盾冲突，维护企业农户各自权益，监督双方交易进展，防止利益冲突的发生。通过壮大农村经济组织，双方合作稳定，实现统一管理，提高乡村旅游精准扶贫中农地利用率，加速乡村经济发展。

（5）创新乡村产权体制。要建立规范的土地流转市场，整合市场交易信息，稳固乡村旅游精准扶贫中土地流转的规则和制度。土地流转市场相关信息公开透明，市场机制下规范化运营管理，由政府无形监督。完善农村土地交易制度，使土地流转正式化，企业农户双方签订的合同，必须由监督管理相关机构鉴定，第三方组织评估后方可进行，破解因土地流转利益纠纷和资源无法有效利用的难题。学习并借鉴国外闲置房屋产权相关法律，可依据实际房屋闲置情况增收闲置税等，要完善土地流转相关法律法规、集体经济产权等相关法律法规，优化土地整合方式。

四、乡村旅游精准扶贫中的合作社机制

乡村旅游合作社是指以农事生产为基础，占有相关资源的农户在自愿联合、民主管理的基础上建立的互助性经济组织。在乡村旅游快速发展背后，都市化、同质化、短期化、低层次化等问题不同程度阻碍了乡村旅游的进一步发展和升级，成立乡村旅游合作社成为各地探索的一个重要方向。党的十八届三中全会通过的《中共中央关于全面深化改革若干重大问题的决定》指出，允许财政项目资金直接投向符合条件的合作社，允许财政补助形成的资产转交合作社持有和管护，允许合作社开展信用合作，农民合作社获得了发展的重要机遇，与农民专业合作社有关的支持政策陆续出台。

（一）乡村旅游合作社产生背景

乡村旅游发端于成都的农家乐，乡村旅游合作社最早也主要是解决农家乐之间的利益问题。农家乐产业规模扩大和集群发展

带来了无序竞争，严重影响了农家乐的可持续发展，为了协调乡村旅游接待户之间的利益，政府部门、农村基层组织和农家乐经营户都发现，必须组建专业合作组织进行自律管理。随着乡村旅游的发展，特别是2007年7月1日《中华人民共和国农民专业合作社法》正式颁布实施后，乡村旅游合作社得到了全国各地的普遍认可，其功能也逐渐突破协调内部竞争的范畴，统一接待、统一管理、统一经营、统一营销的专业化合作社开始出现。

最早的乡村旅游合作社主要出现在北京、海南、辽宁、云南、四川、重庆等乡村旅游较为发达的地区。从合作社的成立时间来看，最早的合作社成立于2006年3月，云南省丽江市美泉村成立了玉龙县拉市海美泉生态旅游合作社。美泉村的旅游合作社成立之初是为了解决村民之间因争抢客人而产生的矛盾；2004年3月在村民木崇权带动9户村民自发成立一支马队为骑马、观鸟的客人提供旅游接待服务；2005年11月村民木崇宝组织了55户村民组成了另一支马队，两个马队争抢客人的矛盾经常出现，并开始压价竞争，经过协商两个马队合并为一个马队并成立了旅游合作社。①

随着乡村旅游合作社的大规模出现，相关部门及不少省份还专门采取了相应的举措推动乡村旅游合作社的发展。2007年，北京市第一家民俗旅游合作社在怀柔区雁栖镇官地村成立；2007年4月9日，重庆市第一家生态旅游专业合作社在秀山县龙池镇美翠村成立；2007年7月，海南第一家乡村旅游合作社在定安市南建州乡注册；2007年7月1日，山东青州清风寨合作社获批挂牌；2007年7月25日，浙江省安吉县的9个农家乐经营户签署协议成立“故里炊烟”营销联合社；2009年9月23日，四川省

①

第一家乡村旅游合作社都江堰市沙湾乡村旅游专业合作社成立；2010 年 3 月，上海市第一家农业旅游农民专业合作社在奉贤区庄行镇潘垫村注册成立；2010 年 6 月 10 日，福建省第一家乡村旅游合作社武夷山市吴屯乡瑞岩乡村旅游专业合作社正式成立。①

（二）乡村旅游合作社的主要功能

随着乡村旅游产业竞争的加剧，不少乡村旅游目的地由于农户分散经营、各自为政引发的不正当竞争时有发生。从事乡村旅游经营的农民组织起来，通过合作经济组织实现规模经营和集约经营，有利于维护好、利用好和发展好乡村旅游地的旅游品牌和旅游环境，真正成为乡村旅游产业的投资主体、经营主体和受益主体。②

1. 合作社有利于提高农户的组织化程度

引入合作社机制有利于乡村旅游的品牌化建设和规范化经营，统一农户接待游客的标准、管理和营销，改变农民分散经营的无序局面，节约乡村旅游经营成本，规范市场经营秩序，提高农民把握市场的能力。乡村旅游合作社以入会农户为主体，多数情况下乡村旅游公司、大户等也会以资金、管理等形式参与；农户多以土地、房屋、劳动力等多种形式入股，在合作社的统一指导和管理下，有助于提升经营档次和经营水平。农户通过加入专业合作社在降低农户投资成本的同时，提高了农民的分红收益，有利于提升农民参与乡村旅游的积极性和能力。

---

① 徐万佳．合作社助力乡村旅游发展［N］．中国旅游报，2012－12－19.

② 北京创行合一规划设计院．发展休闲农业与乡村旅游对于合作社组织的意义［EB/OL］．北京创行合一规划设计院网站，2014－11－11. http：//www. cxhyplan. net/news_page. aspx？ id＝542.

2. 合作社有利于乡村旅游的产业化经营

市场主体的散、小、弱、差是阻碍乡村旅游进一步发展的重要因素，有限的资源难以集中使用，容易引发乡村旅游公共资源滥用、同质化发展和恶性竞争等问题。乡村旅游专业合作社具有独特的人缘和地缘优势，管理者和参与者多为本地能人，便于组织和管理农户，是规范提升乡村旅游的最佳模式，它将分散的个体经营整合为大规模的专业化经营，在统一经营中面向市场，走规范化、标准化、规模化、品牌化道路，使乡村游由个体半专业化向集聚型专业化转变，实现现代产业化。依托合作社机制有利于提升游客接待水平，可以有效扩大乡村旅游的知名度和影响力，显著增加游客数量和游客消费水平，增强乡村旅游吸引力。

（三）乡村旅游合作社的组织特征

1. 农户加入旅游合作社比较灵活

一是属于农户私有的特色建筑、田园菜畦等旅游资源；二是土地、房屋等可以改造为旅游接待设施的旅游生产要素；三是开展乡村旅游的饮食等其他有利于乡村旅游精准扶贫的农户资源，这些可以依托的实物是开展乡村旅游合作的基础。同时，文化艺术载体以产品形式参与合作，如木版年画的印制、竹工艺品的编制等文化资源，皮影戏传承者、民族舞蹈表演者等具有某种文化艺术表演能力的人，都可以加入乡村旅游农民合作社。

2. 旅游合作社发展更加市场化和规范化

随着旅游市场的发展，越来越多的元素成为乡村旅游合作的重要组成部分，单纯的房屋、土地等已不能满足乡村旅游发展的需要，乡村旅游农民合作社需要对更多的农村生物资源、农业经济资源和乡村社会资源予以整合，从而形成合力，促进乡村旅游的全面发展，乡村旅游合作内容呈现多样化趋势。乡村旅游合作社的不断发展成熟，使更多先进的经营理念和管理方法进入乡村旅游合作社，促进乡村旅游合作社的标准化和规范化管理。以乡村旅游合作社为统领，树立品牌，形成竞争优势，从而促进乡村旅游合作社运作程序市场化。

3. 旅游合作社的运营管理更为科学有效

单一农户由于受到经营规模和接待能力的限制，只能开展小规模小范围的经营，乡村旅游合作社为合作经营搭建了良好的平台，从而在接待条件不变的情况下提高了接待能力。分散经营则使社员在各自生产过程中，注重提升接待水平和服务质量，从而在整体良好的基础上促进个体水平的提高。乡村旅游合作社通过对于乡村旅游资源的整合，如进行乡村旅游营销，对乡村旅游进行品牌塑造，通过统一运作，将会避免资源浪费，缩减营销成本，增强议价能力和规避经营风险，在合作社集资、成本支付和利润分配上实现公平。

4. 旅游合作社分工合作有效

一是政府主导与支持。对乡村旅游农民合作社予以适度的财政补贴，在税收、金融等方面给予一定优惠政策，解决乡村旅游合作社发展中的资金问题；对乡村旅游制定统一的营销战略，对乡村旅游资源进行统一推广，为乡村旅游发展扩大宣传；组织专家学者对乡村旅游农民合作社提供一定智力支持，对服务人员进行培训和教育，提高合作社工作人员的综合素质。二是企业参与。企业参与融资，为乡村旅游合作社运营提供一定资金支持；参与生产，提升乡村旅游合作社竞争力，引导乡村旅游企业做大做强；参与管理，以企业管理视角指导合作社成员规范化生产运营；参与乡村旅游合作社决策，为乡村旅游顺利开展提供决策依据。三是市场运作。制定相关标准，规范行业发展，推动乡村旅游合作社参与市场竞争，增强乡村旅游发展活力，实现乡村旅游合作社形象提升和品牌塑造。四是社员受益。社员是乡村旅游农民合作社的主体，乡村旅游农民合作社的关键在于促进乡村旅游的发展，根本目的是增加社员收入，提升社员生活质量。①

（四）乡村旅游合作社发展案例

随着乡村旅游的发展，乡村旅游合作社开始发挥越来越重要的作用，各地也形成了一系列的典型案例和经验。②

1. 重庆石柱“黄水人家”乡村旅游专业合作社

重庆石柱县黄水镇是中国黄连之乡，海拔1500多米，森林覆盖率82%，有丰富的旅游资源，其中大风堡旅游风景区是黄水国家森林公园的核心，每年吸引大量的游客。2011年，黄水镇政府借移民小区农民自建住房的契机，由政府主导，农民自愿的形式，组建了黄水人家乡村旅游专业合作社，成为西南地区首家乡村旅游专业合作社。“黄水人家”乡村旅游专业合作社社员以移民小区和旅游小区的农户为主，社员中农民成员至少占成员总数的80%。合作社采取政府主导、分散经营、统一管理的方式，标准化建设、规范化管理、合作化经营等方面不断探索创新，完善利益联结机制，有效理顺了内部和外部关系，提高了经营效率，保证了服务品质。“黄水人家”乡村旅游专业合作社有效解决了景区建设资金的制约瓶颈，提升了景区的知名度和影响力，培育了旅游服务业发展的新亮点。“黄水人家”实行“六个统一”模式进行标准化、规范化运营。一是统一规划布局，邀请星级宾馆专业人员统一设计客房标准，让社员有样板可学、有章可循。二是统一形象标识，在全县范围内广泛征集“黄水人家”形象标识，以此为标准设计入社宾馆的标志、店牌。三是统一宣传营销，借助县旅游宣传资源，在公路广告牌、报纸、网络、电视等媒体上

①② 北京创行合一规划设计院．合作社发展休闲农业示范案例［EB/OL］．北京创行合一规划设计院网站，2014－11－11. http：//www. cxhyplan. net/news_page. aspx？ id＝543&page＝1.

对“黄水人家”品牌进行整体宣传营销，设计并印制“黄水人家”宣传画册，统一与旅行社和景区展开营销合作，为入社成员提供客源保障。四是统一接待用品，为入社成员统一配发印制“黄水人家”标识的毛巾被、枕巾、杯子等接待用品。五是统一服务承诺，编制“黄水人家”服务承诺书，各社员签字后悬挂上墙，以供游客监督。六是统一管理培训，聘请专业培训老师对社员实行统一的行业技能培训，提升社员素质。产品上合作社推行标准化，特别是住宿标准化，内外部环境、设施、用品用具、服务品质等，都统一规定并督促执行，并建立了培训机制和评分评级机制；在价格上设置最高限价，既保留竞争空间也保证竞争秩序。

2. 贵州荔波联山湾乡村旅游专业合作社

2008 年，荔波县联山村委会利用荔波申报世界自然遗产成功等一系列千载难逢的发展机遇，按照“自愿、自由、公开”的原则，动员村民们入股开发本村得天独厚的乡村旅游资源，并启动实施“联山湾乡村旅游建设项目”，成为黔南州首家乡村旅游农民专业合作社。创立之初荔波县联山湾乡村旅游专业合作社仅 6 人，均为联山村村民。两年后合作社成员已扩大到 40 人，辐射带动周边农户 120 户。为了寻求生存和发展的空间，联山湾农民旅游合作社提出“旅游开发、文化先行、宣传出击”的口号，先后邀请省内文学、音乐、摄影、媒体、旅游、教育、民族等方面的相关人士赴联山湾献策支招，挖掘当地布依民族文化资源，发展民族风情创作文化，加强对外传播推广，使联山湾的知名度迅速提高，逐步成为远近闻名的乡村旅游热点苦练“内功”，积蓄“元气”，采取“宣传报道”超前于“基础建设”的不平衡“双轮驱动”模式，以原生态的乡村生活习俗、农耕现状、民居风貌等为基本旅游产品，引导游客体验乡村旅游，狠抓宣传报道和推广推销工作，不断提升联山湾乡村旅游品牌知名度和影响力，增强旅游吸引力和乡村文化魅力。农民们借助强大的互联网、报纸、杂志、电视台、电台、手机等多种平台，把联山湾独特的自然生态、民族文化、生活习俗和乡土人文等丰富的旅游资源向外宣传、向外推销，使山外的人们了解联山湾、关注联山湾、支持联山湾。目前，联山湾在外已经“小有名气”，开始成为远近闻名的乡村旅游目的地，经常吸引外地不少游客光顾。①

3. 山东莱芜龙山乡村旅游专业合作社

莱芜市龙山乡村旅游专业合作社是山东省第一家旅游专业合作社，注册资金280万元，利用莱芜丰富的乡村旅游资源，成立具有积极带动、示范作用的旅游合作社，把松散的农民经营者聚集起来，统一管理、统一培训、统一标准、统一提高，并享受国家优惠政策，有利于扩大农民就业，提高农民收入。合作社主要从事餐饮、住宿等业务，经营范围涉及农业生产、农产品销售、农业观光、果实采摘等各项业务。合作社严格实施“六统一”管理制度，即统一标准、统一价格、统一接待、统一分配、统一宣传、统一培训，加快农家乐设施改造，拓展服务项目，丰富旅游内涵，着力打造“原生态”，注重自然环境的“原生态”，注重风土人情的“原生态”。目前城岭村已形成了集观光、旅游、垂钓、餐饮、住宿于一体的服务模式，开发了开心农场、狐仙岭、生态游、鲜果采摘园等观光项目，垂钓、摸螃蟹等休闲娱乐项目，让城里人体验农村的生活。扩建和整修桂花园、动物园、茶园等景点，规划建设林果采摘园3处，开心农场5处；新上龙山粉皮、龙山花生油、龙山煎饼等特色手工作坊3处，提升接待服务水平，使景区发展跃上了新的台阶，做到了让游客来到龙山旅

① 山东省第一家乡村旅游合作社诞生［EB/OL］. 搜狐旅游，2009－3－12. http：//travel. sohu. com/20090312/n262760567. shtml.

游区不仅吃好、住好，而且游得充实、玩得开心。①

4. 重庆开州区“合作社+农户+产业+旅游”

重庆开州区以建卡贫困户为对象，将专项扶贫资金“折股量化、配股到户”，探索出了一条“合作社+农户+产业+旅游”的绿色产业发展模式，让村民在家门口就能增收致富。② 2013年，长沙镇齐圣村建立了红心猕猴桃专业合作社，全村65户建卡贫困户按照扶贫开发资金，以2000元每股的标准“配股到户”。除此之外，村民还可以自愿将自己的土地量化入股，贫困户变成了合作社的股东。村民以土地折价入股和现金入股的方式，成了合作社的社员，然后进行入股分红；村民自愿参与、入股分红的举措不仅改变了以前单打独斗的产业发展模式，也让合作社有更多的资金和人力。依托这一模式，当地组建了猕猴桃、柑橘、蓝莓等种植专业合作社，布局发展立体山地产业，不但生态得到了保护，还形成了春赏花、夏纳凉、秋品果、冬观雪的观光旅游区。齐圣村对高山生态产业园的打造，采用统一规划、标准化管理，建立了立体的山地产业链。齐圣村从上到下依次是猕猴桃园、蓝莓园和血橙园，形成颜色分明、层次错落有致的景观。175套避暑房、农家乐都统一外观，屋内设施也是按照星级酒店标准配备，服务人员经过统一培训后上岗就业。对于采摘园区，严格划定了区域，必须达到采摘标准后才对游客开放。观光园有了标准化的建设和统一的管理、服务，人气也越来越旺。2015年，该产业园的收入达100万元，2016年预计突破300万元。

---

① 精准化扶贫难题待解：真贫困？“争贫困”？[EB/OL]. http://www.cpad.gov.cn/art/2014/10/17/art_624_1369.html.

② 詹米璐. 开州区发展休闲农业推动旅游扶贫［EB/OL］. 网易，2016-8-1. https://news.163.com/16/0801/09/BTCET2KR00014AEE_all.html.

5. 重庆赵家乡旅游合作社扶贫有作为

白马山乡村旅游专业合作社成立于 2014 年 4 月，位于重庆市武隆区赵家乡国家级自然生态保护区白马山生态保护区腹地，目前有农家乐 140 户，其中加入专业合作社的 76 户。近年来，合作社不断探索和完善“合作社 + 农户 + 贫困户”模式，极大助推了当地脱贫攻坚工作。① 2014 年 4 月，由村民传文明担任理事长的白马山乡村旅游专业合作社成立，采取统一制作门楣店招、统一合作社管理、统一礼仪技术培训、统一入住价格标准、统一编排农家乐号码、统一社会管理制度、统一申报微型企业、统一制作安装标识标牌“八个统一”措施规范农家乐管理，有力推动了赵家乡乡村旅游发展。合作社成立后第一年就接待游客 46 万人次，实现旅游收入 5800 余万元，解决本乡富余劳动力 500 余人就业，全乡通过办农家乐脱贫的有 14 户 56 人，通过在乡特色旅游企业中务工脱贫的有 62 户 253 人，通过为游客提供产品脱贫的有 125 户 438 人。合作社采取多种措施，为进一步吸引全国各地游客而不断创新；合作社打造农家乐绿色花卉庭院、乡村旅游历史文化展览馆等设施，着力进行高山水乡“水”文化建设；举办丰富多彩的节会活动，每年举办一届“武隆赵家山虎关旅游避暑季”活动，定期开展游客休闲运动会、趣味活动，合作社社员曾七农家乐等星级农家乐每天为游客举办演唱会、书法会等。2016 年 3 月以来，当地探索和完善了“合作社 + 农户 + 贫困户”模式。合作社用工优先吸纳贫困户劳动力，月工资 2000 ~ 3500 元，2017 年 28 户贫困户 32 人在农家乐务工，增加收入 22.4 万元。合作社农家乐与贫困户对接，优先解决贫困户农产品销路，

① 陈潜．赵家乡：旅游合作社扶贫有作为［EB/OL］．中国旅游报，2018 - 4 - 5. http：//news.ctnews.com.cn/zglyb/html/2018 - 04/05/content_318752.htm？div = - 1.

通过与农家乐进行农产品对接销售，2017 年，158 户贫困户增加收入 16 万余元。在旅游淡季，合作社与本乡新华村电商户联手，把全乡 216 户贫困户家中的土特产品通过电商线上销售，销往全国各地，特别是土鸡、野生猕猴桃、竹笋、野生天麻、蜂蜜土特产品等，增加贫困户产业收入。

整体来看，当前我国的乡村旅游合作社在运营中还存在诸多的问题，如发展缺乏统筹规划，在游客安全、住宿登记、形成人流方面难以保障；政府引导不到位，合作社经营管理水平偏低，面临恶性竞争、食品安全、环境保护等问题；不少乡村旅游合作社未能发挥实际的作用，成为空壳社。因此，未来政府要引导条件成熟的地区成立旅游专业合作社，在公安、工商、税务、农业等方面给予协助办好各项登记手续，引导合作社规范运营；各级政府在政策和资金方面要对乡村旅游合作社给予大力扶持，并对合作社内部利益分配机制加强监管，维护入社农户的利益；进一步加强合作社社员特别是带头人的培训，提升旅游合作社经营管理水平，提高乡村旅游服务的质量。[①]

五、专题：贵州“三变”改革

贵州省六盘水市开展的“资源变资产、资金变股金、农民变股东”的农村“三变”改革，通过集体资源调动政府资源、政府资源撬动社会资源的“双轮驱动”，有效活化了要素资源，实现“产业连体”“股权连心”，促进了农业增效、农民增收、农

---

① 许成德. 关于大力发展乡村旅游专业合作社的建议［EB/OL］. 中国致公党辽宁委员会网站，2017－4－13. http：//www. lnzg. gov. cn/Article/ShowArticle. asp？ArticleID＝3491.

村增绿，成为脱贫攻坚、产业革命、乡村振兴的助推器。2018 年 9 月，贵州省农村“三变”改革经验写入中共中央、国务院印发的《乡村振兴战略规划（2018—2022 年)》，在第十三章第三节“发展新型农村集体经济”中指出：“深入推进农村集体产权制度改革，推动资源变资产、资金变股金、农民变股东，发展多种形式的股份合作”。2019 年中央一号文件的“全面深化农村改革，激发乡村发展活力”中，对深入推进农村集体产权制度改革做出全面部署，其中提到“总结推广资源变资产、资金变股金、农民变股东经验”。继 2017 年、2018 年后，2019 年贵州六盘水农村“三变”改革经验已连续三年被写入中央一号文件。①

（一）贵州“三变”改革背景

六盘水市把农村“三变”改革作为精准扶贫的“新引擎”，坚持问题导向，着力破解现实难题，深入探索改革实践，实现了“让更多贫困户参与、更多农民增收、更多集体经济增长、更多农村资源增值”的目标，破解乡村旅游发展的五个难题。一是破解农村资源要素“三分散”的问题，以“三变”改革促资源要素集聚。抓住农村资源分散、农民分散、资金分散的问题，盘活农村生产要素，最大限度地激活农村发展的活力和动力，有效聚合自然资源、有效整合各类资金、有效盘活存量资产、有效激活人力资本，逐步形成“无物不股、无奇不股、无事不股、无资不股、无人不股”的局面。二是破解产业“小弱散”的问题，以“三变”改革促产业做大做强。针对农业产业规模小、分布散、实力弱等问题，坚持“建园区、强龙头、创品牌、带农户”的思路，培育“三变”经营主体，推动了一二三产业跨越发展。三是

---

① 刘鹏．贵州“三变”改革经验连续三年写入中央一号文件［EB/OL］．中新网，2019－2－20. http：//www. chinanews. com/gn/2019/02－20/8759787. shtml.

破解农民与经营主体“两张皮”的问题，以“三变”改革促新型职业农民塑造。通过股份纽带，把企业和农民的利益联结捆绑起来，农民关注企业生产和企业利润，企业关注农民技能和农民增收，通过产业带动，把农民吸附到产业链条中来；通过平台拉动，把农民吸纳到经济组织中来；通过“双创”驱动，把农民吸引到返乡创业中来，实现农户和经营主体的联产联业、联股联心、风险共担、利益共享。四是破解“三变”单打独斗的问题，以“三变”改革促基层经济治理模式构建。推动农民专业合作社、供销合作社、农村信用合作社相互参股、互相促进、互动发展，具体是：通过机制联动推动“三变”融合，通过功能互补推动“三变”融合，通过平台共享推动“三变”融合，从而推进“三变”更大范围、更高层次、更多形式的合作，为“三变”改革提供有力支撑。五是破解农业风险防范的问题，以“三变”改革促群众权益保护。重点围绕合同约定到不到位、实际分红兑不兑现、股比设置合不合理、商业保险落没落地、成本收益划不划算、农产品销售好不好卖等方面强化举措，通过构建特色农业保险体系、服务保障体系和群众监督体系，形成有针对性、实用性、可操作性的风险防范体系。[①]

（二）贵州“三变”改革主要内容[②]

1. 形成“十二种”股权形式

六盘水市以股份合作为纽带，以产业平台为抓手，农户以资源、资产、资金入股经营主体，呈现出多种“股份农民”，形成明晰、规范的“十二种”股权形式（见表3－1）。

---

① 甘南州赴贵州省六盘水市考察农村“三变”改革工作报告［EB/OL］. http：//www. zqx. gov. cn/zhouquyaowen/article/5151. 2017－12－29.

② 晋城市农村“三变”改革课题组. 赴贵州考察农村“三变”改革的情况报告［EB/OL］. http：//www. jcgov. gov. cn/dtxx/llxx/jcgz/shgg _ 21427/201906/t20190619 _ 371709. shtml. 2019－6－19.

表 3-1　　　　六盘水市“三变”改革“十二种”股权形式

序号	类型	特点
1	土地股	农户以土地经营权入股企业、合作社等经营主体，按股分红
2	林权股	村集体、农户将林权入股到企业、合作社等经营主体，变林权为股权
3	自然风光股	在保护自然风光的前提下，村集体以景区景点所在地的自然风光、风景名胜、古树名木等资源折价入股经营主体，实现农村变景区、农舍变宾馆、农民变导游
4	资金股	以财政资金为引导，撬动村集体资金、农户资金、经营主体资金入股，按股分红，让分散的资金聚起来，提高资金使用效率
5	房屋股	将农村闲置的房屋资源入股经营主体，形成股权和收益
6	水利股	将村集体闲置的水域、水利设施入股企业进行合作开发，发展水域经济，让村集体及群众成为股东
7	设备股	企业、村集体及农民将设备折价入股到经营主体，实现设备资产股权化
8	基础设施股	通过引进资金和融资的方式，将闲置的村集体基础设施等资产入股到经营主体，增加农户和集体收入
9	劳务股	劳务公司与村集体或其他经营主体签订股份合同，共同承建项目，按比例进行分红
10	技术（技艺）股	对有技术和才艺的群众，鼓励和引导他们以技术（技艺）入股“三变”经营主体，从中获得收益
11	管理股	积极引导经营主体吸纳有经验、懂管理的返乡大学生、农民工等就近就业参与企业的经营管理，从中获得管理收益并成为股东
12	知识产权股	依托知识产权优势，以股权为纽带，充分发挥知识产权激励作用，把知识产权形成产品、形成产业，带动群众致富

2. 形成“十二种”改革模式

六盘水市在坚持“土地公有制性质不改变、农村基本经营制度不改变、耕地红线不突破、农民利益不受损”四个原则，按照“有变就变、做活存量，能变则变、做足增量，灵活多变、做大总量，变就变好、做优质量”的思路，形成“三变”改革“十二种”模式（见表 3-2）。

表 3-2　　六盘水市“三变”改革“十二种”改革模式

序号	类型	特点
1	“三变”+特色农业	围绕特色产业规划布局，整合国家、集体、农民个人的资源、资产、资金要素，以股份合作方式发展特色农业
2	“三变”+乡村旅游	在美丽乡村建设中，整合各种资源要素，把村集体、农民的资源入股乡村旅游项目，按股分红，实现增收
3	“三变”+特色城镇	在特色小城镇建设中，利用村集体、农民的可变资源入股合作建设经营服务型项目，实现农民脱贫增收，统筹城乡一体化发展
4	“三变”+景区景点	在景区景点打造中引入“三变”模式，以股权为基础，共建共管，按股分红
5	“三变”+金融	利用财政扶贫资金为贫困户入股到农村商业银行或帮助农户通过贷款融资共建项目，合伙经营获得收益
6	“三变”+水利	利用丰富的水资源，活化股权要素，发展水域经济，实现股份分红
7	“三变”+电子商务	以大数据为平台，盘活乡村人力资源和社会资本，发展电商产业，构建农村电商股份合作体系
8	“三变”+易地移民	在易地扶贫搬迁中，结合景区景点、乡村农家乐等旅游服务设施的打造，以易地扶贫搬迁财政资金为引导，撬动社会资金参与建设，按股份比例分享收益
9	“三变”+城市资源	通过政府统筹，将城市停车场、商铺等公共优质资源通过股份合作转让给村集体和贫困户参与入股，按股分红
10	“三变”+文化产业	利用民族文化资源，以股权经营为载体，引导农户以自有资金、祖传技艺等入股，按股分红
11	“三变”+加工企业	积极引导农民以土地、资金、技术等入股加工企业，按股分红
12	“三变”+生态经济	以保护生态为前提，按照把生态做成产业、把产业做成生态的思路，将生态资源入股经营主体，发展林下经济、休闲养生等生态产业，增加村集体和农民收入

3. 细化十个步骤 30 个环节

六盘水市在改革实践中不断总结，把“三变”改革从操作层面上细化为十个步骤 30 个环节（见表 3-3）。

表 3-3　　　六盘水市“三变”改革十个步骤 30 个环节

序号	步骤	环节
1	摸资产	摸清“三资”存量、分清可变资本、开展确权登记
2	选产业	选好发展方向、组织专家论证、编制产业发展规划
3	引企业	做好项目储备、寻找合作对象、确定经营主体
4	带农户	加强宣传引导、广泛动员参与、积极鼓励支持
5	确对象	村集体资产入股、财政可变资金入股、个人资本入股
6	定资金	财政项目支持、自筹资金入股、协调银行贷款
7	商股比	确定合作内容、协商股份比例、进行张榜公示
8	签合同	制定合同文本、签订合同协议、备案存档留底
9	推项目	制定合作方案、加强乡镇管理、强化技术指导
10	抓验收	及时组织验收、兑现项目资金、做好总结评估

（三）贵州“三变”改革主要做法

1. 农旅结合、三产融合，实现产业变园区、园区变景区

把园区当景区打造，发展现代休闲观光，园区景区化，实现了农旅结合、三产融合的华丽转身。六盘水市依托产业和自然景观，把园区全部按照景区标准打造，通过“三变”解决了土地细碎、农户经营分散问题，实现了规模化、园区化发展；解决了农户与企业联系松散问题，实现了利益联结、共享发展；解决了产业链条短、农产品质量不高的问题，一举实现了生产标准化、产品绿色化和农业现代化。同时成为全域旅游的新亮点。

2. “三变”贯穿、多元发展

不仅是农户的、集体的、有形的土地荒山，而且扩大到自然资源技术等无形资产，连自然的水气光照、自然景观都可以变成资产入股。水城县海坪村将 351 亩集体荒山入股野玉海景区，村集体按 30% 股份分红，其中 50% 的红利分配给村民，2015 年全村贫困群众人均分红 961 元。钟山区的梅花山，将山地资源和气候资源入股建设“冰雪神话”国际滑雪场，2016 年入股农民人

均收入8200元。在资金变股金的方面，六盘水市从各县区产业基金中剖出部分启动资金，以集体股和贫困户入股的形式异地入城购置商铺、停车场、农贸市场等36处，通过物业租赁和集体经营的方式，帮助64个村、3700户贫困群众找到稳定的收入来源，其思路之宽、机制之活值得学习。

3. 管委会和园区管理

各县区根据不同行业发展需要，成立各类不同平台公司，如农投、城投、文投、交投等，根据产业发展成立跨区域的园区管委会，代行政府抓产业、建园区的职能，既发挥了政府指导作用，又发挥了市场的主体作用，机制非常灵活。

4. 一村一社发展集体经济

各村都成立以合作社为主体的村级集体经济组织，把集体资产和农户资产土地等有机结合起来，为股权改革奠定了基础，而且国家投向产业的各类扶持资金都变成集体股金入股到新的经营主体，既扶持了产业，又壮大了集体经济。

5. 平台公司、个体企业、合作社互相融合共同运作

资金变股金、股份合同不仅表现在合作社内部，还更多地用在了龙头企业的培育发展上。国有资产、社会资本、农民合作社等通过股份合作有机结合起来，而且紧密联系，形成利益共同体，造就了“1 +1 +1 大于3”的规模效应。六盘水猕猴桃、刺梨等产业形成一头连基地，另一头连国际的产加销网络，正是得益于股份合作壮大龙头的成功实践。

6. 加强项目整合和项目向园区集中

在县市层次资金整合后由平台公司运作，确保了资金向园区倾斜、向主导产业集中。六盘水市将中央、省、市安排的专项扶贫资金、农业生产发展资金、林业补助资金等22项纳入整合范围，推动财政资金找主体、找产业、找效益，形成了“多渠道进

水、一个池子蓄水、一个龙头放水”的整合格局，同时撬动集体资金、自筹资金、社会资本和金融资本共同参与“三变”改革，使财政资金数倍放大，取得了较好的整合效益。①

（四）贵州“三变”改革主要经验

“三变”模式集中人、财、物推进产业开发，统筹农、旅、文建设美丽家园，盘活了“沉睡”资源、壮大了村级经济、富裕了农民群众，带动了当地经济的快速发展。②

1. 注重激活农村要素资源抓“三变”

各地以打造“股份农民”为核心，引导农户以资源、资产、资金入股经营主体，在拓展土地股、林权股、自然风光股、资金股、水利股、设备股、基础设施股、劳务股、技术（技艺）股、管理股、知识产权股等股权形式的同时，坚持因地制宜、分类推进，结合基层实践，将单一的农业“三变”转变为全要素“三变”，形成了现在“无物不股、无奇不股、无事不股、无资不股、无人不股”的生动局面。盘州市普古乡娘娘山景区，按照“一村一策、一村一社、一村一产”的思路，打破以行政区域为单位设置党组织的方式，联合舍烹、播秋等 8 个村成立联合党支部，通过“三变 + 产业 + 扶贫”发展模式，依托娘娘山湿地公园和现代农业园区开发，将各种资源优势、生态优势转化为产业优势、经济优势，让一半石头一半土的沙石地、水淹地和荒山荒坡变成了刺梨园、蓝莓园、猕猴桃园和科技示范园，让闲置的荒山、河流、洞穴、深沟变成了公路、宾馆、饭店、旅游景点、水上乐园

① 王西永．贵州省六盘水三变改革考察报告［EB/OL］．2017 - 9 - 10. http：//tougao. 12371. cn/gaojian. php？tid = 799820.

② 静宁县委办公室．县委考察组赴贵州考察农村“三变”改革的报告［EB/OL］．2018 - 4 - 30. https：//www. qichacha. com/postnews_e372c804cf9e4ebad7bebcbc6b6b56c5. html.

和游客接待中心，推动山地特色农业和山地旅游产业集约化、规模化、组织化、市场化发展，促进了农业增效、生态增值、农民增收脱贫。

2. 注重整合各类项目资金抓“三变”

一是集体和农户闲散资金变为股金。湄潭县金华村“七彩部落”，发挥地处北纬37度最适宜茶叶生长的地理优势，发动73户农户集资入股80多万元，采取“公司+合作社+农户”的运营模式，实行“统一资源、统一规划、统一管理”，推动“茶旅一体化”乡村旅游经济不断发展壮大。二是发挥政府平台公司投融资的牵引作用。政府投融资平台公司先把基础设施建设好，把产业业态布局好，再引入融资企业、经营主体或引导成立合作社，带动农户参与发展产业，当市场主体培育成熟后，平台公司再退出。钟山区扶贫旅游文化投资公司对全区228个自然村寨实施“1+N”提档升级，公司按10万元/户出资改造，农户拿出部分房间入股开办农家客栈，由公司统一经营，农户从中获得务工收入和房产经营收益。三是加大金融支持力度。水城县紧抓全国土地承包经营权抵押贷款试点契机，创新推出“特惠贷”“脱贫贷”“三变贷”等信贷产品，贫困户以信贷资金入股项目建设，获得保息分红和收益分红。

3. 注重打造特色优势产业抓“三变”

一是聚焦特色农业产业。六盘水市依托农业产业“3155”工程，选择具有市场优势的红心猕猴桃、刺梨等特色产业，先试点、再推开，以稳妥选准产业来保障农户有收益。水城县以县属平台公司为主实施的猕猴桃产业农户90%、公司9%、村集体1%，刺梨等其他特色产业农户75%、公司15%、村集体10%，乡镇引进企业推行“三变”模式的由双方自行协商确定股比。通过采取“三变”特色产业模式，形成了企业、村集体、农民三者之间的利益链接机制，让老百姓从旁观者变成了参与者，从参股变成了控股，充分调动了农户积极性。二是聚焦旅游休闲产业。推进农旅融合发展，在发展山地旅游、休闲避暑、康体养生等产业中，引导村民将山地资源、气候资源等入股，获得较好收益。娘娘山联村以 10.68 万亩土地、林地、草地等资源入股景区，打造了天山飞瀑、温泉度假小镇等 18 个旅游项目，2220 户 5455 人入股农户，年人均增收 6000 元，解决固定就业 310 人，每年用工 4000 余人次，带动 2 家酒店、100 家农家乐、45 家农家旅馆、32 户农家超市发展，农家超市年收入均在 10 万元以上，农家乐年收入超过 5 万元，农家旅馆年收入在 3 万元以上。

4. 注重培育新型经营主体抓“三变”

一是壮大现有经营主体。对现有经营主体实行兼并、联合、重组，从政策、项目、资金等方面扶持壮大，已培育一大批龙头企业和专业合作社，助推 9 家企业成功上市。二是引进经营主体。采取激励政策，引进实力强、信誉好、有公益心的企业共同发展，一时引不进来的由县级平台公司负责打造，包装之后向外招商。三是新建一批经营主体。出台激励政策，鼓励返乡农民工、大学生创新创业。平坝区塘约村在政策的激励下，11 名“村支两委”委员以 79 亩土地作价 237 万元注册成立合作社，采取“党总支 + 合作社 + 公司 + 农户”的模式，引导村民将土地流转到合作社进行合股联营、合作生产，所得收益按合作社 30%、村集体 30%、村民 40% 的比例进行分红。

5. 注重发动群众规范管理抓“三变”

六盘水市高度重视“三变”改革中的风险防控和农民利益保护问题，在指导思想上始终坚持“土地公有制性质不改变、农村基本经营制度不改变、耕地红线不突破、农民利益不受损”四个原则。盘县在推行“三变”改革初期，为了解决缺少承接主体的难题，盘县大力推进“一村一社”，但发现部分合作社发展方向不明，甚至存在套取国家资金现象。在及时规范过程中，盘县跟进探索了“三变” + “三合”（信用合作社、供销合作社、专业合作社）模式，并结合推进城镇化建设、美丽乡村建设，城乡统筹推动“三变”改革，通过扩大市场承接面，拓展“三变”空间，搭建跨越城乡的生产、流通、金融合作平台，为“三变”改革架起了更多支撑点。

（五）贵州“三变”改革成效

截至2018年，贵州省88个县（市、区）968个乡镇、2523个村开展“三变”改革试点工作（六盘水整市推进），涉及农村人口708.2万人。已组织试点村集体资源入股5.64万公顷，资源折价入股26.68亿元，整合财政资金投入试点村“三变”改革35.28亿元，撬动社会资金投入“三变”改革98.9亿元，农民以承包地等资源入股15.15万公顷，以资金入股12.48亿元，实现232.83万农民变股东；参与农村“三变”改革经营主体3544个，其中企业1125个、农民专业合作社2383个。一是通过“三变”改革激活生产要素。资源变资产就是让沉睡的资源活起来，聚集土地、房屋、资金、劳动力等要素，充分激活各自能量；资金变股金让分散的资金聚起来，在不改变资金使用性质和用途的前提下，整合财政投入的城乡建设发展、扶贫开发等资金，撬动各类社会资金投资；农民变股东让增收的渠道多起来，通过把分散的农民组织起来，让他们参股入股成为经营主体的股东。二是通过“三变”改革促进还权赋能。依法依规抓好确权登记，规范产权交易，强化合同管理，开展“两权”抵押，构建“归属清晰、权责明确、利益共享、流转规范”的农村产权制度，为产业扶贫提供产权保障。三是通过“三变”改革推动绿色发展。坚持生态产业化、产业生态化，为农业种下“绿色希望”，为工业贴上“绿色标签”，为城市书写“绿色未来”，努力提升经济价值、生态价值、社会价值、文化价值，走出生态优先、绿色发展，百姓富、生态美的新路。四是通过“三变”改革构建利益联结机制。“三变”改革让农民成为农村供应链、产业链、价值链、资金链上的受益人，通过入股分红、平台务工、创业就业等渠道获得多重收益，实现由旁观者向参与者、打工族向主人翁转变，稳定增加了收入。①

目前，“三变”改革已成为了贵州省脱贫攻坚乡村振兴的新引擎、助推器。2018 年，贵州六盘水共有 118.76 万入股村民实现分红，分红金额达 6.49 亿元；通过“三变”改革，有效带动 23.1 万人在产业平台上务工，务工收入达 2.5 亿元，人均达 1082 元。贵州省提出 2019 年贵州将深入推进农村产权制度改革，到 2020 年全省“三变”改革试点将覆盖到 60% 的行政村和 100% 的贫困村，发展壮大新型农村集体经济，加快推进乡村振兴发展。贵州省农业农村厅党组成员、副厅长步涛指出：“三变”改革是破除制约农村发展体制机制障碍，促进农村生产力发展的重要举措；“三变”改革是培育新型农业经营主体，推动农业适度规模经营，加快推进现代山地特色高效农业发展，促进农民增收的重要途径；“三变”改革是提高财政扶贫资金使用效率、实施精准扶贫、实现贫困户稳定脱贫的重要方式；“三变”改革是培育新型农民，推进乡村治理体系现代化的重要载体。②

① 晋城市农村“三变”改革课题组．赴贵州考察农村“三变”改革的情况报告［EB/OL］．2019－6－19. http：//www. jcgov. gov. cn/dtxx/llxx/jcgz/shgg_21427/201906/t20190619_371709. shtml.

② 程曦、贾过之．到 2020 年贵州“三变”改革试点将 100% 覆盖贫困村［EB/OL］．2019－7－5. http：//www. cffysj. com/zonghe/system/2019/07/05/017300405. shtml.

第四章 企业参与乡村旅游精准扶贫商业模式创新机制研究

商业模式是将资源优势转化为旅游产品和市场优势的关键，贫困地区陈旧的旅游开发商业模式严重影响了乡村旅游的开发绩效，进而影响到乡村旅游精准扶贫的绩效。现有研究对乡村旅游商业模式关注明显不足，有必要深入研究乡村旅游商业模式的创新问题，为提升旅游精准扶贫绩效提供新思路。本章立足企业发展与乡村旅游精准扶贫的协同机理，深入分析乡村旅游商业模式的创新机制，通过案例分析方法研究商业模式创新的影响因素，探索提升乡村旅游精准扶贫绩效的商业模式创新路径。

一、企业发展与乡村旅游精准扶贫协同机理

2016 年 12 月国务院发布的《“十三五”旅游业发展规划》进一步明确实施旅游扶贫电商行动、开展万企万村帮扶行动等举措推动乡村旅游开发；国家正在大力推进创新创业工程，国家旅游局也在大力推动乡村旅游创客行动。企业的乡村旅游开发，本质上是围绕农村生态文化资源进行的旅游商业模式创新活动，基

于精准扶贫的乡村旅游开发是一种全新商业模式的改革与创新，必须与当地贫困农户的精准脱贫问题密切结合，实现旅游企业成长与农户脱贫的协同发展与双赢格局。

（一）企业发展与乡村旅游精准扶贫的协同特征

企业参与乡村旅游精准扶贫项目有助于提升扶贫绩效，而乡村旅游精准扶贫活动的实施则为企业发展提供了重要的发展平台和机遇，参与扶贫与企业发展是可以实现协同与互利共赢的，这也是企业参与乡村旅游精准扶贫，实现共享发展的基础。

第一，企业参与有助于提升乡村旅游精准扶贫绩效。企业作为旅游市场和旅游资源运营中的核心主体，其乡村旅游开发活动以农村生态文化资源嵌入和利用为前提，有助于区域特色资源的开发与利用；可为农户提供大量的就业岗位，为农户提供稳定收入，并提升农户素质和技能；企业乡村旅游精准扶贫活动有利于锻炼和培养高质量的创业者，提升旅游开发的质量；企业开发活动对农户进行创业具有示范和引领作用，有利于锻炼和培养农户的创业技能，为农户创业提供了更多机遇。

第二，乡村旅游精准扶贫为企业发展提供平台和机遇。从外部发展环境来看，乡村旅游精准扶贫工程的开展，有助于推动基础设施与发展环境优化，培育和提升农户的素质和能力，完善区域政策和发展环境，为企业参与乡村旅游精准扶贫提供了重要的发展平台和机遇，有利于提升企业绩效。从企业长远发展来看，贫困地区的优势生态文化旅游资源多掌握在当地贫困农户手中，企业要获得更多更好的发展资源，必须依靠农户的参与和支持，与贫困农户实现互利发展，有助于企业构筑核心竞争力。

（二）企业发展与乡村旅游精准扶贫的协同路径

乡村旅游精准扶贫的过程中，企业依靠其把握旅游市场的优势，成为乡村旅游精准扶贫价值链高效运营的关键。但企业参与乡村旅游精准扶贫并不一定必然提升扶贫效率，企业必须要确立共享发展思路，通过打造共享型商业模式，实现自身发展与精准扶贫的协同。

1. 构筑资源与利益共享机制

共享经济的关键是资源与利益的共享，不仅要实现旅游资源的共享和高效利用，更要保障实现各方都能获得相对合理的收益。村民可通过入股、租赁、托管等方式将手中的资源流转给企业，使企业可以利用的资源更多，而村民能得到更多获益渠道；村民参与建设农家乐、宾馆、饭店等旅游服务设施可实现自主创业脱贫，而企业也减轻了投资压力；村民在旅游企业从事保洁、保安、导游、表演等工作可获得劳务收益，企业也降低了用工成本。

2. 以企业为核心打造共享发展平台

旅游共享经济的发展需要一个共享平台，不仅能够有效的组织资源，还能有效的协调各个主体之间的冲突，实现良性运行。企业更加了解旅游市场的需求，具有开发运营旅游产品的丰富经验，可更加高效的将旅游资源转化为真正具有市场吸引力的旅游产品，通过企业来组织和运营共享平台的效率最好。企业的股权结构可以灵活多样，但必须按照企业化的模式进行运作，具有运营和管理旅游共享平台的能力，提升旅游产品的供给能力、供给质量与供给弹性，更好地满足游客的需求，提升游客的体验，确保乡村旅游项目的盈利。

3. 调动村民参与积极性

村民作为景区的主人，要改变其发展理念和思想，推动其自觉地维护景区环境，自觉的配合企业的相关政策与措施；要不断提升村民的素养，提高其旅游服务意识和服务能力，实现每个村民都是一个流动的景区宣传名片，大大的提升景区的形象。同时，要通过利益机制争取村民支持，提升村民的旅游开发支持度，降低旅游企业的管理与协调成本。

（三）企业参与助推乡村旅游精准扶贫的主要途径

与一般的产业开发不同，乡村旅游精准扶贫与乡村整体环境的改善是密不可分的。企业的乡村旅游精准扶贫行为对村民收入、生计及乡村环境都具有显著的影响，特别是在提高农民生活水平、提升农民综合素质、助推乡村产业发展及改善农村发展环境等方面（见图4－1）。

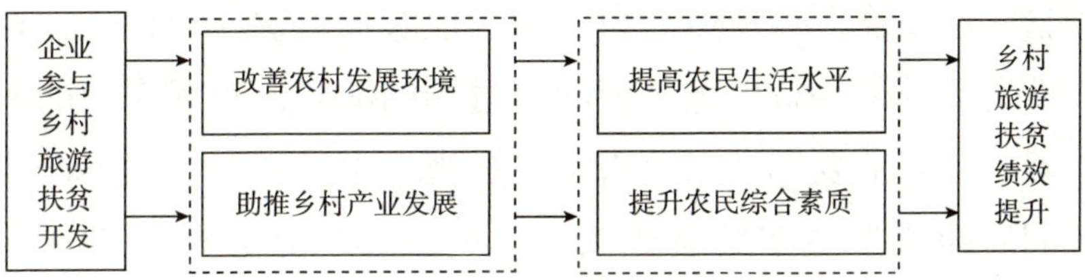

图4－1　企业参与乡村旅游扶贫的主要途径

1. 提高农民生活水平

（1）从提高农民收入水平角度，企业通过帮助贫困人口做好旅游服务、提供就业岗位、帮助贫困人口进行创业、入股分红，获得资产性收益，提高农民收入水平，此外企业可以从提高农户的销售渠道入手，如企业与部分发达地区建立合作关系，拓宽销售市场，增加农民的销售收入，企业还可以利用自身的基地和景区建设，在基地和景区内设立更多的销售平台，在游客游玩时，将当地的特色产品推荐给游客等方式提高农民的销售收入。与此同时，企业可以通过不定期地举行大型活动来吸引各方游客前来，在活动中可以销售特色品牌产品、增加景区门票、餐饮住宿等多方面的收入，从而进一步提高农民的收入。为了更好地造福于当地农民，将农民与企业的利益紧密结合，企业应该健全利益联结机制如资产入股享受分红，使农民能够直接体会到产业发展的收益。收入提升时农民最能清楚感知到减贫效益，农民的收入来源主要涉及做工收入、销售收入、资产性收入等，农民收入水平直接与农民自身的生活条件相联系，农民获得收入的渠道越多，获得收入的机会也就越大，也就越能提高自身的生活水平，因此企业需要从提高农民收入水平入手，拓宽农民的收入渠道。

（2）从为当地农户提供就业岗位的角度，企业可以采取景区建设用工、技术培训就业、民俗表演获益等形式积极参与精准扶贫如景区建设雇佣当地劳动力，为当地农户提供就业机会，在一定程度上能够解决贫困地区劳动力过剩的问题，实现农户的就近工作需求。企业要不断采取措施发展当地主导产业，主导产业发展的同时会吸纳更多的贫困人口，为更多贫困人口提供就业机会。此外，企业在发展产业过程中，产业的延伸也会为贫困人口提供更多的获取收益的机会如林下养殖业、特色农产品的种植、养护等均需要不同的人参与进程，因此企业在发展主导产业时，需要融合当地的其他特色产业，发挥产业融合效益。从优化创业条件的角度，公司搭台创业，公司可为当地农户提供创业机会，如在景区开设小卖部、售卖当地特产等，贫困农户在公司的帮助和自己的努力下可完成创业行为。此外，公司可通过为农户提供小额贷款的方式帮助当地农户获得创业资金，进行创业。与此同时，企业可通过扶持当地农户建立农家乐和餐饮中心，当地农户不仅可以以自身作为经营者和劳动力参与到农家乐的建设和服务中提高收入水平，也为当地更好的发展旅游业和农业创造了良好的条件。

（3）从提高农民资产性收益的角度，企业可以通过探索扶贫信贷资金托管模式，创新推出贫困户人、房、地、林资源入股旅游开发模式。农民的现有资源如房屋、土地、劳动力均是可以参与旅游开发，为了提高农民资产性收益，更好的壮大产业发展规模，企业需要采取措施鼓励农民参与到旅游开发的进程中来。为鼓励农民参与旅游开发进程共享减贫收益，使得当地农户获得更多的创业资金、提高收入水平，企业可通过为农户提供小额贷款的方式促使当地农户参与旅游开发，农户以自身的资产如以房屋、土地担保，或以劳动力的方式参与扶贫工程来获取资金进行入股，享受企业分红，从而获得资产性收益。企业分红与产业效益直接相关，当地产业发展好，产业效益高时，企业能够获得更多的收入，当地农户也能够享受更多的分红。企业在提高农户收入的同时，有偿性地获得了当地农户的土地、房屋等资源，从而更好地壮大产业规模，而产业规模壮大，也会为企业带来一定收益。因此，企业要建立合理的利益分配机制，发挥资源最大化优势，利用农民的资源，创造更好的收益帮助农民实现脱贫致富。

2. 提升农民综合素质

从提升农户综合素质角度，企业可以通过鼓励民俗文化发展的方式对民间艺人进行扶持，对少数民族文化表演队以及非遗民间文化传承人进行生活补贴，帮助他们发扬地方民俗文化。贫困地区具有其自身所特有的文化和民俗，为展现其自身的文化底蕴，以文化吸引游客前来，从而发展当地的旅游业，发展地方经济，企业要采取措施将当地的文化与产业结合起来，如推出文化节、出版书籍等方式宣传当地文化，同时，使得更多的人了解当地的产业。此外，企业应为当地农户提供旅游培训机会如建立专家热线解决农民的各类技术难题、定期举行工作培训和讲座，不断提高当地农户的理论和实践水平，提高当地农户的工作技能，为当地旅游业的发展提供旅游人才。最后，企业可为农民提供外出考察的机会如组织文化研究团队外出考察，重走红军长征路、采风穿岩山感受文化熏陶，陶冶文化情操，通过观察体验外部文化来开阔眼界，提高自己的知识素养。当地农民是与游客接触最多的人群，他们的综合素质，一定程度上反映了当地产业的发展水平，此外当地农民的思想意识、精神风貌及工作技能会影响他们参与旅游开发的态度和能力，从而影响旅游开发的进程，影响当地产业发展，因此企业在参与乡村旅游精准扶贫过程中，要重视当地农户的综合素质提升。

3. 助推乡村产业发展

从助推乡村产业发展角度，企业应帮助贫困地区利用当地的优势资源发展自身的主导产业，形成当地的产业链条，通过提供资金支持、技术支持以及后期的市场销售渠道支持等发展当地的主导产业，利用主导产业带动其他产业发展，起到经济成果辐射周边的效果。此外，企业参与乡村旅游精准扶贫可与当地共建生产合作社，组织当地农户参与生产合作社的运营，当地农户可以通过资源入股享受分红或以作为劳动力的方式获得收入，合作社加入有利于当地产品的加工、销售、收入分配以及解决生产合作过程中产生的利益矛盾等。此外，企业在帮助贫困地区利用当地资源形成产业，在当地政府的有效帮扶下实现了产业扶贫与市场开发的统一，并形成了具体的商业模式，为自身发展提供了更多的机会。主导产业与其他产业的发展事关农村经济发展大局，产业效益是农户收益的主要来源，因此企业需要整合当地所有资源大力发展主导产业，推动产业融合，形成地方产业链，在合理有效的利益联结机制作用下，实现产业发展效益与当地农民的共享。

4. 改善农村发展环境

从改善农村发展环境角度，企业可以在政府的帮助下整合水利、电力、交通、农业、扶贫、旅游、通信等项目和政策资源，用于贫困地区配套基础设施建设项目和环境美化项目，大幅提升扶贫地区旅游景区资源品位和接待服务能力。基础设施完善程度直接影响到当地旅游业的发展水平，因此企业在扶贫过程中要注意基础设施建设，如道路、厕所、垃圾桶、安全饮水、电力保障等，改善贫困地区的环境，提高贫困地区的旅游接待能力。此外，企业还需要注意当地的安全实施问题，如各生产经营服务场所及农户均要安装消防水栓、灭火器、警示牌，确保设备完好，运行正常，安排专职安全员、保安、交通协管员 24 小时巡查。此外，农村环境的有效改善提高了农民的生活质量，提升了农民的生活条件，也为农民带来了更多便捷，生活质量的提高促使农民更加积极地投身到乡村旅游精准扶贫的进程中。农村生活环境优化能够为企业更好的发展产业经济，提高产业效益创造良好的条件，农民生活在农村这个大环境中，因此农村生活环境改善能够获得减贫效益。

二、企业参与乡村旅游精准扶贫商业模式创新机理

商业模式最早关注企业产生利益的逻辑关系，总体上是从经济向运营、战略、整合递进的，商业模式创新问题主要关注机理、构成要素和实施模式等层面。针对旅游商业模式创新问题，相关研究集中在商业模式创新的作用、影响因素和创新模式等方面。总体来看，商业模式创新的研究对象主要针对新兴产业，针对乡村旅游领域的研究还比较少；将旅游商业模式创新与精准扶贫问题相结合的研究也比较少，有必要深入研究如何创新旅游商业模式以提升扶贫成效；研究方法主要是理论和一般案例分析，需要更为深入和系统的研究。因此，以乡村旅游精准扶贫为视角，分析乡村旅游商业模式的创新问题，对于加快连片特困地区精准扶贫进程具有重要的理论与现实意义。以精准扶贫为切入

点，研究乡村旅游商业模式的创新机制，对于丰富扶贫理论，深化商业模式理论都具有重要的学术价值。

（一）乡村旅游精准扶贫商业模式创新的协同特征

围绕精准扶贫进行乡村旅游商业模式创新是可行的。农村的交通等基础设施不完善，管理机制等软环境不优，但具有丰富的旅游资源；贫困农户拥有生态、文化和土地等乡村核心资源，但缺乏技术和资金；企业拥有进行乡村旅游精准扶贫的资金和技术，但要克服基础设施难题和管理机制的制约，获取农村相关的旅游资源。因此，企业基于贫困农户的精准脱贫进行商业模式创新，不仅为贫困农户提供工作岗位，提升其发展能力，取得贫困农户长期的信任和支持，最终也可为企业持续发展提供关键资源和动力，可形成良性循环（见图4－2）。

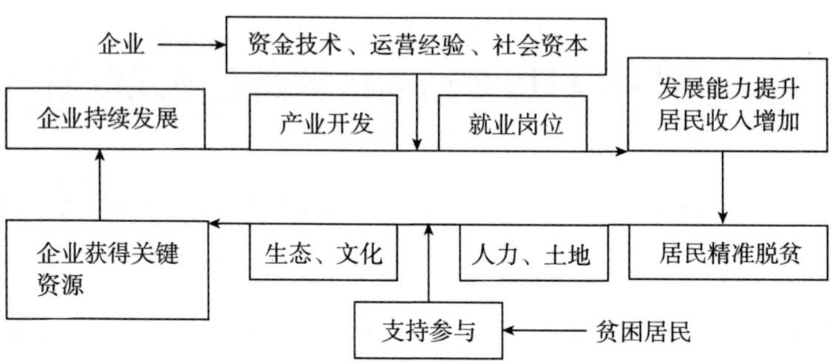

图4－2　企业参与乡村旅游精准扶贫商业模式创新协同特征

首先，助推农户脱贫是乡村旅游企业获取关键资源、实现持续发展的重要途径。由于贫困农户资源的分散性强，企业自己开发的成本偏高，需要农户的参与。企业可以直接进行区域生态资源和环境的维护，但将农户排除在外势必增加维护的难度和成本，通过一定激励手段由农户自觉维护生态文化环境是企业开发乡村旅游的重要途径。农户是乡村文化的载体，企业可以通过各种高新技术方式进行文化创意，但必须依托农户作为乡村文化的内核载体。

其次，有效嵌入乡村旅游商业价值链是贫困农户实现稳定脱贫的重要途径。在乡村旅游精准扶贫过程中，村民可通过入股、租赁、托管等方式盘活资产，将手中的资源交给企业转变为资本和产品，从而获得了更多的获益渠道；村民可以直接参与到旅游开发活动中，参与建设农家乐、宾馆、饭店等乡村旅游精准扶贫项目，通过自主创业获益；村民可以在旅游企业就业，从保洁、保安、导游、表演等项目中获得劳务收益。

（二）企业参与乡村旅游精准扶贫商业模式创新方式

企业参与乡村旅游精准扶贫商业模式创新，需要以共享发展思路为根本，与贫困农户进行资源共享、价值共创与收益共享，不仅有助于企业提升旅游产品的供给能力、供给质量与供给弹性，提升游客的体验，而且有助于贫困农户获得稳定的收益，提升其自我奋斗谋求幸福的动力，使乡村旅游产业保持旺盛的生命力和持久的创新力。

1. 关键资源与能力获取方式创新

通过租赁、入股等方式吸引贫困户参与旅游经营服务活动，有效的利用贫困农户的闲置土地、房屋等资源，企业可在成本增加不大的前提下获取更多的发展资源，打造核心竞争力。通过资源共享的方式获取乡村旅游资源，企业对乡村旅游资源和服务设施的掌控能力虽然有一定的下降，但是相应的投资、建设和运营成本也大幅下降。引导村民按照企业的总体规划，参与建设各种乡村旅游精准扶贫设施，企业可以节约大量的景区建设资金；引导农户参与旅游服务，为当地农户提供稳定就业的同时，企业也获得了成本相对较低的员工，且其稳定性和忠诚度更高。同时，企业参与精准扶贫行动有助于获得当地农户更多的支持和认同，村民可以获得实际的收益，对旅游开发的支持度更高；可以推动农户自觉维护景区环境，显著地降低企业的协调成本，为企业持续发展营造良好的发展环境。

2. 旅游业态与运营机制创新

通过共享开发当地贫困农户资源，企业进行乡村旅游业态创新的渠道和途径更多，可以为游客提供更为人性化的服务、更多类型的选择、更有特色的产品及更深入的地域文化体验。通过参与精准扶贫，旅游企业有效利用和开发贫困农户所属的独特资源，推进旅游与农村一二三产业在资源、技术、功能、产品和市场等层面实现跨界融合与协同发展，打造乡村旅游新业态。通过盘活农户闲置资源，提高资源利用效率，可以满足游客需求尤其是波动性峰值需求，促进旅游发展方式转型和产品升级。同时，根据乡村旅游运营实际，企业可在产品、服务、营销、技术、集成、管理等方面进行系统的运营创新，通过“旅游投资＋地区特色项目”加强对旅游产品的管理，在企业、农户和游客之间搭建了一个全流程的共享平台、服务平台和管理平台。

3. 组织管理与利益联结机制创新

精准扶贫视角下乡村旅游商业模式更为关注贫困农户的收益与发展问题，需要将乡村旅游精准扶贫与农户利益机制构建同步规划实施，确保旅游发展与农户脱贫的同步。以“企业＋贫困户”发展共同体式为乡村旅游商业模式创新核心，通过规范的制度和参与机制，发挥企业与贫困户的协同作用，可实现企业成长与社区脱贫的协同；以农户参与为商业模式创新的主要途径，重视提升农户的自我发展能力培育，通过教育培训等手段可实现产业发展与农户素质提升同步；通过打造农户参与平台，有效地将旅游地贫困农户组织起来并纳入旅游价值链，明确其在旅游价值链中的角色，为贫困农户在旅游产业发展中打造稳定的利基和收益渠道。

（三）企业参与乡村旅游精准扶贫商业模式创新影响因素

企业参与乡村旅游精准扶贫商业模式创新与“三农”问题关系紧密，风险更大，这对企业的资金、技术与市场实力提出了更高的要求，还受到利益相关者和外部旅游环境的较大影响。

1. 企业自身实力

企业作为乡村旅游精准扶贫的核心，具有丰富的市场资源和资金技术，是商业模式创新的主导者与运营者。贫困农户的资源往往碎片化和分散化，不利于工业化的开发，整合的难度和成本比较高。因此，企业必须具有一定的资源整合能力，通过整合农户的不可复制资源，开发高端产品，经过运营获取利润，并提升低收入群体的收入。同时，企业整合能力的实现，必须要具有强大的社会资本，可以争取政府、合作社等民间组织的支持，为其在土地流转、农户参与等方面提供支持，有一定的市场营销和渠道开拓资本，能够实现产品的市场价值。

2. 利益相关者的支持

基于精准扶贫的乡村旅游商业模式创新，天然涉及到贫困农户的生计与脱贫问题，并受到政府及相关组织的影响。贫困农户作为乡村旅游精准扶贫的直接承受者，属于核心利益相关者，农户的基本素质、可组织性及参与积极性和支持力度都直接影响到商业开发的实施。政府是区域精准扶贫的主导者和组织者，不仅在发展环境和政策上为商业模式创新提供环境保障和支持，作为农户和企业之间的重要沟通桥梁也是促成企业与农户合作的重要力量。在当前农业发展趋于组织化和规模化的情境下，相关经济组织如农业合作社根植于农村，是贫困农户资源整合与组织的重要中介，可以大幅降低开发成本，企业+合作社（基地）+农户是当前普遍采用的发展模式。

3. 外部开发环境

基于精准扶贫的乡村旅游商业模式创新是一个复杂的系统工程，与区域开发环境及乡村治理环境密切相关。生态文化等旅游资源决定旅游产品开发的质量，旅游地基本环境决定运营的方式，整体环境则决定了运营管理的难度。作为旅游商业模式创新的基础，旅游资源本身的价值是核心，包括旅游资源的唯一性、可开发性、可创意性等，这是打造旅游核心吸引物的关键，也是旅游商业模式创新的起点和基础。旅游地的基础设施水平、交通区位特征、建设难度等，会直接影响到企业进行旅游开发的方式和营运的方式。另外，区域发展战略、管理机制、乡村治理水平等，特别是村两委（即村支部和村委会）的农户组织能力和水平，直接影响到企业对乡村旅游商业模式的创新。

三、企业参与乡村旅游精准扶贫商业模式创新多案例分析

基于精准扶贫的商业模式创新问题比较复杂，特殊性强，选择案例研究方法可获取更加详细、丰富和深入的信息，使研究更有深度。湘西地区乡村生态文化资源异常丰富，发展乡村旅游是农户实现稳定脱贫和乡村振兴的重要途径，故选择湘西地区典型的旅游企业为案例研究对象，分析其精准扶贫视角下乡村旅游商业模式创新的主要方式及存在的问题。

（一）案例企业概况

考虑到资料的可获取性及研究内容的全面性，案例企业选择的标准为：企业注册地在贫困地区并具有一定的规模（不是家庭作坊），以贫困地区的生态文化资源为核心资源，企业商业模式的扶贫绩效显著。同时考虑到企业类型、规模及资料可获取性，最终选择湘西地区的3家企业作为研究对象（见表4－1），探索

基于精准扶贫的商业模式创新机制。相关案例的资料主要来源于四个方面：一是对企业创始人和高管的深入访谈，了解企业基于精准扶贫进行商业模式创新的动机、思路和方式；二是实地调查企业的旅游业态和发展情况，了解商业模式的实际效果；三是对受益贫困户的访谈，了解农户的实际参与及受益情况；四是查阅和搜集企业的相关二手资料，包括总结、汇报、新闻等资料。通过多种渠道资料的对比检验，确保资料的真实性与可靠性。

表 4－1　　案例企业概况

<table>
<tr><th>企业名称</th><th>成立时间地点</th><th>产品类型</th><th>荣誉资质</th><th>特色优势</th></tr>
<tr><td rowspan="2">雪峰山</td><td rowspan="2">2014 年，溆浦</td><td>森林康养景区</td><td rowspan="2">2 家 3A 级景区，
1 家 4A 级景区</td><td>资金优势</td></tr>
<tr><td>连锁民俗客栈</td><td>人才优势</td></tr>
<tr><td rowspan="2">溢仁坊</td><td rowspan="2">2012 年，花垣</td><td>玫瑰精油系列旅游商品</td><td>湖南省林业产业重点示范基地</td><td>技术优势</td></tr>
<tr><td>玫瑰观赏园</td><td>国家农业科技示范园</td><td>基地优势</td></tr>
<tr><td rowspan="2">迷迭香</td><td rowspan="2">2014 年，吉首</td><td>迷迭香系列旅游商品</td><td>湖南省林业产业化龙头企业</td><td>技术优势</td></tr>
<tr><td>迷迭香种植园（筹建）</td><td>湖南省民营科技企业</td><td>基地优势</td></tr>
</table>

雪峰山旅游公司于 2014 年成立，依靠雄厚的资金优势，以森林康养产品为主，已成功创建 3 个国家 3A 景区，并开发出雪峰系列民俗客栈和连锁餐饮品牌产品。乡村旅游精准扶贫“雪峰山模式”得到省人民政府认可并在全省进行推介，被国家旅游局授予“公司＋农户”旅游扶贫示范项目。

湖南溢仁坊玫瑰科技有限公司成立于 2012 年，是一家集玫瑰种植、加工研发、销售、观光旅游于一体的现代农业科技企业，主要产品有大马士革玫瑰精油、玫瑰纯露及玫瑰养生系列产品，年产值 1.6 亿元。公司下辖花垣县梓鑫玫瑰种植专业合作社，2017 年玫瑰观光园成功开业。

湘西州迷迭香生态旅游开发有限公司成立于 2014 年，专业从事迷迭香种植、研发、生产与销售，着力打造"黛帕迷迭香"品牌，主要产品有迷迭香天然食品添加剂、迷迭香护肤品系列、迷迭香茶叶等。公司已发展迷迭香种植基地4000余亩，是全国最大的迷迭香基地之一。

（二）核心资源与能力打造创新比较

调查发现，三个企业都比较善于抓住湘西地区独特的生态文化资源，重视通过参与旅游精准扶贫，利用生态文化优势来打造企业核心竞争力，并都得到了当地政府的大力支持。三个企业家都是本地人，社会资本比较雄厚，雪峰山旅游公司创始人创立大康牧业公司并成功上市，2014年开始介入溆浦县雪峰山乡村旅游精准扶贫。溢仁坊创始人通过金属矿产贸易积累了一定财富，2012年开始尝试在花垣县种植大马士革玫瑰，并进入乡村旅游领域。迷迭香公司创始人早年从事贸易行业积累了原始资金，而后在泸溪、吉首开始规模种植迷迭香，并涉足旅游商品开发。由于企业实力和扶贫参与程度不同，因此企业的资源获取程度及核心能力打造效果也有显著差异；其中雪峰山公司由于其强大的实力，介入乡村旅游精准扶贫项目的程度更深，调动农户的资源更多更广，在土地流转、劳务用工、项目推进等方面获得了更多便利，迅速打造出雪峰山旅游品牌（见表4-2）。

表4-2　　　　案例企业核心资源与能力

企业	核心资源	核心能力	其他优势	能力评价
雪峰山	A级景区 民族文化资源 文化传承人	景区建设 景区品牌运营	公司实力 农户支持 社会资本	+++++
溢仁坊	玫瑰花产业基地 生态绿色环境	旅游商品研发 生产技术	农户支持 社会资本	+++

续表

企业	核心资源	核心能力	其他优势	能力评价
迷迭香	迷迭香产业基地 生态绿色环境	旅游商品研发 生产技术	农户支持 社会资本	+ +

注：+号的数量表示程度的强弱，下同。

1. 雪峰山公司依托生态文化旅游资源，打造品牌景区

雪峰山公司立足雪峰山优质生态文化旅游资源，通过发动贫困农民参与景区建设，兴办农家客栈，组织民间民俗表演，发动农户以房屋、山林、土地等资源入股等形式参与乡村旅游精准扶贫，公司实力和知名度得以迅速提升。通过帮助景区贫困村硬化公路 50 多公里，改水、改厕、改造民居 126 栋，群众受益同时也显著改善了景区的基础设施；组织 530 多人的民间艺人组成了 12 支民俗文化表演队，激活了景区的文化底蕴；发动贫困户以老木房和山林等资源入股参与开发，帮助 3000 多名贫困群众直接脱贫致富的同时，使企业获得了农户的重要旅游资源；吸引外出打工的青壮年返乡回村参与旅游开发，实现创业脱贫，也提升了景区服务水平和质量。旅游开发建设和教育培训，使景区贫困农户开阔眼界和见识，思想观念发生了显著变化；企业扶贫得到了政府的大力支持，旅游开发环境更好，景区建设效率更高。

2. 溢仁坊公司依托土地、劳动力资源，打造品牌生态旅游商品

溢仁坊公司在玫瑰基地建设过程中，争得各方支持，流转花垣县各鱼村土地 2000 多亩（从不打药的玉米地），种植大马士革、红超、香槟等精品玫瑰。公司利用当地的贫困农户，特别是留守老人和妇女作为主要劳动力，公司不仅节约了经营成本，也

得到了当地农户的积极拥护。产业基地工作农户每月工资2000多元，参与农户通过土地流转、务工和分红等形式也可获得5000元到2万元的年收入。公司所在的各鱼村环境也得到了极大改善，依势修建花坛60多个，编扎篱笆100多米，打造精品荷花池3个，村民在房前屋后及村道两侧栽种黄桃、桂花、紫薇、翠竹、精品月季等5000多株，为乡村旅游精准扶贫提供了重要的环境保障。同时，公司重视与相关的科研院所进行产学研合作，共同进行技术研发，已经形成了大马士革玫瑰系列精油、护肤、日用和洗护四大系列的25个产品，其中不少产品属于国内首次上市。

3. 迷迭香公司立足民族生态文化资源，打造品牌健康旅游商品

迷迭香是长年生长植物，种植并不需要精干劳动力，当年种当年收且不需要农药化肥；迷迭香公司立足当地的生态优势，与农户合作打造迷迭香种植基地，有效地盘活了乡村留守劳动力资源；种植一亩迷迭香的每年的毛收入在3000元左右，对于推进农户脱贫发挥了重要作用。迷迭香公司将产品开发与当地的民族文化密切结合，品牌“黛帕·迷迭香”本身即是苗语音译，设计注入了湘西民族元素，集合神秘蛊文化及苗家秘方等，给消费者带来不一样的民族文化体验。公司在凤凰古城、矮寨大桥服务中心建成了专营店，在凤天大酒店、水利大厦也开设了产品展示中心，充分利用旅游市场扩大了产品的影响力。同时，迷迭香公司极为重视技术创新与产品研发，与上海交大、华南农大、吉首大学等高校进行产学研合作，共同研发迷迭香系列产品。

（三）旅游业态与运营机制创新比较

调查发现，三个企业都抓住了游客对生态康养的需求，立足

湘西独特的纯净生态和特色文化资源优势，不断创新旅游业态，并在运营上以旅游业为核心推动乡村产业融合，取得了显著成效。雪峰山公司以森林康养为核心产品，打造康养旅游基地；溢仁坊公司秉承“健康、养生、绿色”的宗旨，围绕美容护肤和养生保健两条主线展开系列产品开发，打造高端保健产品基地；迷迭香公司则以迷迭香类旅游商品开发为核心，打造健康旅游商品品牌，具有绿色、无污染、原生态、原产地等独特优势。但是由于企业实力不同，农户参与方式和程度不同，资源获取与利用的程度不同，旅游与相关产业的融合度不同，业态创新与运营的效果也存在较大的差异；其中雪峰山公司充分利用雪峰山地区的生态资源和花瑶文化资源，持续进行业态创新，推动旅游与农村相关产业实现全产业链融合，盈利能力更强，取得了更为显著的成效（见表4－3）。

表4－3　　　　案例企业的业态与运营机制

企业	旅游业态	核心产品	运营特色	盈利模式	创新程度
雪峰山	旅游景区＋民俗酒店＋产业基地	3A级景区	旅游＋	全产业链	＋＋＋＋＋
溢仁坊	产业基地＋旅游商品＋休闲景区	系列玫瑰精油商品	＋旅游	旅游购物＋休闲	＋＋＋
迷迭香	产业基地＋旅游商品	系列迷迭香商品	＋旅游	旅游购物	＋＋

1. 雪峰山公司的旅游景区＋民俗酒店＋产业基地

雪峰山公司的思路是先发展旅游，依托景区开发，带动产业和基地建设，带动农户通过产业脱贫致富。公司先后打造了穿岩山森林公园、阳雀坡古村落和山背花瑶梯田3个国家3A级景区，利用森林资源开发森林康养旅游项目，利用丰富的水资源打造无边际泳池，利用民族文化打造花瑶民族文化产品，与湖南健康养老基金合作在景区打造国家级健康养老基地，开发各种养生保健类旅游商品。根据游客需求，雪峰山旅游公司先后推出森林儿童乐园、雪峰号主题餐厅、猪栏D厅、森林小木屋、千里古寨、云端瑶池、云端露营、云端滑道、花瑶篝火等景区新产品，不仅丰富了景区游玩内容，留住了旅客脚步，而且增加了大量就业岗位。同时，公司还组织贫困农户依托当地优势资源及游客需求发展农旅融合项目，成立了梯田有机大米、猕猴桃、野生茶、中药材、高山养殖、花瑶挑花等专业合作社，年产值3000多万元，贫困农户种田、种菜、发展家禽家畜、广栽水果发展经济林的积极性大大提高。

2. 溢仁坊公司的产业基地+旅游商品+休闲景区

溢仁坊公司以旅游产品开发为基础，同步在产业基地引入旅游，打造景区型产业基地。公司的产业基地梓鑫玫瑰园种植世界顶级的玫瑰品种——大马士革玫瑰5000亩，是中国最大的大马士革玫瑰产业基地，2015年被省林业厅批准为省级林下经济特色产业园；产业园以专业从事保加利亚大马士革1号玫瑰种植、育苗、加工、销售为主导，是集养殖、观光、旅游为一体的综合性产业园。公司专注于充分挖掘大马士革玫瑰珍稀、高贵和应用广泛的特质，开发出了以玫瑰精油旅游商品为核心的系统旅游商品体系；公司重视通过电商、参展等方式积极进行品牌宣传，2015年9月溢仁坊公司参加2015年第四届中国好产品高峰论坛暨全球创客创筹大会并在现场布展，与秒赚广告平台合作进入中国好产品舞台。同时，溢仁坊公司大力推动农旅融合发展，200亩百种玫瑰观赏园2017年4月开园，并与婚庆公司联合打造婚纱基地，2017年5月20日还举办了大型相亲活动，已经成为游客休闲观光的重要目的地和宣传公司产品的重要平台。在玫瑰园休闲景区的带动下，公司所在的各渔村民充分利用村里丰富的山林、水资源，发展生态桑蚕、优质水稻、稻花鱼等生态绿色产业，取得了显著的扶贫成效。

3. 迷迭香公司的产业基地＋旅游商品

迷迭香公司采用“原料基地＋农户”与“研发＋销售”运营模式，通过湘西州中药材植物资源开发湘西特色系列高端旅游商品，利用旅游市场来实现产业升级，并通过产业基地引领农户脱贫。公司还大力开发湘西地区的迷迭香生态旅游资源，建设“迷迭香谷”休闲产业园区，利用旅游市场做大做强“迷迭香谷”企业品牌，实现品牌化、园区化的发展；同时，公司加大了网络营销力度，在阿里巴巴、淘宝等电商平台推广销售迷迭香产品。未来，公司规划建设以“迷迭香”为主题的现代化农业观光休闲生态旅游景区，着力打造“黛帕·迷迭香”旅游品牌，深化与旅游产业的深度融合；拟与吉首市风景名胜管理处、谷韵旅游开发总公司合作，在德夯景区打造以迷迭香为主的各类芳香植物的种植园，建设集观赏、体验、自然疗养、购物于一体的大型综合景点。

（四）组织与利益联结机制创新比较

调研发现，虽然这三个企业的商业模式不同，但是创新的路径是一致的，都是以利益联结机制创新为核心，基于共享发展与融合发展的理念，通过乡村旅游与其他产业跨界融合，企业与贫困农户实现共创共享，立足产业打造发展共同体。但是由于企业的扶贫介入程度不同，旅游业态的丰富程度不同，贫困户嵌入旅游产业链的方式不同，实际的扶贫效果也存在较大的差异；其中雪峰山公司通过科学的组织，贫困户通过资源入股出租、参工参建、就业创业等方式，获取收益的渠道更多，扶贫的实际效益更强（见表4－4）。

表4-4　　案例企业利益联结机制

企业	企业介入方式	组织机制	利益机制	受益农户	扶贫效果
雪峰山	景区带村发展	合作社，公司员工	入股，创业，打工，租金	2500余户	+++++
溢仁坊	公司+合作社+农户	合作社，基地	入社，打工，租金	110余户	+++
迷迭香	公司+基地+农户	基地，扶贫车间	入社，打工，租金	100余户	++

1. 雪峰山公司的景区带村发展

在旅游开发过程中，公司始终把农民当作受益主体，把精准扶贫当作企业社会责任，通过景区带村、景点带组、安排就业、扶植创业、资源入股等方式与农民利益共享，已经直接帮助位于景区核心的穿岩山村500余户贫困户脱贫，带动10个村近2000户农户脱贫致富。雪峰山公司极为重视提升农民发展能力，先后多次组织1500多名景区镇村干部和村民代表，赴广西桂林、龙胜、张家界、梵净山等旅游风景区参观考察，学习旅游管理技能，提升旅游区域管理水平。挑选100名优秀青年农民，上岗前统一送湖南师大旅游学院培训一个月，集中学习旅游管理、导游、接待礼仪等服务知识，极大地提高景区从业人员的业务素质。同时，邀请专家来景区办培训班，先后组织景区贫困人口学习，提高旅游服务意识和技能，就近安排在景区就业，服务当地旅游开发。同时，公司大力支持农民创业，不仅提供技术指导，还直接进行物质奖励；公司投入200多万元，扶持景区16户贫困家庭建起了“农家客栈”和“农家饭庄”，参与景区的餐饮、住宿接待业务；斥资300多万元，扶持景区40多个贫困户从事生态养殖业和生态加工业。

2. 溢仁坊公司的公司+合作社+农户

公司所属的梓鑫玫瑰种植专业合作社为首批湖南省级农民专业合作社示范社，采取“公司+合作社+基地+农户”的生产经营模式，拥有农民社员 374 户，涉及花垣县麻栗场镇金牛村、新科村、各鱼村、望高村，以及雅桥乡田塘村、朋岩村等 7 个村。合作社已在当地流转土地 2100 亩，吸纳周边村寨 110 户贫困户加入，人均增收 4000 元以上；玫瑰花期，每天可吸纳 100 多名村民务工，月收入达到 2000 元。玫瑰花海每天都吸引大量游人前来观赏，合作社还可以有门票收入，农户可以通过土特产、本地小吃销售获益。合作社的工作主要是一些轻体力劳动，可以充分利用当地留守老人、妇女甚至残疾人等劳动力资源，有效的带动贫困农户致富。

3. 迷迭香公司的公司 + 基地 + 农户

迷迭香公司通过订单式农业，带动农民脱贫致富，并推动旅游产业升级。公司利用湘西地区丰富的自然植物资源，与种植户签订无偿提供幼苗协议，采取保底价和市场定价相结合的方式统一收购，并全程对种植户进行技术指导，使农户在“零”市场风险下收获效益，确保农户利益和积极性。迷迭香的经济价值比较高，每年可采收两季，每亩共 700 斤，产值 5000 元左右（每公斤 13 元左右），除去成本 1000 多元，收入可达 3000 多元。公司在泸溪拥有 3000 多亩迷迭香基地，其中黑塘村 1000 亩，26 户建档立卡贫困户通过种植迷迭香脱贫；2017 年公司赠送吉首双塘街道大兴村金土地合作社 40 万株迷迭香幼苗，建设 100 亩产业基地，并专门派技术人员现场教授村民栽培技术。公司于 2018 年初在吉首市河溪镇持久村建成迷迭香产品基地 80 亩，并建成 350 平方米的迷迭香植物提取扶贫车间，可回收鲜叶、干叶、茎秆进行综合加工提取，深加工成为产品，已带动 20 余户建档立卡户，贫困人数 80 余人；公司通过迷迭香种植项目，在吉首已经带动建档立户 83 户 333 人，非建档立卡户 1300 余人发展。

（五）商业模式创新中的主要问题

虽然取得了不小成绩，但调查中发现企业在商业模式创新中仍然面临资金、技术、人才等难题，同时旅游业态创新能力尚需提升，农户参与能力需要提升，发展环境需进一步优化。

1. 经营主体实力需要提升

整体来看，三个公司的整体实力还比较有限，还面临资金、技术和人才等难题。一是融资难度大。乡村旅游具有投资大、见效慢和风险大的特点，企业发展面临巨大的融资困境，调查发现企业在投资运营后都面临巨大的资金压力，限制了企业成长。二是技术创新能力弱。旅游商品研发技术以引进为主，主要进行二次创新或包装创新，自己的研发团队事实上尚未真正建立；公司的核心竞争力仍然是原材料优势，被模仿和超越的风险比较大，缺乏长远的持久竞争力。三是公司的高端人才规模和比例都比较低。特别是由于区位和待遇等原因，高端人才引进的难度偏大；员工的整体素质还需要提升，缺乏概念和管理技能上的中坚人才。

2. 旅游业态创新能力尚需提升

整体来看，一是旅游景区的治理和档次不高。景区产品开发处于初级阶段，综合效益不高，依然停留在“观光游”阶段，缺乏度假、养生、自驾等“深度游”产品，尚未形成真正意义上的乡村旅游目的地。二是旅游产业融合水平还需提升。溢仁坊公司和迷迭香公司的旅游产业仍然以旅游商品为主，相关的展销平台和旅游景区建设还比较滞后，对产品的宣传作用还比较有限，企业与旅游融合的能力尚需提升。三是相关经济组织的实力还比较弱。乡村旅游专业合作社发展水平比较低，经营者多为个体或者村集体，缺乏先进管理技术和手段，组织能力偏弱。四是旅游运营能力偏低。溢仁坊和迷迭香公司的知名度还比较有限，旅游营销水平偏低，乡村旅游营销活动缺乏连续性，影响力不足，营销活动的实际营销效果有限。

3. 农户参与能力亟待提升

一是参与意识不高。空心村问题异常严重，老、弱、妇、孺是乡村劳动力的主体，贫困农户的素质仍然处于较低水平，参与意识还需要进一步提升。二是参与能力偏低。农户的健康、知识、文化和技能等都比较低下，难以有效介入农事体验、文体表演、节庆活动等乡村旅游项目，削弱了乡村旅游的业态创新潜力。三是农户技能培训的难度大。农户主动参与培训的积极性比较低，接受能力不足，实际培训的效果不高。

4. 发展环境还需要进一步优化

一是乡村旅游精准扶贫面临产权难题。由于产权分散，资源整合难度极大，乡村旅游精准扶贫示范项目开展中常遭遇产权困境，特别是征地建设难度极大，导致部分乡村旅游项目建设缓慢，景区景点无法顺利建设和营业。二是基础设施建设滞后。通乡通村道路标准低，路况差，不适应旅游开发要求；水、电、手机网络、乡村厕所、游客服务中心、旅游停车场、标识标牌等基础设施仍然滞后。三是乡村基层治理能力亟待提升。部分地区村支两委的治理能力不足，农户的组织难度偏大，企业开发的难度大，严重阻碍乡村旅游资源的开发。

四、企业参与乡村旅游精准扶贫商业模式创新路径

基于精准扶贫的乡村旅游商业模式创新是一个系统工程，企业需要在构建核心竞争力的同时，为贫困农户提供稳定的脱贫路径。针对乡村旅游精准扶贫商业模式创新存在的难题，需要培育产业主体，推进利益协同，支持社区农户全方位参与，优化旅游

发展环境。

（一）强化政策支持力度，壮大经营主体实力

企业是商业模式创新的关键，要大力培育旅游开发主体。一要拓宽乡村旅游精准扶贫融资渠道，完善乡村旅游扶贫开发引导基金管理机制，推动金融机构进行金融产品创新，加大乡村旅游精准扶贫参与企业的资金支持力度，破解企业融资难题。二要加大对企业技术研发的帮扶力度，做好乡村旅游技术创新项目支持力度，支持企业通过产学研等形式提升创新与研发能力，做好技术和产品孵化等配套服务。二要鼓励社会资本介入的积极性，加大招商引资力度，出台优惠政策激活民间资本参与乡村旅游项目建设，促进旅游企业从景区向广大的旅游地社区延伸，实现"景""社"一体；打破行政区划分割，鼓励旅游企业通过走村寨集群和连线的方式，规避规模劣势，实现一体化建设与系统化发展。三要支持乡村旅游企业做大做强，鼓励企业引入战略投资者，通过兼并等方式组建旅游开发集团；推动企业打造旅游共享平台，强化资源整合开发能力，提升资源利用效率，增强旅游业发展的社会资本。四要着力扶持企业提升经营水平，突出创新引领，支持和企业布局产业链延伸上下游，建设现代农业观光园，发展休闲观光农业；加强相关产品营销，加大品牌宣传推介力度，切实帮助企业提高知名度。

（二）加快旅游业态创新，提升乡村旅游运营水平

加快乡村旅游业态创新，发挥神秘湘西的特色，营造独一无二的神秘旅游场景。一要加快乡村旅游产业融合发展，发挥好能人和旅游企业的作用，发展农业产业，壮大产业规模，提升旅游与乡村一二三产业融合发展的规模和质量。三要大力推广景区带村、能人带户、公司＋农户、合作社＋农户等乡村旅游精准扶贫模式，鼓励支持乡村旅游企业介入筹建村级旅游专业合作社，把

乡村旅游村寨做成景区、把村民变成旅游从业人员。四要抓好乡村旅游宣传营销，策划举办传统节庆和乡村旅游节事等活动，利用新闻报刊、电视台等传统媒体和互联网、微博、微信、微电影等新媒体，开展乡村旅游整体形象宣传，拓展乡村游客源市场。

（三）优化利益协同机制，推动社区农户全方位参与

创新产业链与贫困农户利益联结模式，通过组织模式、经营方式和产权创新使其真正受益。一要强化发展共同体的宣传，推动乡村旅游相关主体转变思想认识，优化企业与社区农户的关系，提升旅游地农户的获得感和幸福感，使社区农户成为旅游地的靓丽名片。二要调动农户参与的积极性、主动性和创造性，推动贫困农户将自己的资源、技能等转化为服务游客的资本，支持其将农副特产、手工艺品等转化为旅游商品，提升游客对当地民族文化和民俗风情的体验，满足游客的高层次需求。三要丰富农户参与的渠道和方式，支持农户参与旅游创业，引导其通过开办餐饮客栈、发展特色种植养殖、出售特色小吃和土特产等方式参与旅游，实现脱贫致富。四要将旅游开发与农户培训有机结合，着力提升农户的素质和技能，为旅游运营提供合格的人才支持。

（四）完善管理体制机制，优化旅游发展环境

针对乡村旅游精准扶贫受制于土地、产权、项目管理方面的制约，旅游精准扶贫绩效不佳的现实，要深入研究既有政策，积极争取新的政策，用好用活政策，创新工作思路，破解制约“瓶颈”。一要鼓励旅游经济组织、旅游企业、“村支两委”主动出击，做好外出农户的思想工作，协调好利益关系，鼓励农户入股或者参与旅游开发，激发内生动力。二要创新产权机制，整合盘活农村资源，鼓励合理利用农村空置房、宅基地和集体建设用地发展乡村旅游。三要配套乡村旅游精准扶贫系列政策，落实投资、消费、税收、科技、扶贫、贷款、创业等扶持政策，争取在资金、政策、人才、信息、宣传、招商等各个方面给予企业、农户大力支持。四要推动乡村基础设施建设与乡村振兴直接对接，提升设施建设质量和标准，可以借鉴贵州的“五改一化一维”工程，实现改厕、改厨、改水、改圈、改电、庭院硬化和房屋维修，着力改善乡村生存环境，但是由于投入巨大需要创新资金筹措方式。五要发挥乡村基层党建设引领作用，强化基层党建工作，吸收本地致富能人和带头人充实到基层党组织中，支持和壮大基层党组织在乡村旅游精准扶贫中的战斗堡垒作用。

第五章 企业参与乡村旅游精准扶贫的典型案例

企业作为产业发展的核心主体，通过企业进行产业运营的效率更高且效益更好，因此通过激发企业参与乡村旅游扶贫开发项目，带动贫困村整村脱贫是提升旅游精准扶贫效益的重要途径。调查发现，湖南武陵山片区各地不断创新旅游精准扶贫机制，形成了诸多企业参与乡村旅游精准扶贫的典型模式与经验。

一、景区带村发展

（一）花垣边城景区旅游辐射带动周边乡村

边城茶峒风景名胜区位于湘西自治州花垣县西北部边城镇，边城茶峒古镇属湘西四大古镇之一，为湘楚西南门户，与重庆市秀山县洪安镇和贵州省松桃县雅架镇隔河相望，自古誉为“一脚踏三省”，是湘黔渝三省（市）边区重要的交通中心、物资集散地和商贸中心，被誉为“湘西小南京”。随着边城茶峒景区旅游业的快速发展，给边城周边乡村带来了发展旅游的黄金机遇，每年有大批游客自驾或沿江坐船来到边城周边村域旅游，主体辐射区域为周边的8个村和2个居委会，共计2500多户，12000多人。①

一是借助龙头景区，推进道路交通体系建设。边城景区作为花垣县旅游龙头景区，畅通的旅游交通是基础也是核心，依托景区发展，将会带动并推进景区周边旅游干线的建设，有效提升周边交通运输精细化、规范化、科学化管理水平，形成安全畅通、服务优质的交通环境。总投资额3800多万元的板栗村进入曲乐新区改道的319国道道路及绿化项目已基本竣工，现已投入使用。既可有效缓解节假日游客车辆进入边城景区道路拥堵情况，又带动了周边县道乡道提升建设，形成区域内完整的旅游交通体系网。

二是发展推进配套设施建设，与周边乡村实现共建共享。完善服务设施体系，包括景区内的停车场、游客服务中心、旅游厕所、游览线路指引、旅游安全提示等服务设施，以及通往景区道路上的旅游厕所、问询中心、交通指示标识等服务设施。目前湘西边城风情小镇旅游开发项目正在大力建设，为创建4A景区配套建设的湘、黔、渝三省市边区面积最大的新游客服务中心及停车场工程建设取得良好进展，总计投资2545万元，建筑面积4800平方米主体工程已完成竣工验收。分A、B、C、D等停车区，可停大巴车80辆、小客车920余辆的停车位已基本建成。一系列配套设施建设，将实现资源共享的局面，进一步拓宽乡村旅游的渠道，为乡村旅游带来更多的机遇。

三是满足游客需求，景区辐射周边产业发展。通过边城景区辐射带动周边区域，调动当地农户的主人翁精神，促使他们主

① 数据来源于湘西自治州政府网站统计信息，本章未特别注明信息均源自该网站。Http：//www. xxz. gov. cn.

动、积极融入整个旅游业的发展。通过展现当地的生活习俗、饮食文化、文化底蕴等，盘活既有的资源，大力发展民宿、农家乐、田园综合体等乡村旅游形式产业，使当地人成为旅游产业的重要一环，与产品开发联动、互动，促进当地农户旅游就业，为乡村旅游精准扶贫奠定坚实的基础。将民俗旅游作为乡村旅游的重要模块，让传统村寨变成旅游民俗、传统种植方式变为旅游体验、传统农产品变成旅游商品，既弥补了休闲度假、文化体验，康体养生等旅游业态的短板，又促进农业转型升级，提质增效的双赢。

四是形成多层旅游圈，实现从一枝独秀到全域联动的转变。边城景区周边形成成熟的乡村旅游点，游客的游玩范围将会延伸到周边的农家乐、民宿度假点等，既照顾了乡村旅游的发展，又增加了旅游景区的客流。以此类推，形成一个景区的中心点，并联动周边乡村形成一个新旅游圈层，实现从一个龙头景区到全域旅游热潮的转变。

（二）古丈红石林旅游公司村企帮扶发展

红石林国家地质公园是由湖南红石林旅游开发有限公司（简称红石林旅游公司）投资、开发与经营，是集旅游观光、现代农业、休闲度假、文化产业等为一体的综合性现代旅游开发扶贫项目。红石林景区（含酉水文化长廊项目）位于湘西州古丈县红石林镇，整个项目横跨红石林村、三百洞、坐苦坝、河南、河西等贫困村，共辐射 1256 户农户、8318 名村民。依托旅游开发的契机，综合带动了周边三个村的发展，提供就业岗位 200 多个，1000 多农户从中受益。

一是为农户提供就业与创业机遇和平台。景区建设过程中，当地参与建设的村民逾百人，每年支出短期劳务工资达百万元，累计达上千万元。同时为了景区工作的需求，红石林旅游公司将当地村民培训成合格的旅游服务从业人员。通过红石林国家地质公园的开发，周边很多村民不仅享受到了土地流转带来的收益，而且通过景区就业、旅游接待服务、劳动用工、民俗表演等各种形式的参与，增加收入。如今红石林旅游公司120多名全职员工，有95%是本地人，其中红石林村村民达到50人以上，仅旅游劳务输出一项，全村年增收入达130万元以上。在景区周边，从事农家乐的主要村寨有3个，农家乐有10多家，从业人员达到150多人，从业家庭年收入10万元以上的占一半以上。在公路沿途及景区出售腊肉、土鸡、柑橘、猕猴桃等土特产品的农户获得收益者，更是不计其数。

二是充分挖掘企业内部资源及外部市场，不断探索企业发展和农户脱贫致富的途径。红石林景区借势《爸爸去哪儿4》《小戏骨之西游记》等电视知识产权（IP）建设形成的自有利好品牌，同时在每年的黄金周、摸泥节等节庆活动中，都有村民参与非遗文化表演。通过表演，不但救活了许多濒危的非遗文化（如茅古斯、厄巴舞、梯玛神歌、酉水船工号子等），让民俗文化得以保护和传承，也让近300名老百姓在与游客互动中获取乐趣的同时，经济条件也得到了改善。同时红石林旅游公司充分利用景区游客量销售市场平台和资源，每年投入价值500万元的营销资源（红石林景区官网、微信公众号、华夏投资集团华腾游平台及景区渠道资源）为旅游合作社相关项目、产业进行市场营销，引导更多的旅行社参与到扶贫项目中来，在其行程中的吃、住、购、娱等方面让村民受益。

三是以合作社为平台提升企业带动能力。发挥好旅游业强大的产业整合能力，在保护、开发好地质公园的前提下，以旅游产业带动乡村扶贫。借助红石林国家地质公园旅游平台，构建村企旅游服务合作社，推进“万企帮万村”精准扶贫行动。2017年红石林旅游公司与政府、村委协商成立旅游农村合作社，劳务输出将作为扶持的重要途径；同时带动发展村边民宿、农家乐及旅游特色商品产业化。发挥好旅游业强大的产业整合能力，以项目建设和旅游产业带动乡村的扶贫，形成具有特色的“旅游 + 扶贫”模式。

（三）吉首市矮寨奇观景区带动兴业富民

矮寨奇观旅游区加快国家5A级旅游景区创建步伐，借助其品牌影响力，延伸产业链条，直接或间接带动周边2万村民加快脱贫致富奔小康步伐。景区吸纳幸福、排兄、德夯、矮寨镇区等当地建档立卡户45人就业，人均月收入约2600元，并积极扶持、引导建档立卡贫困家庭经营农家乐、特色民宿，贫困户联合开展稻花鱼养殖、金秋梨及油菜种植，旅游使得农产品变成了旅游商品，不仅在家门口就可以实现销售，价格还较以往更可观，农户分享着旅游产业发展成果。幸福村有8名建档立卡贫困人口进入景区就业，新农家乐3家、特色民宿4家，覆盖建档立卡贫困人口48人；德夯村有12人就业，新发展农家乐5家、家庭客栈3家，覆盖建档立卡贫困人口58人；吉斗寨有6人就业，新发展农家乐4家，覆盖建档立卡贫困人口41人。例如，吉斗寨的龙秀成一家9口人，原来是全村最贫穷的建档立卡贫困户，被安排进入景区工作，负责矮寨大桥景区的卫生管理，其儿媳经营农家乐，年接待游客1000人次以上，现家庭年收入接近10万元，在村里率先实现脱贫。目前，矮寨奇观旅游区内从事旅游销售、农家乐、民宿服务达到200多家，培育出了3家星级农家乐和6家星级民宿，直接带动1000人就业，间接带动2000人就业。

家庭村位于吉首市西北部，坐落于在海拔700多米的高山台地上，毗邻山舞银蛇的矮寨公路和“世界十大非去不可新地标”矮寨大桥。全村81户367人，建档卡户51户，是一个纯苗族聚居的国家少数民族特色保护村寨。2017 年初成立了吉首市家庭坡新文旅游开发有限责任公司，通过“公司 + 合作社 + 农户”的模式，发展乡村旅游，带领村民脱贫致富。旅游基础服务设施建设加快，完成观景平台、星级旅游公厕建设，完成房屋仿古改造 10 余栋，启动智慧旅游、非物质文化遗产园和观光农业园建设。在非物质文化遗产园内正在规划建设 300 多平方米的民俗表演场地，并配套特色民宿区域、旅游厕所等设施。旅游服务业发展迅速，全村开设农家乐 7 家、民宿 1 家，开发出高山茶油、优质大米等特色旅游商品。贫困人口增收渠道不断拓宽，通过土地出租获得收益，以土地、山林、房屋等入股参与年底分红，30 多人进入公司就业，年人均收入 20000 元。2017 年被评为湘西自治州乡村旅游脱扶贫示范村。

（四）上堡古国旅游公司扶贫放异彩

湖南上堡古国生态旅游开发有限公司（简称上堡古国旅游公司）根据绥宁县寨市乡铁杉林村的实际，积极改善村寨的发展环境，并为村民致富谋出路。

一是加强基础设施建设，增强经济发展后劲。家庭坡新文旅游开发公司借旅游发展的东风，将旅游基础设施建设融入铁杉林村生活生产设施建设中，有力促进了当地群众生产条件和生活环境的改善。首先进入铁杉林景区的区间道路列入了建设计划，已着手进行前期工作，将逐步得以实施；其次垃圾收集转运站和处理工厂项目已做好可研、立项、规划设计工作，工程建设即将铺开；再次铁杉林景区游步道和徒步道也正在建设之中；最后寨黄公路、长乌公路已进入扫尾阶段，进入竣工验收程序。

二是想法保障改善民生，谋求经济发展出路。家庭坡新文旅游开发公司全力吸纳当地贫困劳动力就业，为解决该村贫困户家庭就业，从本村聘用 20 余人负责铁杉林景区卫生的清扫和景区安全管理工作。家庭坡新文旅游开发公司针对贫困家庭实施创业计划，在建筑设计等方面提供无偿服务和技术支持，并入村上户深入宣传引导，通过发宣传册、谈心拉家常等方式宣传新时期党的农村工作方针政策与法律法规，鼓励村民创造美好的生活。

三是丰富村民精神文化生活。组织挖掘展示坝哪文化，成功组织铁杉林老百姓欢度苗年。

二、跨村联合打造村落景区

（一）花垣十八洞村“以一带四”打造苗寨群落

十八洞村作为精准扶贫的发源地，整合周边5个苗族村寨，充分利用喀斯特地貌的地质景观，加上浓郁的民族风情，致力于打造中国最美丽乡村。积极探索出了“以一带四”的农旅一体化脱贫模式，“一”是指以乡村旅游业为核心，“四”是指以猕猴桃为主的种植业、以湘西黄牛为主的养殖业、以苗绣为主的手工艺加工业、以劳务输出业为支撑。乡村旅游成为十八洞村最具潜力、最具带动性、最富有生命力的产业，并把种植业、养殖业、手工艺加工业、劳务输出业等其他产业有机地结合起来，吸引更多的人来到乡村，促进乡村旅游向深度发展，带动全体村民在村寨就业，实现整个村寨脱贫致富。

一是推进组织实施与资源整合。从2014年1月起，花垣县委抽调5名党员组成了十八洞村精准扶贫工作队，同时选派第一党支部书记驻村，工作队长和第一党支部书记的党组织关系下转到村党支部，全力支持两委班子开展工作。在村委换届选举中推行“两述两评”[①] 制度，真正把讲政治、有文化、“双带”[②] 能力强、群众信任的能人选进班子，并创新增设“建制专干”[③] 和主要干部助理。通过竞争上岗，班子得到“换血”，3 名产业带头人、1 名大学生村官成为村主要干部，结构全面优化，为脱贫攻坚奠定扎实基础，筑牢了基层党组织的战斗堡垒。十八洞村依托乡村旅游为核心发展起来的猕猴桃种植业、黄牛养殖业、苗绣手工业和劳务输出业的“以一带四”模式，涉及政府、企业（合作社）、农户等相关主体。其中，政府是引导者、协调者，在制定政策规划、组织协调、资金筹措等方面发挥重要作用；企业作为重要社会力量，注入了强有力的信息、资源，并可以帮助解决就业；农户是参与扶贫的主体，无论何种模式都需要农户参与并获得农户认可。

二是以“农家乐”为突破口发展乡村旅游。工作队和当地乡政府决定，以农家乐项目为突破口，鼓励村民创办农家乐。十八洞村村民施成富大胆地迈出了第一步，成为第一个“吃螃蟹”的人。2014 年 7 月，他辞去在外地的工作，回家创办了十八洞村第一家农家乐。一个月下来，只有 50 多人接待能力的农家乐，不仅收回了成本，还净赚 4000 多元。在施成富的带动下，十八洞村新开办 10 余家农家乐。为了更好地引导农家乐的发展，十八洞村专门成立游客接待服务中心，由游客接待服务中心对村内开办的各农家乐厨房和宾馆实施规范管理，对农家乐接待户按区编号管理，并捆绑经营，实行“五统一”管理模式，即统一接团、统一分流、统一结算、统一价格、统一促销。

---

① “两述两评”是指领导班子和领导干部述职述廉，民主评议领导班子和领导干部。

② “双带”是指村干部带头致富、带领群众共同致富。

③ “建制专干”是指负责村级制度建设相关事务的专职干部。

三是把农村建设得更像农村。各项公共服务设施建设严重滞后是十八洞村发展的短板。习近平总书记曾特别强调“不栽盆景、不搭风景、不堆积资金”，为补足短板，并避免过去扶贫经常出现的大拆大建和资金堆积现象，驻村工作队和村支两委确立了“人与自然和谐相处，建设与原生态协调统一，建筑与民族特色完美结合”的总原则，以“把农村建设得更像农村”为理念，以打造“中国最美农村”，实现“天更蓝、山更绿、水更清、村更古、心更齐、情更浓”为目标，把“鸟儿回来了、鱼儿回来了、虫儿回来了、打工的人儿回来了、外面的人儿来了”确立为十八洞村乡村旅游的远大建设目标和努力方向，一步一个脚印，认真开展水、电、路改造，农村“五改”和公共服务设施建设，改善村民生活环境。

四是推进“农业 + 旅游业”一体化（以下简称农旅一体化），形成“以一带四”产业格局。打造农旅一体化。在县扶贫办牵线搭桥下，与花垣县苗汉子合作社“联姻”，由苗汉子合作社出资 306 万元占股 51%，十八洞村出资 294 万元占股 49%（其中村集体占股 12%，村民占股 37%）组建了花垣县十八洞村苗汉子果业有限责任公司，在花垣县国家农业科技示范园流转土地 1000 亩打造猕猴桃产业化基地，将农业与乡村旅游结合起来，以后游客可以边品尝美味猕猴桃又可以欣赏基地美景。直接参与模式表现在，启发有条件的农户开设农家乐，将十八洞村植入苗族文化元素，用苗族文化来提升十八洞村文化品位，开展苗族文化特色化服务项目及旅游商品。间接参与模式表现在，发动家中没有劳动力又无理念的农户将房屋出租出去，每年就有一笔固定的收入，让他们间接参与到乡村旅游中来。做好创意营销，例如，创新推行桃子采摘权和稻花鱼捕捉权转让带动旅游业发展的模式，在全村 225 户农户中，要求每户种植冬桃 10 棵、黄桃 10

棵、养殖稻花鱼300尾，以每株桃树按照每年采摘权418元的标准进行公开营销，对认购人发放“十八洞村荣誉村民证书”，免费参与十八洞村各项活动，联动湘西州周边重要景区旅游门票减半甚至免票优惠。引进社会资本参与表现在，2016年底，花垣县与北京首磊公司、消费宝两家公司签订十八洞村景区发展协议，预计投入6亿元打造以十八洞村为核心的景区，最终目标将十八洞村打造成为5A景区。

十八洞村的经验具有显著的推广价值。（1）“以一带四”，引出农旅一体化新名片。乡村旅游业是十八洞村提出的五大产业中最具潜力、最具带动性、最富有生命力的产业，它能把种植业、养殖业、手工艺加工业、劳务输出业有机的结合起来，吸引更多的人来到这里休闲体验与城市不同的生活，促进乡村旅游向深度发展，带动全体村民在村寨就业，实现整个村寨脱贫致富。（2）旅游联盟，彰显规范与科学。十八洞的乡村旅游精准扶贫以乡村旅游联盟先行先试，表现出了相当强的规范性和科学性，具有显著的可操作性和可复制性。例如，十八洞村专门成立了游客接待服务中心，负责对全村农家乐厨房和住宿设施实施规范管理，将全村农家乐接待户按区编号管理，捆绑经营，实行“五统一”管理模式。一则防止了恶意竞争，二则有利于农家乐品质保证，三则围绕苗族文化开展特色化服务项目，共同开发苗绣文化旅游商品。（3）聚焦精准，让村民各得所需。十八洞村的乡村旅游发展模式，最大亮点就是“精准”，这个精准不仅体现在道路交通、景区景点、餐饮住宿等规划上，更体现在村民在乡村旅游中不同的参与方式上。例如，十八洞村农户可通过参与旅游经营、旅游接待服务、出售自家农副土特产品及土地流转等几种方式分别在经营、工作、农产品和租金方面获得收入，并全面参与到乡村旅游的接待服务中。2018年初十八洞村被评为3A旅游景区。

（二）龙山县跨村联合打造惹巴拉景区

惹巴拉景区位于龙山县苗儿滩镇的几车河与捞车河交汇处，距离龙山县城 75 公里，景区核心区域包括捞车河村、黎明村、六合村、树比村 4 个行政村，区域面积 30 平方公里，共 1481 户 6082 人，其中建档立卡贫困户 432 户 1779 人。景区内有长沙市援建的亚洲最大的“Y”型土家凉亭桥，有保存土家族民居最完好的捞车、树比、六合古村寨，其中捞车河村先后荣获“中国民间文化艺术之乡”“中国土家织锦之乡”“湖南省级生态村”“湖南省民族特色村寨”“湖南省文物保护单位”“省级少数民族文化传承示范基地”等称号，被北京大学、清华大学等 20 多所高校确定为“田野科研实习基地”，被评为“国家级历史文化名村”，被誉为“土家原生态民居博物馆”。通过跨村联合，惹巴拉景区建设质量不断提升，旅游脱贫成效显著。

2015 年底，龙山县委县政府按照“一年夯实基础、两年基本建成、三年大有成效”的工作思路，坚持“政府主导、公司营运、集体协管、村民参与”的运作模式，启动实施惹巴拉乡村旅游精准扶贫项目，力争通过几年的时间将惹巴拉建设成为集“土家文化、土家古寨、现代观光农业”三位一体的乡村旅游示范村，力争达到年游客量 180 万人次的目标。

惹巴拉乡村旅游精准扶贫项目概算总投资 21.2 亿元，主要建设内容包括两个方面：一是影视基地、汽（房）车露营基地、土家织锦展示展演中心、土家工坊、休闲科普农业观光园、民宿酒店、传统村寨和民居改造、土家神庙、六合广场、沿河风光带等景点建设；二是游客服务中心、土家新村、旅游公路、景观铁索桥、电瓶车和游步道、管网入地、水电改造、公共服务附属配套设施等工程。

目前景区已经完成了项目策划、旅游规划和主要项目规划设计工作；民族影视基地、景观铁索桥、旅游公路、管线入地、民宿酒店、民居改造、休闲观光农业、土家工坊、居民新村等项目已开工建设；征收土地2300多亩，租赁民居500余栋，流转土地1000余亩；储备红豆杉1.1万余株、楠木1.2万余株、观赏桃花2.4万余株、梅花200余株；种植蓝莓500余亩。项目建设累计完成投资3亿余元，其中支付扶贫建房资金3000余万元、房屋租金1200余万元、当地农民工工资1180余万元、征地拆迁费7900余万元。

景区内3个贫困村400余家贫困户1000余名贫困人口参与旅游开发建设，景区整体发展态势良好，整体脱贫带动效果明显。惹巴拉乡村旅游精准扶贫项目建设在顺利推进的同时，也为景区群众带来快速的发展机遇，同时还将带动洗车河镇、靛房镇、农车镇、洛塔乡等周边近1万余户建档立卡贫困户和15万群众脱贫致富奔小康。

（三）凤凰乡村游公司整合开发精品乡村游线路

通过系列整合，凤凰乡村旅游基本形成了以苗族博物馆、苗人谷、老家寨、八公山为核心的北线；以长潭岗、地谭江、天龙峡为核心的中线；以黄丝桥古城、拉毫营盘、舒家塘、飞水谷为核心的南线三条黄金旅游线路。目前公司所属景区运营涉及村民近400人，人均工资在21600元/年，同时拉动景区内特色产品的生产和销售，二次消费产生经营收入在5000元/经营户/年。

一是景区景点建设稳步推进，质量不断提升。2015年完成了山江苗族风情园食堂、星级公厕及化粪池、山江苗族风情园舞台、钢棚及看台、蓄水池、停车场整理、老家寨游道维修改造工程；老家寨第一、第三号码头船改造；飞水谷景区游道维修工程；飞水谷景区公厕、碾坊及附属设施工程；山江镇早岗村“六到农家”工程。苗人谷景区维修工程；苗人谷景区入口道路改造工程；山江镇一码头卫生间、验票室、船员工休息室等建造项目工程；苗人谷第一、第三号码头线路及飞水谷灯光安装工程等在内的基础设施建设合计 60 个工程项目顺利完成并通过验收，工程累计投入 4100 多万元。2016 年完成了飞水谷景区 4000 平方米生态停车场的地面工程及停车场绿化、飞水谷停车场厕所工程，廖家桥古塘至飞水谷连接线，完成拉毫营盘临时停车场工程及周边环境整治，完成老家寨消防水池主体工程及管网开工建设，完成天龙峡景区公厕建设主体工程等建设，工程累计投入 2000 多万元。2017 年老洞景区完成二期 40 块旅游标识标牌制作与安装，新增安全防护栏 200 米，新建游步道 500 米，栽种 200 亩荷花及 100 颗左右景观树，完成景区旅游电商平台及游客服务中心内部提质改造工程，完成景区风雨桥、保家楼修复工程建设，完成 15 亩汽车营地及其配套设施建设；4200 平方米“三月三”演艺场完成建设。塘桥村增种 115 亩紫罗兰，完成景区 175 亩场地平整，新增 1 口蓄水池。菖蒲塘村飞水谷景区扩建停车场三期工程及环停车场道路建设已完工。老洞村、拉毫村、老家寨村、早岗村等 10 个乡村游景点的游客中心及旅游公厕部分实现开工建设。景区建设项目的实施完工，极大地提升了苗乡景区的品质。

二是通过大规划、抓管理，强化学习培训，推进对景区景点运营的规范化管理。（1）专业规划，指导开发方向，为了系统开发乡村游资源，在完成凤凰乡村游资源的收购以后，寻找专业性合作伙伴，邀请资深的乡村景区建设规划队伍（北京万诺普设计公司、湘西州工程咨询公司），就现有资源及待开发资源，根据原始资源特性，形成专业性规划建设可行性研究报告，为景区景点的打造提供了专业意见，为工程建设指明方向。（2）整章建制，规范景区运营。为了规范管理好公司下辖的 7 个景区、16 个岗位、近400名员工，公司详细制定了岗位职责，严格分工，责任到人；全年推行班组例会制，以景区为单位召开例会，布置工作、组织学习，加强一线员工管理；强化“安全生产”意识，全年无安全事故、无重大投诉。（3）强化素质培训，提升学习意识。为进一步增强员工职业道德意识，提升员工工作能力和服务水平，营造良好的企业文化，促进公司规范和健康发展，2015年10月17日开始，将公司全体员工学习培训作为每年必须开展的工作，从服务意识、职业道德到市场营销等方面，使员工素质得到进一步提升，企业凝聚力得到加强，专业知识得到一定程度的提高。

三是强化市场营销，抓品牌形象建设。（1）多渠道整合营销资源。大力整顿苗乡旅游市场，成立凤凰苗乡旅游联盟，统一经营苗乡旅游产品，统一景点推介、统一路线规划，使凤凰苗乡旅游摆脱以往混乱局面。在强化自身资源的同时，积极参加大型旅游产品推介会，积极与同业单位合作，拓宽营销渠道，利用外部优势资源达成共赢局面。积极创新，开发新产品，在山江博物馆推出具有民族民俗特色的“接龙宴”和展示民族民俗风情的“苗寨故事”风情剧，吸引了大量国内外游客。（2）树立品牌形象，宣传拉动营销。为更好树立凤凰铭城公司苗乡旅游的品牌形象，积极投入宣传工作。通过宣传拉动营销，建立健全公司宣传资源，积极参与旅游产品宣传活动。举办大型互动类活动，通过活动强化企业形象传播。2015年组织举办了“走村串寨湘西年”活动，参与举办了中国凤凰国际摄影双年展，中国凤凰苗族银饰服饰节活动，举办中国凤凰苗族银饰服饰节摄影抓拍大赛。2016年3月组织了“凤凰首届乡村旅游节”。2017年承办了“湖南省秋季乡村旅游节”。通过大型活动营造声势、扩大影响、推广品牌。

四是着力化解矛盾，共建和谐环境。为更好地与涉旅乡镇村组配合开展工作，创建和谐乡村旅游环境，公司营运部先后12次走访涉旅乡镇、村组，与两级主管干部沟通意见、交流看法，协商协调工作中存在的问题和困难，并多次召开“凤凰苗乡景区和谐共建座谈会”，共同总结凤凰苗乡旅游工作中的得与失，总结经验，畅谈未来，为苗乡旅游工作建言献策。凤凰县所有乡村旅游景区景点的经营、开发，全部依托于当地乡镇、村组，充分利用当地村民的人力资源，从凤凰铭城公司的景区运营人员到景区内二次消费开发项目的经营人员，都是以当地村民为基础。

（四）凤凰菖蒲塘村“农旅一体化”

菖蒲塘村位于湖南省凤凰县廖家桥镇，东距凤凰县城7公里，西距铜仁凤凰机场20公里，北连凤凰省级文化旅游经济开发区，南临凤凰知名乡村游飞水谷景区，凤大二级路、S308省道和规划建设的凤大高速南长城互通穿境而过。全村共751户2874人，是一个以土家族为主的少数民族聚居村。2015年菖蒲塘村被评为省级新农村建设示范村、省级美丽乡村示范村，村组织被评为县级先进基层党组织。菖蒲塘村通过农旅融合与一体化发展，乡村旅游脱贫取得显著的成效。

一是立足自身优势，明确“农旅一体化”发展思路。结合现有的交通区位优势、产业发展优势、旅游资源优势，按照“农旅一体化”的总体思路，菖蒲塘村以“红心喜柚之福地、休闲观光之菖蒲塘”为主题，把“农旅一体化”作为有效延伸特色水果产业链条、提升知名度的重要手段，融合乡村游飞水谷景区山水资源，充分挖掘农旅休闲潜力。以菖蒲塘特色果园区为核心，扩大园区功能，规划打造集现代智能育苗试种区、特色果品展示区、休闲观光采摘区、生态餐饮服务区、飞水谷景点探险体验区和现代农业科技服务中心“五区一中心”为一体的农旅融合精品景区。坚持示范引领，注重发挥党员在推动精准扶贫中示范作用，建立了党员示范园、党员高产实验园。王安全积极向果农传授水果的栽培、管理、保鲜等技术，带动了一批村民自主发展猕猴桃产业；村党委适时发起组建了菖蒲塘村果业合作社，下设猕猴桃和金香柚子专业合作社，目前成员已达100余户。

二是完善硬件设施，奠定“农旅一体化”发展基础。加快推进设施建设，先后争取农业综合开发、基础设施建设等项目20余个，累计投入资金2000多万元，完善了产业基础设施、生活基础设施和公共服务基础设施，为“农旅一体化”发展奠定了基础。（1）突出村庄改造。完成9户危房改造，建成2个果品展销厅，安装60盏太阳能路灯，建设900平方米群众文化活动广场及果品中转站，升级改造村部图书室和卫生室，铺设排污管道120米，正在征地60亩建设1万吨镇区污水处理厂。（2）突出道路建设。根据编制的村庄规划，新建、硬化、改造了通组路、果园路和村间道12公里，在308省道设置减速带和警示牌，在危险路段建设600米防护栏。（3）突出水利建设。整修3个山塘，新建2处蓄水池，安装1台潜水泵，翻修1处水井，规划改造6.5公里南泥水库支渠。（4）修建了3公里的果园漫步道，让游客领略田园美景、体验游走乐趣、品味农业情调、了解农业文化，极大丰富了菖蒲塘乡村游内涵。（5）正在修建菖蒲塘村至长坳村8.5公里电瓶车观光道路及农家乐，对接连通飞水谷景区，打造精品旅游线路，实现农业产业和旅游观光深度对接，形成“农旅一体化”新业态。

三是结合旅游市场，打造“农旅一体化”发展亮点。结合全县文化旅游产业发展形势和得天独厚的区位优势，充分利用水果产业规模开发优势，把菖蒲塘村打造成为“看得见山，望得见水，记得住乡愁”美丽宜居乡村。一是在菖蒲塘村和长坳村等周边村寨建设了6000亩核心精品果园，主要栽种红心蜜橘、猕猴桃、高山2号葡萄等经济效益高的水果品种，让游客入园观光、入园品尝、入园采摘，增强体验游的参与感和融入感。二是正在规划修建文化广场后续附属工程和山林漫步道亭子及休闲农庄、护栏、多样化游乐场，进一步提升“农旅一体化”的品质。三是新建飞水谷景区观光栈道和旅游停车场，新增农家乐3家、旅游纪念品商店2家、小超市3家，丰富了景区内涵，提升了景区品质，得到了游客好评。2015年景区共接待游客12万人次；2016年景区共接待游客24.6万人次；2017年景区共接待游客29.52万人次，年实现农副产品销售收入80多万元，农旅一体现代农业产业园基本成形。

四是龙头企业引领带动。凤凰周生堂生物科技有限公司由菖蒲塘村返乡农民工，也是村委成员的周祖辉投资1000万元创建，公司有直营店铺25家，加盟店里16家，占地面积2000多平方米，拥有7条生产线，2018年产值达3800万元。公司以金香柚为主要原材料开发了“蜂蜜柚子茶”产品，以生产“土家擂茶”“蜂蜜柚子茶”为主，采用“公司+基地+合作社+农户”的模式，以菖蒲塘村柚子基地为原料基地，以村民为主要劳动力进行生产，实现种植—加工—销售完整的生产链。同时，通过扶贫车间，由济南益康百姓连锁超市有限公司在其超市内设立“周生堂产品销售专柜”进行产品销售，进一步拓宽了贫困劳动力的就业渠道，公司现有员工108人，其中下岗职工7人，建档立卡户32人。

三、公司（合作社）+农户

（一）保靖县利福村合作社+农户带动致富

保靖县迁陵镇鲜多多水果产销专业合作社是一家从事水果种植、营销及休闲农业为主的农民专业合作组织。2014年由王辉筹建合作社，2015年9月注册登记，注册资金204万元。水果园分布在迁陵镇利福、腊水、大坪等村，其中帮扶建档立卡贫困户43户186人。合作社从成立以来，先后建成多种时鲜果品种植基地430亩，其中在利福村基地建成包括有樱桃、蓝莓、晚秋黄梨、葡萄等水果精品园240亩。2016年末，合作社总资产345.72万元，年度销售收入（含服务费）22万元。2017年销售（含服务）总收入扩大到70万元，比上年增加近50万元，增长2.5倍。

一是完善村寨基础设施。2013年打工回村的王辉自出资金11万元带领村民修通一条2公里长4米宽的“脱贫路”。2016年，王辉自出资金9万元，带领村民们修通柑橘“脱贫路”6公里，50余户村民受益，其中建档立卡户18户，村民们结束了千百年来肩挑背驮的历史。2017年5月，王辉自出资金5万元，带领村民扩路保坎近50米。

二是美化村民生活环境。利福村四组水塘多年积淤，垃圾堆山似海、臭气熏天，严重影响到村民生活，并给游客观光体验带来不利影响，王辉自筹资金2万元清理，并与周边村民积极沟通，呼吁共同爱护公共卫生环境。为了调动大家长期爱护鱼塘的积极性，王辉个人在鱼塘放养鱼苗1000尾，并承诺养殖收益由四组村民集体所有。

三是以合作社为基础壮大乡村旅游规模。合作社立足水果精品园建设，大力发展休闲农业，已初具规模，发展势头十分强劲。利福村基地形成了一个以农业观光、鲜果采摘、休闲旅游、农家生活体验为一体的世外桃源，成为远近都市游客和家庭十分向往的神秘之都。冬天来到这座果园，梨园里挂满了金黄色的晚秋黄梨，这甘甜爽口的黄梨可挂果到春天的梨花盛开，形成一种独特的果花同树的奇观，在观赏满天梨花飞舞的同时，采摘树上的黄梨鲜果品赏，更别有一番风味；2 月，100 多亩樱桃树樱花绽放，让都市游客们无需去远方，即可观赏到樱花海的童话世界；4 月和 5 月，特早熟特高产的樱桃挂果成熟，满树的鲜红樱果，更让游客体会到亲手采摘鲜果的甘甜和乐趣。合作社未来三年内计划实现 500 亩高档水果种植规模，五年内实现年产水果 4000 吨，年接待游客 100 万人次，合作社成员发展到 200 户，让更多建档立卡户脱贫致富。

四是推进合作社 + 农户实现精准帮扶。能人牵头、基地发展、产业提质、旅游带动、贫困户脱贫，保靖县迁陵镇鲜多多水果产销专业合作社在王辉的带领下，逐步走出一条乡村旅游脱贫的新门路。2017 年累计接待了来自长沙、常德、张家界、怀化及州内的休闲观光游客 3 万余人次。在王辉的带领下，合作社在注重自身发展壮大的同时，十分重视脱贫帮困，积极参与精准扶贫。在双方自愿的前提下，吸收了 21 户精准脱贫户作为合作社成员。合作社采取土地租赁、用工、分贷统还等 3 种形式对帮扶对象进行资金帮扶，并签订了帮扶协议。2016 年帮扶资金累计 12.8 万元。作为村里的致富带头人，为了让更多的建档立卡户脱贫致富，王辉让他们来果园帮工学习技术，为他们提供优质苗木，全程指导种植。2017 年 1 月县委组织部授予王辉“科技特派员”称号，湖南省农业大学专家团队先后 4 次来基地考察，2017 年 6 月，合作社与湖南省农业大学建立了樱桃新技术新品种战略联盟关系并正式挂牌。

（二）龙山县惹巴妹手工旅游商品壮大扶贫车间

惹巴妹手工织品有限公司成立于2011年，坚持诚信为本、实力为先、全心全意为客户服务，依托公司技术精湛的团队，主要从事民间手工编织品研发以及湘西民俗织品整合，主要手工编织民间婴儿鞋帽、服饰、玩偶、玩具、旅游产品等。该公司先后获得“创新创业优秀企业”“创青春”湖南省创新创业大赛获二等奖，“创新创业”全国大赛铜奖，“湘西州创新创业带动就业示范企业”、湖南省就业扶贫基地、全国就业扶贫基地等荣誉称号。近年来，该公司定期开展技能培训，现有员工405人，其中残疾人53名、贫困户152人。公司有5个生产基地、1个扶贫车间，分布在龙山县的民安镇、石羔镇、红岩溪镇、茅坪乡、里耶镇、茨岩镇等。2017年12月，成立了湘西州龙山县第一个扶贫车间，扶贫车间安置贫困户就业人员68人，其中异地扶贫搬迁户23人。

一是积极开拓国际市场带动贫困户就业。除了原有的外贸公司客户外，公司更多地去参加国际展销会，让土家族手工织品得到更多国际商人的认可，提高品牌知名度，拿下供货权。加强国际网站的建立，发展国际电商团队，让公司新品可以通过移动互联网更快地展现在国外消费者面前，从而发挥宣传作用，提高公司业绩。公司除了现有的境外“亚马逊”电商，2018年还将再增加两个境外电商网站，辐射更多国家的客户，吸引他们到网站来消费。

二是稳步开发国内市场带动贫困户就业。首先，不断创新网络销售新模式。在淘宝电商中，2018年，已经筹划出私人订制模式，让消费者充分体会到手工的价值与独特性。在阿里巴巴批发电商网站，目前，公司已经升级为实力商家，从原来的以销定产模式改为现货批发模式，虽然增大了积压货物的成本，但大大改善了手工产品发货慢的问题，留住了更多的老客户，预计今年公司在阿里巴巴的成交额将再上升二倍以上。其次，积极拓展实体店供货模式。在全国各景区拓展业务，在全国各大景区招代理合作商，公司专为景区代理商供货，并授权使用公司商标及专利，让土家特色手织文化渗透全国各地。最后，尝试企业形象店加盟。为了更好地展现企业形象，计划在湘西州景区（凤凰）开设一家形象店、作为企业旗舰店、作为企业的一个展示窗口，让更多的游客体会到公司的手工特色。如果旗舰店实施顺利，公司将启动招商加盟模式，将惹巴妹手织品直营加盟店开到全国各地，计划 2018 年、2019 年两年内有 8 家连锁直营加盟店诞生。

三是以扶贫车间带动贫困户稳定就业。公司定期下到乡村开展手工技能培训，让贫困户充分利用碎片时间居家就业，实现家门口增产创收。发展手工编织产业村，沿着美丽乡村路线，在美丽乡村景点建设生产基地，定期开展村民免费手工技能培训，同时对贫困户和残疾人进行移动电商培训，让贫困户、残疾人既是手工织品生产商又是惹巴妹手工织品微电商，既能家门口就业又能多项增产创收，老人孩子都能照顾到。目前，公司已经帮助龙山县 405 人就业，2018 年计划再增加 3～4 个就业扶贫车间，力争帮助 300～500 名贫困人员就业。

（三）泸溪马王溪村公司＋农户整体推进

泸溪县浦市镇马王溪村坚持把发展乡村旅游作为推进精准扶贫的载体、特色发展的实体、群众增收的母体，依托地处国家 4A 级景区浦市古镇近郊优势，推动村办企业转型发展，成立旅游公司，实现乡村旅游的整合发展。

一是坚持规划引领，建设观光农业。根据《泸溪县旅游产业发展总体规划（修编）》《泸溪县旅游产业发展奖励办法（试行)》《泸溪旅游A级景区创建工作实施方案》《泸溪县优化旅游环境的通知》等文件的要求和部署，按照“因地制宜、特色发展、重点发展、辐射带动”的原则，成立乡村旅游协调领导小组，编制《泸溪县浦市镇马王溪村总体规划图》和乡村旅游发展规划、旅游管理等相关制度，组建了马王溪生态旅游开发有限责任公司，对马王溪旅游资源实行整体开发，加快项目建设，发展特色农业和现代生态观光农业，打造“四季有瓜果、水陆共发展”乡村旅游格局。

二是坚持党建引领，打造特色品牌。探索建立“党小组+乡村旅游”新模式，构建“一核两列三级”组织体系，即以村支部为核心，协调村支部、村委会两个序列，发挥党员、组长和网格管理结构三个层级作用。“村支两委”负责对旅游资源统一总体规划，“村支两委”成员、组长、党员先行先试，村民随后以入股方式自愿加入，发挥村支部“桥头堡”作用。目前，马王溪村千亩生态休闲观光农业基地示范园、椪柑精品园区、百亩育苗标准园、山地观光果木园、畜牧养殖小区等初具规模，初步形成多种经营、多点开花的生态休闲观光农业。同时，继续打造马王溪鑫隆陶瓷厂这一精品工程，规划修建陶艺馆，挖掘文化潜质，目前，已解决村民200人就业，增加了村民收入，有力助推该村精准脱贫。

三是坚持创新引领，吸引群众参与。大力创新乡村旅游运作模式，实行“大户担风险，小户享利益”模式，全民入股集体经济，降低准入门槛，议定为每股3000元，两股以下的小户资金保值免承担风险，其他股东则共同承担风险。对建档立卡户采取土地流转、村里帮助解决小额贷款、村集体分红等方式入股。同时，严格控制大户入股份额所占比例，防止集体经济被大户联合垄断，大户入股最高不得超过20万元。分红利时，村集体只占

5%，其他由股民按比例分配。目前，村民参与乡村旅游热情高涨，已吸引入股村民100多户，其中，建档立卡户16户，2017年人均分红3000元，成功实现16户共82人脱贫。

四是坚持文明引领，美化村容村貌。通过村民大会，制订《村规民约》《文明户创建标准》《五好家庭创建标准》等规范村民言行，引导村民争做“四有”新人。每年通过群众民主推荐，“村支两委”及村民代表综合考评，评选表彰和奖励“巾帼建功”“五好家庭”和“好婆媳”评选活动；推进综合治理，推行“三包”责任制，即村主干包组、网格长包区、党员中心户包户，并对“三包”工作进行奖罚，建设整洁、卫生、和谐、优美的乡村旅游环境，增加游客的游玩兴趣和滞留时间。提升文明素质，积极参与县里开展的“最美泸溪人”“最美庭院”“美丽乡村”等评选活动，以及“文明餐桌”“五讲农家”等主题实践活动，提升了农民素质，“知礼仪、讲礼貌”的社会风尚在乡村旅游景区逐步形成。

（四）吉首市推进公司带户脱贫

1. 迷迭香生物科技公司

迷迭香生物科技公司位于湘西州吉首市社保大楼914室，成立于2014年，专业从事迷迭香的种植、提取、研发销售。该公司拥有迷迭香种植基地4000余亩，基地分布在泸溪县、吉首市，是全国最大的迷迭香基地之一。主要产品有迷迭香提取物、迷迭香护肤品系列、迷迭香茶叶等。公司荣获湘西州2015年度巾帼英雄创新创业大赛一等奖，湘西州2017年创新创业优秀企业，2017年全国高校商业精英挑战赛“智欣联创杯”国际贸易竞赛二等奖。2018年4月，作为湘西州三家参展企业之一，进驻英国原材料展会。公司利用湘西地区丰富的自然植物资源，以“原料基地+农户”“研发+销售”的运营模式，从迷迭香植物的种植、提取到加工、生产、销售，是一家高科型的全产业链企业，是吉首市精准扶贫重要产业之一。公司于2018年初在吉首市河溪镇持久村已经建立第一期迷迭香产品基地80亩和350平方米的迷迭香植物提取扶贫车间，可回收鲜叶、干叶、茎秆进行综合加工提取，深加工成为迷迭香精油、迷迭香茶叶、香包、精油手工皂等精油系列产品。采取“公司+村合作社+基地+贫困户”模式和农户签订采购合同；采取保底价和市场化相结合定价，确保农户利益和积极性。目前我公司在河溪镇持久村建立的80亩迷迭香基地通过与该村建档立卡户签订帮扶协议，已带动20余户建档立卡户，贫困人数80余人。第二期投入将于2019年初，公司将加大扶贫力度，扩增迷迭香种植面积500亩，同持久村贫困户深度对接。可在改善当地基础设施建设同时可以解决当地农民脱贫致富及就业问题。一户农民一年种一亩迷迭香，毛收入在3000元左右。当年种，当年收，不需要农药化肥。而且，迷迭香易长养，种植并不需要精干劳动力，盘活了广阔的乡村留守劳动力资源。

2. 山谷居民扶贫车间

湘西山谷居民文化产业发展有限公司是一家集产、学、研、销于一体的民族文化企业，致力于宣扬中国少数民族文化传承，打造代表中国走向世界的民族品牌。该公司现有员工71名，直营店4家，加盟商及经销商13家，并在法国、美国、澳大利亚、芬兰等国有海外合作伙伴。公司在“非遗+旅游”中，以“苗绣”为“枝”，以民族特色文旅产品设计与生产、民族特色装饰和园林景观设计与施工、民族文化体验设计为“叶”，并结合扶贫车间全面参与全域旅游发展。公司已分别在凤凰山江、古丈默戎、吉首矮寨组织建设了开展了3次扶贫车间培训，共计12天，72个课时。其中凤凰山江培训78人，带动就业35人（建档立卡户 30 人）；古丈默戎培训 52 人，带动就业 25 人（建档立卡户 20 人）；吉首矮寨培训 45 人，带动就业 29 人（建档立卡户 29 人）。公司已和清华大学、北京服装学院、湖南农大、广州工大、吉首大学达成产学产品研发合作协议和游学合作意向，聘请了携程高管为运营顾问，助推民族工艺品投放市场。对建设已培训的 3 个车间进行挂牌、投产，组织合格的绣娘集中生产，并将车间打造成湘西非遗游学、研学的体验基地，通过广泛开展此类活动带动扶贫车间生产。计划 1 年内，扶贫车间培训由现在的 3 个拓展到 8～11 个，扶贫车间拟建设在符合条件的村委会或其他闲置房屋，并逐步完善车间管理体系、手工艺者档案、生产台账。车间主打民族工艺品、民族农副产品、旅游文创商品，附带其他可挖掘利用的民族特色产品。计划第一年在生产、包装环节培训手工艺者 800～1000 余人次，每个扶贫车间为农村人口提供 20～30 个就业岗位，每个车间培训建档立卡户 15 人以上，实现就业者人均年收入 3000 元以上。

四、能人带农户发展

（一）黑塘村杨新勇小葡萄做成脱贫大产业

20 世纪 90 年代正是泸溪县大搞椪柑开发时期，看其他村民开山整地发展椪柑产业，杨新勇觉得一窝蜂地搞椪柑，很难有发展，必须要另辟蹊径，与众不同才能有自己的发展空间。1991 年 2 月，杨新勇在一位曾在北京做过几十年葡萄园艺师的本家爷爷的技术指导与帮扶下开始尝试种植葡萄；1992 年葡萄结果，杨新勇发现葡萄竟然供不应求，开始逐步扩大种植规模。到 1997 年，杨新勇建成武溪镇黑塘村狮子山新勇葡萄科普示范基地，2004 年 10 月注册了武溪杨新勇家庭农场。

经过28年艰苦创业，总投资600多万元，总面积600多亩，其中盛产350亩，年产值260万元，安置村民88人。其中种植优质葡萄200亩，安置剩余劳动力和建档立卡扶贫户50多人，年收入达100多万元，产品畅销省内外，除草等工作年安置村里劳力3700人次，在家门口劳动致富，年收入3万多元，走上脱贫致富之路。带领周围一批贫困农民走上脱贫致富之路。为扩大规模提高收益，2017年斥资30万元新开面积50亩，从北京引进的优质新品种“阳光玫瑰”“巨峰葡萄”“巨玫瑰”及“富态8号”等大批优质葡萄幼苗已进入盛产期，年新增产值30万元，带动当地贫困村民新就业20余人。同时，耗资10万余元新开产业路基1000米，庄园规模扩大达800亩，产值突破200多万元，安置60个剩余贫困劳动力在家门口致富奔小康。

葡萄丰收季节，每天前来采购葡萄的车辆有120多辆次、采购商达200人以上。2017年杨新勇花费了100多万元，修建了一栋3层楼高的新楼；2018年投资300万元，按新疆葡萄沟模式在基地内建了一个集休闲、观光为一体的生态农庄产业园走廊，生态农庄产业园长12000米宽2米的葡萄观光走廊。泸溪县扶贫开发部门投入资金300多万元，硬化了进村公路，同时出资30余万元，帮助杨新勇修通了园中生产道，建设集水池。在杨新勇的召集下全村筹集资金30万元，又由镇政府帮忙解决了6万元，又修通了上山的路，减少了种植户的劳动力和交通费用开支，出产的葡萄既能及时运送出去，又方便客户上门收购和游客前来采摘。

杨新勇直接帮扶村里10户建档立卡贫困户，40余名贫困村民，一扶5年，不管盈亏每年年底分红2000元。未来，杨新勇打算把葡萄做大、做强、做优，把集葡萄生产、观光旅游和农家乐一体的产业建得更具特色，带动更多的贫困群众致富达小康。

（二）龙鼻嘴村石远军带领村民致富

龙鼻嘴村党支部书记石远军在加强村党支部建设上下功夫，极限放大村党支部的战斗堡垒作用，带领全村百姓试、干、闯。不到五年时间，龙鼻嘴村旅游产业“华丽转身”，从“资金少、资源散、思路窄”到“资金足、资源聚、思路广”；从“种田无饱饭，杀猪图过年”到“家家笑开颜，共走致富路”，全村实现从贫穷落后到富裕美丽的大跨越。

一是创新机制，荒地入股，引领有机茶规模发展。默戎镇龙鼻嘴村原本是典型的少数民族苗族聚居地，千百年来传统生活习惯少有变化，日出而作，日落而息，靠天吃饭，每家每户只守着自家的一亩三分地，没有规模性产业。为了改变全村的落后面貌，石远军结合古丈县属于茶叶之乡，决定将村里的闲置土地让村民以土地入股方式，集中力量发展有机茶叶。石远军认为，要做好一个领路人就要有做一个先驱者的思想准备，要带领村民走创新道路，要让村民有信心，就要让他们没有后顾之忧，认为稳赚不赔，要赔也是领头人赔大头。石远军决定公司出资、出技术，全程公司管理，而老百姓们只需将闲置的荒地拿出来入股，年底分红即可，这样才使村民放心，拿出部分土地。就这样公司终于以村民“荒地入股”的形式整合村土地资源，全身心投入到有机茶产业种植中去。通过三年时间全村有机茶总种植面积达1600多亩，其中可采摘面积达500多亩，为村民直接增加纯收入500元。不仅给村民带来了实际经济效益，还从根本上转变了村民们对创新思维的接受能力。

二是转变思路，带头开发旅游产业。为改变村里贫穷落后的状况，村党支部决定利用村里的苗寨建筑风格、人文民俗文化、美丽自然风光把乡村旅游搞起来，找准脱贫致富的突破口。2013年村里注册了“湘西墨戎苗寨乡村游有限责任公司”，石远军个人向银行贷款50余万元带头入股。为了将公司做大做强，他又带领“村支两委”一班人多次前往张家界考察招商，成功引得龙飞投资入股，进一步壮大了公司的力量。公司以弘扬和传承特色民俗文化为主题，以“赶秋节”“四方鼓舞”“巫傩绝技”“苗族山歌”“苗族跳鼓”“苗家长龙宴”等神秘苗族民俗表演和民俗文化为载体推进民族文化旅游。为了龙鼻嘴村稳定脱贫，步入小康，实现宜居幸福新农村，石远军决定完善村里的水、电、路，加大对就业、就医、养老、就学等保障领域的投入。公司出资200多万元，整修了全村人行道，户户安装了自来水；全村村民实行“按房返利”，每栋房子每年分利1000元；为切实解决农民工作问题，石远军招收约560位本地人员作为旅游公司工作人员，直接带动了2000多人增收脱贫，既解决村民工作问题又使旅游产业更接地气，为龙鼻嘴村乃至默戎镇精准脱贫做出极大贡献。

2013～2015年上半年，龙鼻嘴村累计接待游客30余万人次，实现经济收入3000余万元；2017年接待游客数量达到的70万人次，人均年收入超过6000元，实现全村脱贫摘帽；2018年，龙鼻嘴村接待游客102万人，实现旅游创收1.5亿元，村集体经济收入达160万元，全村已有124户513人实现稳定脱贫①。

---

① 田翌，张伟．古丈：“红色引擎”让龙鼻嘴村乡村游火起来［EB/OL］．红网时刻湘西，2019-06-07. http://www.074308.com/jqdt/detail.html?id=111

第六章 企业参与乡村旅游精准扶贫的绩效评价机制

企业参与乡村旅游精准扶贫的绩效主要是指企业参与乡村旅游精准扶贫过程中，通过采取一定的支持措施，如为乡村旅游地农民提供就业岗位、创业机会及思想文化活动等，农民和农村经济受益的程度。科学评估精准扶贫的绩效，是优化和完善企业参与乡村旅游精准扶贫机制的基础。

一、企业参与乡村旅游精准扶贫绩效界定

为更好地体现企业参与乡村旅游精准扶贫绩效的独特作用与优势，本章从企业参与乡村旅游精准扶贫绩效的内涵、核心评估维度和外延评估维度三个层面入手进行分析，为企业参与乡村旅游精准扶贫绩效的评价指标体系构建提供支持。

（一）企业参与乡村旅游精准扶贫绩效内涵

企业参与乡村旅游精准扶贫对农民、农村和农业具有显著地影响，可推动农民生计能力提升、农业融合发展水平提升、农村发展环境优化，因此企业参与乡村旅游精准扶贫的绩效至少包括

农业、农民和农村三个方面（见图6－1）。

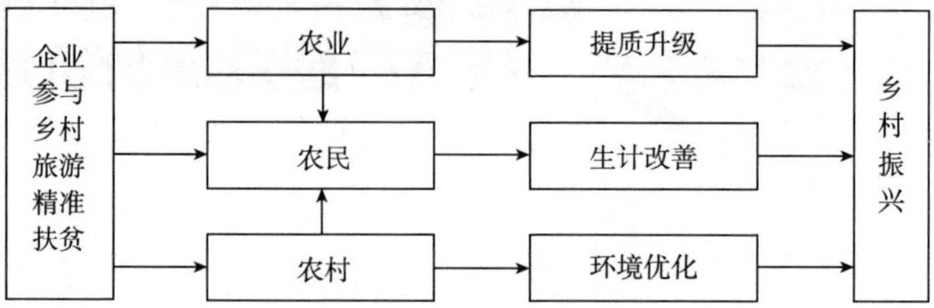

图6－1　企业参与乡村旅游精准扶贫绩效维度

由于精准扶贫的核心与关键是农民生计问题，故将绩效分为核心维度（农民）和外延维度（农村、农业）两个层面。核心维度主要关注企业参与乡村旅游精准扶贫对农民生产生活（就业、创业、收入、素质等）等产生的作用及影响；外延维度方面主要关注企业参与乡村旅游精准扶贫对贫困地区农村产业经济、发展环境（如生活条件、社会风气、基础设施等）等产生的影响，事实上产业升级与发展环境改善最终也会改善农户生计。农民是企业参与乡村旅游精准扶贫的主要受益人，核心维度主要是与农民切身利益相关的，由农民对自身及周边的变化感知进行评价，反映企业参与乡村旅游精准扶贫的绩效。外延维度主要是与农民生存发展相关的维度，农村是农民生产、生活的环境，农村产业经济、发展环境的变化能够反映农民生存发展环境的改善程度，进而反映企业参与乡村旅游精准扶贫的成效。

（二）企业参与乡村旅游精准扶贫绩效核心维度

企业参与乡村旅游精准扶贫绩效的核心维度主要关注农民的直接利益，如农民的就业、创业、收入水平以及综合素质等的变化。因此，可从农民就业维度、创业维度、收入水平维度及综合素质维度建立具体指标。

1. 就业维度

农民是企业参与乡村旅游精准扶贫的主要受益者，企业通过产业发展吸纳当地农民参工参建，为农民提供就业岗位，使之获得稳定收入才能实现减贫目标。通过当地农民从事服务业、就业工作及从事旅游业的人数变化，可反映企业参与乡村旅游精准扶贫后当地农民就业情况是否得到改善。农民从事服务业人数、就近工作人数以及从事旅游业人数的增加，可从侧面说明当地的旅游业和其他产业发展良好取得的经济效益。因此，农民就业维度可通过从事服务业人数变化、就近工作人数变化、从事旅游业人数变化等指标衡量。

2. 创业维度

农民不仅可以通过在旅游开发中参工、参建获得就业机会，还可通过企业提供一些创业机会，如在景区柜台经营销售特产、在企业扶持下经营农家乐和宾馆以及通过小额贷款获得创业资金开展创业活动等方式，进一步实现脱贫致富的目标。农民做生意机会、农家乐和宾馆数量，以及农民创业资金的提高等，都可从侧面说明企业为农民提供了拓展收入渠道的机会。

3. 收入水平维度

当地农户是企业参与乡村旅游精准扶贫的重要扶贫对象，农民收入情况改善表现在家庭收入、做工收入、销售收入，以及资产性收入都得到一定程度提升。家庭收入主要包括家庭成员就业、创业、资产性收入等各方面的收入，家庭收入提高说明农民收入渠道进一步扩大，务工收入和销售收入提升说明当地产业得到进一步发展。农民收入变化直接反映了企业参与乡村旅游精准扶贫的成效，农民的收入提升，生活水平改善都说明企业参与乡村旅游精准扶贫的绩效良好。

4. 综合素质维度

农民是乡村旅游核心吸引物的直接载体，也是乡村旅游的形象和品牌代言人，因此农户综合素质能够在一定程度上反映企业参与乡村旅游精准扶贫后农民思想文化方面的变化。企业在参与乡村旅游精准扶贫过程中开展的各种文化活动和工作技能培训活动可丰富农民生活，同时提高农民参与乡村旅游精准扶贫活动的工作能力。农民综合素质提升的表现是农民的思想观念、精神风貌、工作技能均在一定程度上较以前有了明显改善。

（三）企业参与乡村旅游精准扶贫绩效外延维度

企业参与乡村旅游精准扶贫绩效的外延维度关注农民生存发展相关的要素展开，主要反映在农村产业经济及农村发展环境的变化。因此，可从农村产业经济及农村发展环境两个维度建立具体指标测度企业参与乡村旅游精准扶贫的绩效。

1. 农村产业经济维度

企业参与乡村旅游精准扶贫，可能推动农村形成主导产业并发挥辐射带动作用，如促进合作社数量明显增加绩效提升，推动农村产业发展向专业化规模化方向前进，农产品销售情况得到明显改善，销售市场进一步扩大，产业经营取得一定成效。农村经济是衡量企业参与乡村旅游精准扶贫整体效果的重要维度，农村经济改善能够为农民发展提供良好的环境，同时农民自身生活改善也促进农村经济的进一步发展。

2. 农村发展环境维度

基础设施是农村进行旅游开发的重要条件，它的发展程度直接影响了当地产业的发展效果。农村发展环境的改善程度也在一定程度上体现了企业参与乡村旅游精准扶贫方式的有效性，它的变化在一定程度上反映了农村的经济发展变化。企业参与乡村旅游精准扶贫，有助于促进当地农民生活条件明显提高、社会风气明显改善、基础设施进行大规模建设，改善农村整体发展环境和经济条件。

二、绩效评价指标体系设计与评价方法

（一）评价指标体系构建原则

结合企业参与乡村旅游精准扶贫的目标，扶贫绩效评价指标体系的构建原则包括以下六个方面：

1. 系统全面性原则

指标体系要能够全面地反映评估对象，在对评估对象进行判断前需要事先多渠道、全面地收集相关资料信息，反映评估对象不同程度、不同阶段的变化。为了更为全面地反映企业参与乡村旅游精准扶贫对农民和农村产生的影响，指标体系在构建过程中会采取较为全面和细化的分类，充分反映农民和农村在企业参与乡村旅游精准扶贫后的各种变化。

2. 目的性原则

在选择评价指标之前，明确研究目的，并围绕目的选取关键指标。扶贫绩效评价体系的目的是对企业参与乡村旅游精准扶贫的结果进行公正、科学的评估，作为相关政府部门的决策工具，促进旅游开发工作的改进，提高企业参与乡村旅游精准扶贫的绩效。因此，构建指标评价体系时，应将评价体系总的目标分层，逐步细化，再构建扶贫绩效评价体系的指标。

3. 科学性原则

选取的评价指标要能反映评估对象的特征；指标要含义清晰，构建指标体系的各指标之间应该要有合理的层次和结构，准确并且协调一致；指标之间应具有一定的独立性，不应出现指标间过多的内容重复；各指标需要有一定的差异性使得评价指标能

够考核评价对象的不同方面。

4. 可操作性原则

评价指标既要体现科学性，又要与实际情况相符合。对于定量指标，数据资料收集过程应该尽可能简便，便于后期的数据处理；对于定性指标，含义要清晰准确，从而方便后面的判断过程。在满足评估目标的情况下，应该尽可能地采取一些公认的指标，从而有利于评价结果的比较和应用。在不确定资料的可采集性时，将其进行特殊的标注，并咨询此领域具有相关实践经验的专家予以解决，确保资料获取的准确性。

5. 定量和定性相结合的原则

在确定扶贫绩效评价指标时，尽可能采用定量指标，以便于评价模型的构建，从而增加扶贫绩效评价结果的客观准确性，减少主观因素产生的误差。在数据调查工作中应该将定性指标尽可能的量化，例如，将农民的生活水平变化在问卷中量化成就业和创业的人数变化，将“是否满意”改为李克特量表中的 5 等级，如“完全不同意”“不太同意”“不确定”“比较同意”“完全同意”等。

6. 层次性原则

评价指标的层次性可以使指标更加具有针对性，定义更加清晰明确，以便于定性指标的描述和定量指标的计算。将就业、创业、收入水平、综合素质、农村产业经济及发展环境作为一级指标，然后逐层细分，将指标体系划分为两层结构。在企业参与乡村旅游精准扶贫绩效评价指标体系构建完成后，通过结构方程模型的评价方法，确定各指标的权重从而得出扶贫绩效评价结果。

（二）评价指标选择

根据企业参与乡村旅游精准扶贫绩效的核心维度、外延维度及前期实际调查情况，将评价指标体系分为就业、创业、收入水平、农民综合素质、农村经济及发展环境六个维度。针对核心维度评价指标主要从农民的就业和创业情况、农民的收入水平、农民的综合素质展开；针对外延维度评价指标主要从农村产业经济、农村的基础设施、农村的社会风气、生活条件展开。具体指标（就业机会、家庭收入、销售收入、生活条件、社会风气以及基础设施改善）主要参考相关文献中乡村旅游精准扶贫绩效评价感知量表，以及农户乡村旅游精准扶贫效应的感知量表；具体指标（做生意机会、资产性收入、工作技能以及产业发展）主要参考企业精准扶贫考核指标征求意见调查问卷汇总表，以及乡村旅游精准扶贫绩效评价感知调查量表。最后结合专家意见，经过多次反复讨论，最终确定评价指标内容（见表6-1）。

表6-1　　企业参与乡村旅游精准扶贫绩效评价指标体系

一级指标	二级指标
就业	从事服务业人数变化 就近工作人数变化 从事旅游业人数变化
创业	做生意机会 农家乐和宾馆数量变化 创业资金变化
收入水平	家庭收入变化 做工收入变化 销售收入变化 资产性收入变化
农民综合素质	思想观念 精神风貌 工作技能
农村经济	产业发展情况 合作社数量变化 销售情况

续表

一级指标	二级指标
发展环境	生活条件变化 社会风气变化 基础设施改善情况

（三）评价方法选择

结构方程模型能够处理多重指标测量问题，同时分析多重变量及它们之间的相互联系，对于多维度扶贫绩效评价是一种较为合理的方法。本章所构建的企业参与乡村旅游精准扶贫绩效的评价指标体系是综合性、多维度的，指标间关系十分复杂，因此采用结构方程模型方法构建企业参与乡村旅游精准扶贫绩效理论模型，可以克服主观上不能准确测量的问题，提高扶贫绩效评价分析的科学性和实用性。

根据评价指标体系得到的结构方程路径图中（见图6－2），就业、创业、收入水平、农民综合素质、农村经济、发展环境情况为潜在变量；从事服务业人数变化（a1）、就近工作人数变化（a2）、从事旅游业人数变化（a3）是就业的观测变量；做生意机会（b1）、农家乐和宾馆数量变化（b2）、创业资金变化（b3）是创业的观测变量；家庭收入变化（c1）、做工收入变化（c2）、销售收入变化（c3）、资产性收入变化（c4）是收入水平的观测变量；思想观念（d1）、精神风貌（d2）、工作技能（d3）是农民综合素质的观测变量；产业发展情况（e1）、合作社数量变化（e2）、销售情况（e3）是农村经济的观测变量；生活条件变化（f1）、社会风气变化（f2）、基础设施改善情况（f3）是发展环境的观测变量。

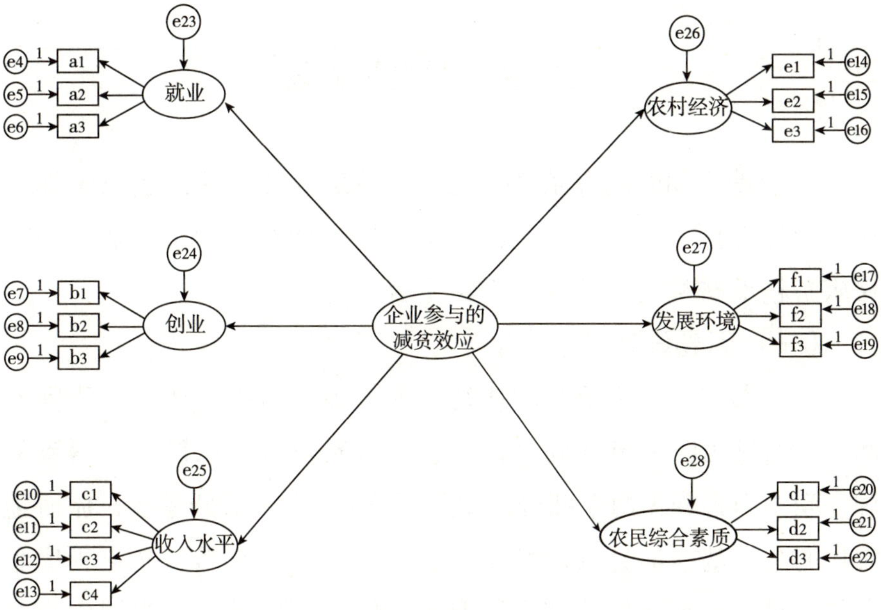

图6－2　企业参与乡村旅游精准扶贫绩效的结构方程路径

综合评估方法思路。首先，通过构建的企业参与乡村旅游精准扶贫绩效评价指标体系确定潜在变量和观测变量并构建结构方程模型；其次，将由问卷调查收集的数据引入结构方程模型进行模型的检验；再次，在模型检验合格后进行结构方程模型的运算得到路径系数图，根据企业参与乡村旅游精准扶贫绩效到六个维度（就业、创业、收入水平、农民综合素质、农村经济及发展环境）路径系数，以加权平均的方式确定一级指标权重，并根据六个维度到各自的二级指标的路径系数以加权平均的方式确定二级指标权重。然后，将各个企业每个二级指标变量 a1 ~ f3 问卷得分均值代入二级指标权重，可得到各一级指标（就业、创业、收入水平、农民综合素质、农村经济、发展环境）的评价结果，再将各一级指标评价结果乘以对应的一级指标权重再相加可得到扶贫绩效的评价结果。

三、数据搜集与描述

限于资金和时间等条件，无法对湖南武陵山片区进行全面调查，因此选择了三个乡村旅游案例点进行调查，检验企业参与乡村旅游精准扶贫的绩效评价方法是否可行。

（一）问卷设计

企业参与乡村旅游精准扶贫的绩效评估数据主要来自于问卷调查。通过团队成员共同讨论，经过多次修改并试调查后得到的调查问卷内容分为两个部分（见附录2）。第一部分是乡村旅游地农户的个人基本信息及属性特征，包括性别、年龄、文化程度和参与乡村旅游精准扶贫基本情况等内容。第二部分为当地农户对企业参与乡村旅游精准扶贫后的认知态度的调查，即企业参与乡村旅游精准扶贫绩效指标项目。问题设置均采用李克特量表，分为完全不同意、不太同意、不确定、比较同意、完全同意5个等级，要求被调查者根据实际情况在所对应的空格内打钩，并分别按“1~5”分赋值。其中，1代表最否定的态度，5代表最肯定的态度。

（二）调查过程

调查主要针对乡村旅游项目所在村寨的农户进行。为了确保调查效果，按照先选择参与乡村旅游精准扶贫的企业，再选择乡村旅游项目所涉及村寨农户的思路进行调查。企业选择依据为：一是企业具有一定的乡村旅游精准扶贫能力；二是企业具有实际的扶贫措施；三是企业具有一定的扶贫成效。限于时间和调查条件，根据资料的可获得性和调查的可行性，以X公司、M公司及H公司参与乡村旅游精准扶贫的村寨作为调查对象（此处的村不是行政村，主要是涉及的自然寨）。企业在这些村落进行了旅游项目开发活动，农民及相关村寨的整体经济均在企业参与乡村旅游精准扶贫活动后取得了一定成效，具有一定的典型性，能够反映调查目标。

调查工作在企业和“两支两委”的协助下对农户进行调查，调查分为两个阶段。第一阶段属于大规模调查；第二阶段进行补充调查。第一阶段在 2017 年分为三次进行。2017 年 4 月 10～15 日在 X 公司涉及村寨向村民发放问卷 150 份，最终回收问卷 134 份；2017 年 7 月 10～15 日在 M 公司涉及村寨发放问卷 150 份，回收问卷 128 份；2017 年 8 月 15～20 日在 H 公司涉及村寨发放问卷 150 份，回收问卷 132 份。第二阶段在 2018 年也分为三次实施。2018 年 3 月 15～17 日在 X 公司涉及村寨发放问卷 100 份，回收问卷 66 份；2018 年 4 月 20～22 日在 M 公司涉及村寨发放问卷 80 份，回收问卷 72 份；2018 年 8 月 10～12 日在 H 公司涉及村寨发放问卷 85 份，回收问卷 68 份。

（三）样本描述性统计

第一阶段共回收问卷 394 份，第二阶段共回收问卷 206 份，两个阶段共计回收问卷 715 份。为了便于对比分析，进行甄别和筛选后每个公司最终各保留 200 份（见表 6－2）。

表 6－2　企业参与乡村旅游精准扶贫问卷调查情况

调研地名称	问卷总数（份）	回收有效问卷数（份）	回收率（%）
X 公司涉及村寨	250	200	80.00
M 公司涉及村寨	230	200	86.96
H 公司涉及村寨	235	200	85.11

样本村民的基本情况包括被调查者的性别、年龄、文化程度、是否参加旅游开发、是否为贫困户以及参与旅游活动带来的收入占家庭总收入的比例。从三个案例地区样本农户的样本基本

情况对比分析可知，三个案例点农户的主要差异在于文化程度和参与旅游活动带来的收入占家庭总收入的比例。文化程度方面，农民高中文化层次以上的人数，X 公司明显多于 M 公司，而 M 公司明显多于 H 公司，X 公司涉及村寨农户的整体文化素质最优。旅游收入占家庭总收入的比例方面，30% 以上的总人数，X 公司多于 M 公司，M 公司要多于 H 公司，X 公司为涉及村寨农户带来的旅游收入要优于其他两个公司。

四、企业参与乡村旅游精准扶贫绩效实证评价

（一）数据信度检验

信度是指调研数据的一致性程度，即可信性。信度分析多采用克朗巴哈（Cronbach's α）信度系数，检验调查问卷研究变量在各个测量题项上的一致性程度，一般要求 Cronbach's α 系数必须大于 0.7。利用 SPSS 19.0 软件对问卷 7 个维度数据的信度分析结果（见表 6－3）显示，各维度及总体 Cronbach's α 值都大于 0.7，说明此量表具有较好的内部一致性。

表 6－3　　量表信度检验

变量	Cronbach's α	各变量所含指标
就业	0.888	a1、a2、a3
创业	0.816	b1、b2、b3
收入水平	0.835	c1、c2、c3、c4
综合素质	0.794	d1、d2、d3
农村经济	0.835	e1、e2、e3
发展环境	0.877	f1、f2、f3
企业参与扶贫的绩效	0.891	a1～f3

（二）数据效度检验

效度即有效性，指测量工具或手段能够准确测出所需测量事物的程度。效度分析主要用来分析研究对象是否能够有效和准确测量相关指标，主要包括内容效度、结构效度和收敛效度等层面。

1. 结构效度检验

内容效度是指题项与所测变量的适合性和逻辑相符性，本章调查问卷主要基于相关研究中对于变量的定义和维度，并经过专家建议和预调查进行修改完善，基本可以保证量表的内容效度。结构效度是指题项衡量所测变量的能力，一般需要通过收集到数据进行探索性因素分析（exploratory factor analysis，EFA）来检验量表的结构有效性。

（1）KMO 检验和 Bartlett's 球形检验。进行探索性因子分析，需要先进行 KMO（Kaiser-Meyer-Olkin）检验和 Bartlett's 球形检验，要求 KMO > 0.7 且 Bartlett's 球形检验显著（Sig. < 0.05）。利用 SPSS 19.0 进行 KMO 和 Bartlett's 球形检验的结果如表 6－4 所显示，KMO = 0.853，大于 0.7，Bartlett's 球形检验值显著（Sig. < 0.001），表明问卷数据符合因子分析的前提要求，因此可以进行下一步的因子分析。

表 6－4　　KMO 检验和 Bartlett's 球形检验

检验内容		数值
KMO 检验		0.853
Bartlett's 球形检验	近似卡方	5796.797
	df	171.000
	Sig.	0.000

（2）因子分析。采用主成分分析方法，并以特征根大于 1 为因子提取公因子，因子旋转时采用方差最大正交旋转进行因素分析。因素分析的总方差解释如表 6－5 显示，共提取得到 6 个因素，解释能力分别为 14.310%、12.923%、12.424%、12.075%、11.570%、11.503%，总解释能力达到 74.806%，大于 50%，表明提取的 6 个因素具有良好代表性。旋转后各因素的负荷量系数如表 6－6 显示，各个测量题项的因素负荷量均大于 0.5，且交叉载荷均小于 0.4，每个题项均落到对应的因素中，且根据原变量所对应的最大因子负荷，可将原变量分为 6 类，与量表设计的 6 个因素一致，表明量表结构效度良好。

表 6－5　　因子分析总方差解释

成分	总计	初始特征值		提取载荷平方和			旋转载荷平方和		
		方差百分比（%）	累积百分比（%）	总计	方差百分比（%）	累积百分比（%）	总计	方差百分比（%）	累积百分比（%）
1	6.495	34.186	34.186	6.495	34.186	34.186	2.719	14.310	14.310
2	2.099	11.047	45.233	2.099	11.047	45.233	2.455	12.923	27.233
3	1.633	8.594	53.827	1.633	8.594	53.827	2.361	12.424	39.658
4	1.544	8.125	61.952	1.544	8.125	61.952	2.294	12.075	51.733
5	1.317	6.933	68.885	1.317	6.933	68.885	2.198	11.570	63.303
6	1.125	5.920	74.806	1.125	5.920	74.806	2.185	11.503	74.806
7	0.614	3.229	78.035						
8	0.539	2.835	80.869						
9	0.490	2.578	83.447						
10	0.446	2.348	85.795						
11	0.427	2.246	88.041						
12	0.392	2.066	90.106						
13	0.330	1.739	91.846						
14	0.309	1.629	93.474						
15	0.301	1.586	95.060						
16	0.281	1.480	96.540						

续表

成分	总计	初始特征值		提取载荷平方和			旋转载荷平方和		
		方差百分比（%）	累积百分比（%）	总计	方差百分比（%）	累积百分比（%）	总计	方差百分比（%）	累积百分比（%）
17	0.238	1.253	97.794						
18	0.217	1.140	98.934						
19	0.203	1.066	100.000						

表 6－6　因子分析旋转后成分矩阵

变量	题目	成分					
		1	2	3	4	5	6
就业	a1		0.852				
	a2		0.863				
	a3		0.843				
创业	b1					0.834	
	b2					0.820	
	b3					0.763	
收入水平	c1	0.760					
	c2	0.785					
	c3	0.793					
	c4	0.751					
综合素质	d1						0.751
	d2						0.844
	d3						0.804
农村经济	e1				0.794		
	e2				0.854		
	e3				0.833		
发展环境	f1			0.812			
	f2			0.838			
	f3			0.847			

2. 收敛效度检验

采用验证性因素分析可以进行各变量内部题项的收敛效度检

验（构建效度），主要目的在于检定实际的测量数据与理论架构的适配度。测量模型具有收敛效度需要满足：组成信度（composite reliability，CR）表示构面题目的内部一致性，一般要求大于0.7；平均变异数萃取量（average variance extracted，AVE）是计算潜在变量各个测量题目对该变量的变异解释能力，其标准值须大于0.5。以下将通过 AMOS 21.0 软件对调查样本数据进行验证性因子分析。

（1）模型拟合度检验。采用卡方值进行模型的适配度检验，卡方自由度比值（CMIN/df）小于3.0时，表示模型具有较好的适配度。从表6－7可知，CMIN/df 为2.774，小于3，说明模型的适配度较好；GFI 是适配度指数＝0.936，AGFI 为调整的适配度指数＝0.916，均达到了0.8以上的标准；TLI 是非规则适配指数，IFI 是增值适配指数，GFI 是比较适配指数，各项指标数值越接近1，大于0.8，表示模型的适配度越好；RMSEA 是渐进残差均方根，其值越小表示模型的适配度越好，RMSEA＝0.054 小于0.08 的标准；TLI、IFI、CFI 均达到0.9以上的标准。由于大多拟合指标均符合 SEM 研究的标准，可以认为模型具有较好的配适度。

表6－7　模型拟合度

拟合指标	可接受范围	测量值
CMIN		404.958
df		146.000
CMIN/df	<3	2.774
GFI	>0.8	0.936
AGFI	>0.8	0.916
RMSEA	<0.08	0.054
IFI	>0.9	0.955
TLI（NNFI）	>0.9	0.947
CFI	>0.9	0.955

（2）构建效度检验结果。如果 CR 达到0.7 以上且 AVE 效度检验值达到0.5 以上的可接受水平，表示量表具有较高的效度。数据分析结果如表 6 – 8 所显示，就业、创业、收入水平、农民综合素质、农村经济、发展环境等要素的 CR 分别为 0.888、0.816、0.836、0.799、0.839、0.878，均大于0.7；同时，AVE 分别为 0.725、0.597、0.563、0.572、0.636、0.707，均大于0.5，均达到收敛效度标准，配适度也在可接受范围，表明量表构建效度很好。

表 6 – 8　　构建效度检验结果

变量	题项	CR	AVE
就业	a1	0.888	0.725
	a2		
	a3		
创业	b1	0.816	0.597
	b2		
	b3		
收入水平	c1	0.836	0.563
	c2		
	c3		
	c4		
农民综合素质	d1	0.799	0.572
	d2		
	d3		
农村经济	e1	0.839	0.636
	e2		
	e3		
发展环境	f1	0.878	0.707
	f2		
	f3		

（三）评价结果

1. 变量间路径系数图及效应分析

一般来说，针对观测变量与潜变量之间的路径系数 β，$0.5\leqslant\beta\leqslant0.6$ 时表明反映程度一般；$0.6<\beta\leqslant0.7$ 时表明能够较好描述潜变量的特质与内容；$0.7<\beta\leqslant1$ 时表明能够很好描述潜变量的特质与内容。对于潜变量之间的路径系数 β，当 $\beta\leqslant0.2$ 时表明潜变量之间的影响程度不明显；当 $0.2<\beta\leqslant0.4$ 时表明影响程度一般；当 $0.4<\beta\leqslant0.6$ 时表明影响程度较强；当 $0.6<\beta\leqslant1$ 时表明影响程度很强。

路径系数计算结果如表 6－9 所显示，潜变量就业、创业、收入水平、农民综合素质、农村经济、发展环境对企业参与的扶贫绩效标准化系数 β 分别为 0.638、0.657、0.685、0.592、0.575、0.679，均大于 0.4，且 P 值均达到了 0.05 的显著水平，因此潜变量都可很好地反映描述扶贫绩效；由于标准化系数 β 中，收入水平 > 生活环境 > 创业 > 就业 > 农民综合素质 > 农村经济，因此要提高企业参与乡村旅游精准扶贫绩效，可优先考虑从收入水平方面进行。

表 6－9　　变量路径系数

变量	路径关系	标准化系数	P
就业	<— 企业参与的扶贫绩效	0.638	***
创业	<— 企业参与的扶贫绩效	0.657	***
收入水平	<— 企业参与的扶贫绩效	0.685	***
农民综合素质	<— 企业参与的扶贫绩效	0.592	***
农村经济	<— 企业参与的扶贫绩效	0.575	***
发展环境	<— 企业参与的扶贫绩效	0.679	***

注：*** 表示在 0.01 的显著性水平下显著，表 6－10 同。

由表 6 – 10 可知，观测变量 a1、a2、a3 与就业的标准化效应系数分别为 0. 855、0. 836、0. 864，都大于 0. 7，且 P 值均满足 0. 05 的显著水平，表明观测变量对就业的影响达到很强效果，可以表征就业；观测变量 b1、b2、b3 与创业的标准化效应系数分别为 0. 759、0. 773、0. 785，都大于 0. 7，且 P 值均满足 0. 05 的显著水平，表明观测变量对创业的影响达到很强效果，可以表征创业；c1、c2、c3、c4 与收入水平的标准化效应系数分别为 0. 786、0. 828、0. 677、0. 699，都大于 0. 6，表明观测变量对收入水平的影响达到了较强效果，可以表征观测变量。同理，观测变量 d1、d2、d3 与综合素质的效应系数分别为 0. 654、0. 826、0. 779；观测变量 e1、e2、e3 与农村经济的效应系数分别为 0. 736、0. 843、0. 809；观测变量 f1、f2、f3 与发展环境的效应系数为 0. 790、0. 831、0. 898，这些标准化系数都大于 0. 7，且 P 值均达到了 0. 05 的显著水平，可以表征农民综合素质、农村经济和发展环境。综上可知，各个指标能够较好解释相对应潜变量。

表 6 – 10　　各变量二级指标路径系数

变量	路径关系	标准化因素负荷	P
a1	<— 就业	0. 855	***
a2	<— 就业	0. 836	***
a3	<— 就业	0. 864	***
b1	<— 创业	0. 759	***
b2	<— 创业	0. 773	***
b3	<— 创业	0. 785	***
c1	<— 收入水平	0. 786	***
c2	<— 收入水平	0. 828	***
c3	<— 收入水平	0. 677	***
c4	<— 收入水平	0. 699	***
d1	<— 农民综合素质	0. 654	***

续表

变量	路径关系	标准化因素负荷	P
d2	<— 农民综合素质	0.826	***
d3	<— 农民综合素质	0.779	***
e1	<— 农村经济	0.736	***
e2	<— 农村经济	0.843	***
e3	<— 农村经济	0.809	***
f1	<— 发展环境	0.790	***
f2	<— 发展环境	0.831	***
f3	<— 发展环境	0.898	***

2. 评价指标权重确定

使用加权平均的方法，可在路径系数的基础上，通过归一化的方法确定权重，计算公式为 $P_i = X_i / (\sum_{i=1}^{6} X_i)$，其中，$P_i$表示一级指标权重；$X_i$表示各个扶贫绩效维度的路径系数，$i=1$，2，3，4，5，6。同理，根据路径系数计算可以确定二级指标权重。

表 6-11　　企业参与的扶贫绩效评价

维度	一级指标权重	变量	二级指标权重
就业	0.17	a1	0.34
		a2	0.32
		a3	0.34
创业	0.17	b1	0.33
		b2	0.33
		b3	0.34
收入水平	0.18	c1	0.26
		c2	0.28
		c3	0.23
		c4	0.23
农民综合素质	0.15	d1	0.29
		d2	0.37
		d3	0.34

续表

维度	一级指标权重	变量	二级指标权重
农村经济	0. 15	e1	0. 31
		e2	0. 35
		e3	0. 34
发展环境	0. 18	f1	0. 31
		f2	0. 33
		f3	0. 36

3. 案例评价结果

通过计算可得到各个维度及总扶贫绩效的评价结果（见表6－12）。从企业参与乡村旅游精准扶贫的绩效来看，X公司扶贫绩效为4. 30，M公司扶贫绩效为4. 17，H公司扶贫绩效为3. 96；X公司扶贫绩效大于M公司，M公司大于H公司，说明三个企业的乡村旅游扶贫开发均取得良好的扶贫绩效，但X公司扶贫成效优于其他两个企业。从影响企业扶贫绩效的六个维度来看，就业层面，X公司得分最高，说明其为当地农民提供了更多就业机会；H公司得分较低，其为当地农民提供就业机会方面略有不足。创业层面，X公司得分最高，其为当地农民提供创业机会的成效更显著；而H公司在提供创业机会方面较其他两个企业有所不足。收入水平层面，X公司和M公司得分均很高，说明在企业参与乡村旅游精准扶贫后农户收入水平均有所提升，H公司在拓宽当地农民收入渠道方面成效略显不足。农民综合素质层面，X公司注重提升当地农民的思想素质并取得显著成效，而H公司在农户素质培训方面较其他两个企业有所不足。农村经济层面，三个企业涉及村寨的产业经济均取得较好发展，产业发展态势良好，但发展方式的差异导致发展成效略有差异。发展环境层面，三个企业均十分注重发展环境改善，并取得良好效果，但三个企业可能在资源整合、资金投入方面有所差异，导致发展环境的绩效有所不同。尽管三个企业在各个维度的扶贫绩效有所不同，但均在就业、创业、收入水平、农民综合素质、农村经济及发展环境方面取得了一定成效。

表6-12　各企业参与的扶贫绩效数据结果

企业名称	就业	创业	收入水平	农民综合素质	农村经济	发展环境	总扶贫绩效
X公司	4.29	4.33	4.30	4.08	4.38	4.41	4.30
M公司	4.18	4.03	4.16	4.0	4.25	4.36	4.17
H公司	3.94	3.73	3.82	3.91	4.24	4.15	3.96

第七章 湖南武陵山片区企业参与乡村旅游精准扶贫调查

湖南武陵山片区生态文化资源异常丰富，具有发展旅游产业的天然优势，实施乡村旅游精准扶贫的潜力巨大。“十三五”期间，湖南省在片区构建乡村旅游、生态旅游、休闲旅游和民族民俗旅游圈，打造片区全面小康建设的“升级版”和乡村振兴的“样板工程”。据此，从企业参与的视角，深入湖南武陵山片区，选取典型地区进行实地调查，系统总结现有旅游精准扶贫模式的成效与经验，探索提升企业参与乡村旅游精准扶贫绩效的路径与政策，以期为湖南武陵山片区优化乡村旅游精准扶贫政策、促进乡村振兴提供有价值的参考。

一、企业参与乡村旅游精准扶贫成效

调研发现，2013 年习近平总书记在湖南花垣提出精准扶贫思想以来，湖南武陵山片区立足生态文化资源优势和特色，将旅游开发成为实施精准扶贫的重要途径，取得了显著的成效。以共享与协同发展为指导，通过创新体制机制，企业参与乡村旅游精准扶贫对于湖南武陵山片区的景区打造、环境改善，以及贫困农户观念转变、收入增加、就业创业等方面都发挥了重要的作用。

（一）企业参与乡村旅游精准扶贫的方式多样

由于各地的情况不同，湖南武陵山片区企业在参与旅游精准扶贫的过程中，因地制宜，采取不同的扶贫方式，都取得了显著的成效。

一是景区企业带村。国家3A级以上旅游景区和其他“国字号”景区，发挥自身的品牌优势和客源优势，以全域旅游理念为指导，积极参与周边村寨的旅游开发，引导当地村民发展农家乐及乡村客栈等业态实现脱贫致富。如新宁县在崀山景区引导当地村民积极发展乡村旅游，带动近千贫困人口脱贫。

二是企业+农户型。龙头旅游公司，引导农户融入旅游价值链，通过生产旅游商品、参与旅游服务、从事旅游经营等途径获取收益。吕洞村吸引龙头企业入驻，采取“公司+村集体+合作社+基地+农户”发展模式，组建公司、村集体、合作社“三位一体”的管理班子，形成风险共担、利益均沾、村企联合的经济发展路线，壮大了集体经济，同时增加了农户的收益。

三是打造产业基地型。休闲农业、生态山庄等农旅一体化企业，以旅游客源市场为基础，带动农户参与建设特色产业基地，实现脱贫致富。湘西州保靖县、益阳市安化县、常德市石门县等产茶大县以茶促旅、以旅兴茶，打造吕洞山黄金茶海、竹溪湾茶文化主题公园、夹山禅茶生态园等一批茶旅示范点。

四是培育特色旅游商品型。主要从事旅游商品研发、生产、销售的龙头企业，依托其强大的产品研发、市场营销等优势，打造特色旅游商品品牌，助推区域贫困农户通过特色产业脱贫。如湘西州在产业化龙头企业的运营下，湘西腊肉、龙山大头菜、泸溪椪柑、古丈毛尖、保靖黄金茶等农副特产，通过旅游主题活动、网络淘宝等营销平台实现与旅游市场对接，成功打造一批“湘西制造”特色旅游商品品牌。

（二）企业成长与连片特困区脱贫发展实现协同

企业参与扶贫不是企业的单向投入，借助旅游精准扶贫的机遇和平台，参与企业在旅游精准扶贫中也可以实现发展壮大。通过参与旅游精准扶贫，湖南武陵山片区涌现出一批龙头企业，实现了企业成长与片区发展的协同。

一是企业在参与旅游精准扶贫中不断得到发展壮大。通过参与旅游精准扶贫活动，企业也获得了更好的发展环境，赢得了更多的政策支持，得到了更好的发展平台，更多的企业在扶贫中不断成长，实现了企业成长与区域脱贫协同的目的。怀化雪峰山旅游公司（简称怀化公司）成立以来，积极参与景区贫困村基础设施建设，发动贫困农民参与景区建设，安排子女就业，兴办农家客栈，组织民间民俗表演，发动农户以房屋、山林、土地等资源入股享受分红，受益群众达 10 余万人，有力推动了区域脱贫进程；同时，怀化公司开发景区数量和级别显著提升，三年建成 2 个国家 3A 景区，先后建设了集高山瑶池、民俗体验、娱乐休闲为一体的枫香瑶寨综合康养中心，集高山避暑、吸氧静心、户外运动为一体的山背花瑶梯田云端康养度假中心，旅游人次稳步上升，收入大幅提高，仅 2017 年上半年即实现收入 2300 余万元。

二是区域乡村旅游的公司化与规范化增强。随着外部企业的介入，不少贫困村寨开始自己筹建旅游公司，提升旅游的发展质量。古丈县牛角山村成立的夯吾苗寨旅游公司，经营苗寨旅游、有机茶叶、生态养殖、苗族餐饮四大产业，2013 年已实现年接待游客 7 万人次、营业收入 14300 万元以上，为当地农民工提供固定就业岗位 320 余个，并每年提供 5 万多个季节零工工日，人均年收入从 2008 年不足 800 元提高到 2016 年 7000 元，有力促进了当地精准脱贫、建设全面小康事业发展。2016 年 12 月，由龙山县政府旅游投资平台联合北京消费宝集团等 11 家企业共同发起成立湖南湘西旅游股份有限公司，旨在整合全州旅游资源，借用中国证监会“扶贫 IPO 绿色通道”，打造湖南乃至全国首家以旅游扶贫概念上市的公司，通过上市公司的资本运作、运营管理和品牌宣传，发展全域旅游带动湘西精准脱贫。2017 年 5 月，湘西州引进了首都旅游集团在吉首成立大湘西旅游投资有限公司，旨在通过优化整合全州旅游产业资源，有序推进旅游景区开发建设，规范旅游配套产业投资管理，提升全州旅游发展的质量和效益。

三是旅游产业的带动效益显著提升。各地依托当地资源，立足市场需求，以旅游产业为龙头发展相关特色产业，带动中药材、茶叶、林果业、民族手工艺品等特色产业发展的良好局面，成为农户致富的主渠道。江永刘家庄村旅游景点，吸纳农村劳动力 1000 多人，年接待游客近 20 万人次，为旅游产业发展注入了新的活力；保靖黄金村通过黄金茶和旅游融合发展，2016 年接待游客达 10 万人次，收入 600 万元左右；岩脚村建成集住宿、餐饮为一体的“农家乐”6 家，农家住宿点 9 处，购物商店 5 家，并通过为游客提供交通、导游、文艺表演等服务吸纳了 200 余人就业；地笋苗寨扶持了 80 家农家接待点和 15 家苗家工艺品商店，积极引导村民发展苗乡腊制品、苗草堂洗发护发系列制品、苗家银饰、苗乡绣布鞋等具有民族特色的旅游商品；岩脚村的腌鱼腌肉、藤茶、干菜、高山大米、山核桃等特产经过包装变成了商品，并通过电商销往全国各地。

（三）企业参与乡村旅游精准扶贫的综合成效显著

与以往的企业扶贫模式相比，企业参与乡村旅游精准扶贫更为精准有效。企业不仅是对贫困农户提供直接资助，更多的是通过市场机制帮助湖南武陵山片区贫困农户建立自我发展的能力，强调共建共享，旅游精准扶贫的可持续更强。

一是企业介入和扶持区域乡村旅游运营，助推运营机制创新和质量提升。石门县文化旅游投资公司成立长梯隘子公司，将长梯隘村的旅游经营管理纳入市场体系，解决了经营模式的“瓶颈”，提升了乡村旅游精准扶贫的实际效益。上海伟仁投资（集团）公司与石门县合作，利用罗坪优质的自然生态环境和丰富的旅游资源，以建设国际狩猎俱乐部为核心，综合开发山水、溶洞等观赏性项目和狩猎、漂流等休闲体验项目以及养生度假项目，并以此带动旅游地产、生态农业等相关产业发展。

二是企业扶持贫困农户融入旅游价值链，提升旅游精准扶贫的综合效益。2017 年 11 月，湘西旅游股份公司启动十八洞村乡村旅游精准扶贫项目，投资建设游客服务中心、培训中心、停车场、溶洞景观、观光车、环保酒店“地球仓”等旅游服务设施，打造红色旅游和苗族风情乡村游品牌，吸引更多游客来到十八洞村旅游休闲。公司聘用当地群众成为旅游服务人员，为 17 家农户提供专业的餐饮培训，提供更好的“农家乐”体验，未来还将与村委会合作开发更多的高端民宿，让村民真正从乡村旅游精准扶贫项目中受益。

三是企业参与乡村基础设施建设，改善贫困地区发展环境。永州江华庙子源村与神州瑶都旅游开发公司合作开发乡村旅游，按照 4A 级景区标准，共投入资金 7000 万元，完成了游客接待中心、景区公路、龙虎大峡谷游步道、婆婆冲瀑布群游步道、香草源房车广场等旅游基础设施建设，全村的旅游服务接待能力得到了大幅度提升。

张家界作为湖南旅游龙头，旅游扶贫“四条路径”“十种模式”取得了显著成效。张家界市 2014 年建档立卡贫困村 358 个、贫困人口 26.06 万人，依托旅游产业优势，张家界市探索形成“龙头企业 + 村集体 + 农户”“公司 + 基地 + 乡村旅游开发 + 村民转化”“景区 + 配套产业（旅游村）+农户”旅游景区扶贫模式，武陵源、天门山、大峡谷等景区直接带动周边 24 个贫困村、2.3 万名贫困人口脱贫致富，年人均增收 1200 元以上。实施“旅游风情镇 + 配套产业 + 乡村旅游 + 农户”“旅游村 + 特色园区 + 农户”“民俗风情 + 特色产业（旅游新业态）+农户”旅游线路扶贫，重点建设 3 条旅游扶贫产业带，开发 24 条生态文化旅游和乡村旅游精品线路，辐射带动 205 个村、1.86 万户贫困户、6 万余名贫困人口脱贫致富。推进“龙头企业 + 合作社 + 基地 + 村集体 + 农户 + 旅游购物”“特色种养村 + 农副产品 + 乡村旅游 + 电子商务 + 农户”“基地 + 农旅文旅产品 + 农户 + 旅游购物”旅游商品扶贫，打造“乖幺妹”、军声砂石画、张家界大鲵等一批“张家界礼物”，培育旅游商品企业达 205 家，带动 1.2 万名贫困人口脱贫。开展“旅游项目 + 旅游线路 + 企业多渠道开辟岗位 + 农户”旅游就业扶贫，加强旅游服务、实用人才技术等系列培训，先后开展各类旅游专业培训 3.7 万人次，指导农民就业 1.2 万余人。2014～2017 年，张家界市共退出贫困村 140 个，累计减贫 20.86 万人，其中旅游扶贫脱贫 8.34 万人，贡献率约达 40%。武陵源区在湖南率先实现整区脱贫摘帽，永定区成为全国休闲农业与乡村旅游示范区，慈利县被列入湖南省旅游扶贫示范县①。

（四）企业参与推动区域乡村旅游产业提质升级

企业参与乡村旅游精准扶贫，借助其资金、技术、人才、市

① 刘麟，肖瑛. 全国乡村旅游与旅游扶贫工作取得阶段性成果［EB/OL］. 经济日报—中国经济网，2018－09－14. http：//www.ce.cn/xwzx/gnsz/gdxw/201809/14/t20180914_30306743.shtml.

场等优势资源，为湖南武陵山片区乡村旅游产业发展提供新的动能，有力推动了旅游开发水平和质量提升。

一是推动原有旅游项目提质升级。各地对历史文化底蕴和特色民俗进行了深入、系统的挖掘与整理，把民俗变景观、文化变产品，挖掘特色，提升乡村旅游地文化品位。例如，勾蓝瑶寨积极提升景区知名度和美誉度，连续举办春节庙会，进一步完善村民俗表演队建设，组建146人的民俗文化表演队；岩脚侗寨对原有的侗族芦笙琵琶队伍进行了建整，围绕特色民俗文化主题排演系列具有民族特色的文艺节目，提升了景区的档次。

二是初步建立旅游市场化运营机制。石门县仙洋湖利用民间资本成立了金仙阳旅游投资有限公司，充分挖掘本地旅游资源，将维新周末游、节假日游、自驾游等精品旅游线路推向市场。张家界杨家坪引进红灯芯旅游有限公司投资开发下里巴人花海旅游区，开发具有土家底蕴的花海、烧烤区、帐篷区。花垣县十八洞村利用得天独厚的自然景观优势、特色民俗民风、特色建筑等，成立十八洞乡村游苗寨文化传媒有限责任公司。十八洞村大力发展农家乐、特色民宿、特色旅游商品等乡村旅游业态，实施规范管理、捆绑经营，实行统一接团、统一分流、统一结算、统一价格、统一促销“五统一”管理模式，形成了以乡村旅游业为核心，以猕猴桃为主的种植业，以湘西黄牛为主的养殖业，以苗绣为主的手工艺加工业，以劳务输出业为支撑的“旅游+”扶贫发展格局。

三是乡村旅游的知名度显著提升。首先，企业通过典型采访、大型民俗活动、旅游综艺节目、网购平台现场直播等各类富有新意、形式多样的宣传活动，提升了湖南武陵山片区乡村旅游品牌的知名度。其次，举办传统节庆活动，岩脚村每年均举办姑娘节、立冬节等民族文化主题节会活动，石堰坪村举办土家族古老习俗“糊仓节”活动，苏木绰举办“古法榨油”活动，极大地提升了知名度和旅游魅力。最后，巧借传媒进行宣传报道，苏木绰借助湖南卫视新春走基层特别节目《直播苏木绰》，吸引《湖南日报》《潇湘晨报》和新浪网等省内外主流媒体的专题报道，扩大了旅游地知名度。

（五）企业参与推动农村设施与环境优化

随着企业参与乡村旅游精准扶贫项目的推进，湖南武陵山片区农村基础设施和环境质量得到了显著的改善，旅游精准扶贫效应逐步显现，村民获得了实实在在的收益。

一是乡村旅游景区质量不断提高。旅游景区是乡村旅游精准扶贫的重要载体，在企业的支持下，湖南武陵山片区乡村旅游景区的质量不断提升，民族特色旅游村镇的品牌影响力逐步扩大。公司介入以后，湘西州坐龙峡景区、惹巴拉景区、乌龙山大峡谷景区、老家寨—苗人谷景区成功创建国家3A级旅游景区，景区质量不断提升。2013年吕洞苗寨被文化部门确定为武陵山片区湘西自治州土家族苗族文化生态保护区试点单位，通道皇都侗族文化艺术团在全国巡回演出，靖州岩脚侗寨获评为国家3A级景区。

二是基础设施显著改善，农户生产生活条件显著提升。企业参与乡村旅游精准扶贫显著改进了湖南武陵山片区环境和基础设施，提升了旅游综合服务能力和旅游发展能力。多数地区实施了饮水安全、通信网络、生活污水处理、垃圾处理等建设，基本实现了道路硬化、村庄绿化、民居美化、环境净化的目标，村民的生产生活条件得到大大改善。公共服务设施不断完善，建立了农家书屋、村卫生所，不少旅游村镇建立了环境保护长效机制，生活垃圾户集村收，统一分类处理，村容村貌明显改善。

三是人文生态环境显著改善。不少地区借助文化站、农家书屋、歌会等宣传教育平台，加强文化知识的宣传，群众的发展意识、环保意识、参与意识、守法意识得到很大提高。民族文化设施不断完善，为传承民族文化提供了平台和空间；不少地区建有体现民族特色、地方特色的标志性建筑，如村标、文化广场、文化长廊等，为传承民族文化营造了良好的氛围。

四是特色民族文化得到保护传承。民族文化传承效果显著，通过大力发展民族风情游、民族文化培训，有力地推动民族传统文化的传承和保护，村内许多独特的传统文化和民间礼仪习俗得以流传。乡村民风民俗得到活态传承，各地鼓励和引导村民将民族语言、服饰、歌舞、生产技术和工艺、民俗等融入日常生活，发挥民族文化传承人的作用，活态展示民风民俗，传承民族记忆。

（六）企业参与促进贫困农户受益渠道拓展

企业参与乡村旅游精准扶贫，使湖南武陵山片区的贫困农户获取收益的渠道更多，参工参建、公司做工、自主创业、资产收益等都成为农户收入的来源。同时农户的思想观念得到转变，主动脱贫的意识增强，综合素质显著提升。

一是贫困农户收入得到显著的提升。2016 年湘西州乡村旅游接待游客 713 万人次，实现旅游收入 26.1 亿元，带动 37174 人脱贫。张家界旅游扶贫脱贫 21505 人，旅游脱贫贡献率达到 39.45%，农民人均旅游可支配收入达到 3324 元。江永县井头湾村立足本地资源和生态优势，通过与同丰米业、六月香果业、温氏集团等企业开展基地建设，大力发展特色种植业和特色养殖业，开发以古民居、瑶族织锦和观光农业为主的乡村旅游，2015 年全村人均纯收入达到 6000 元以上。桑植洪家关白族乡 2016 年旅游总收入 68 万元，全年累计接待 120 万人次，农民人均可支配收入 7954 元。

二是农户增收致富渠道明显拓宽。在企业旅游开发的带动下，农户的收入渠道更多，特别是资产性收益显著增加，乡村旅游精准扶贫效益显著提升。2014～2016年，邵阳市的崀山、南山、云山、花瑶、望云山、挪溪、黄桑、蔡锷故居、紫薇博览园、湘窖酒业等重点景区共投入景区提质建设资金30多亿元，带动农家乐、购物点、酒店、旅行社共投入100亿元，共带动131438人脱贫。2016年永顺世界文化遗产老司城景区吸纳就业48人，公益岗位安排就业61人，民俗文化表演就业80人，开办农家乐自主创业70人，培育引导村民进行土司农产品开发，推出了老司城鸭蛋、老司城蜂蜜等"老司城"特色品牌。自企业参与投资以来，石门县长梯隘村贫困户中有60余户以各种形式从旅游开发中受益，其中旅游工程及劳务收入约40万元、旅游商品销售收入约35万元、餐饮住宿收入约15万元、林地流转收入约70万元。

三是农户就业与创业机遇显著增多。旅游开发不仅为村民提供了更多的就业岗位，也使其获得了更多的创业致富机遇。凤凰县石头屋总经理麻金梅，流转承包土地300多亩，带动周边村寨农副特产、手工艺品等销售，直接用工28人，带动就业近百人。新宁崀山景区优先安排原住民直接参与景区管理，景区管理岗位原住民比例在50%以上，景区摊点、卫生保洁、保安、护林防火等服务，以及公益性岗位必须在原住居民中安排，建立了78人的保洁队伍和26人的保安队伍。绥宁县上堡古国旅游开发公司聘请六鹅洞村、铁杉林村的48名农户长期从事旅游服务工作，解决了少数民族贫困农户的就业问题。

四是贫困农户的意识得到转变，综合素质得到显著提升。随着企业参与乡村旅游精准扶贫的深入推进，贫困农户思想观念得到改变，主动致富的愿望更为强烈。怀化雪峰山旅游公司斥资数千万元，先后组织2000多名景区村民代表赴桂林、龙胜、西江千户苗寨、梵净山、镇远、婺源、九华山、黄山、张家界、浔龙河、石牛寨等旅游景区参观考察，使景区乡村干部和村民开阔了视野，支持旅游、参与开发的意识大大增强。同时，村民通过与各地游客交往以及外出参观学习，开阔了眼界，增长了见识，思想观念发生了质的飞跃。村民由单打独斗向组织化、团队化转变，成立了众多的旅游合作社。

五是带动形成了一批基层旅游精准扶贫的典型。自 2016 年 3 月桑植洪家关旅游园区开园以来，洪家关白族乡返乡创业者增多，龙头村村支书黄华带领村民发展草莓、火龙果、葡萄等特色蔬果种植，率先实现整村脱贫；张家界万宝山茶业有限公司董事长刘珍元、银杏塔村书记谷忠国、村民王兆波等人带领全村人民发展茶叶种植，耕种茶园千亩，帮助 424 户贫困户实现脱贫增收；南岔村陈文献创新发展淡水基围虾养殖，不仅吸纳当地农户以土地流转、参与劳动等方式实现就业增收，还免费为全乡农户提供养殖技术培训，带领当地群众实现共同致富。

二、企业参与乡村旅游精准扶贫主要经验

（一）党政主导夯实乡村旅游精准扶贫基础

在国家精准扶贫战略的背景下，各级党委政府高度重视发展旅游业，为旅游精准扶贫快速推进提供了强有力的保障。一是强化顶层设计，编制旅游相关规划时把旅游精准扶贫专项规划摆在了重要位置。如湘西州政府编制了《湘西自治州乡村旅游发展规划》，张家界市委编制了《张家界乡村旅游暨旅游扶贫专项规划》，怀化市委编制了《怀化市旅游扶贫专项规划》。二是提升旅游精准扶贫的战略地位。湖南省开展“旅游扶贫示范县”创建

工作，将张吉怀精品生态文化旅游经济带作为“一核三极四带多点”[①] 战略中的“四带”之一强化建设。湘西州将乡村旅游脱贫作为全州精准扶贫十项工程之一。张家界市结合“提质张家界，打造升级版”战略及“1656 行动计划”[②]，大力实施“景点扶贫、线路扶贫、商品扶贫、就业扶贫”四轮驱动旅游扶贫。怀化市连续 3 年每年安排 5000 万元专项资金发展乡村旅游。铜仁市推进了 74 个国家级乡村旅游精准扶贫重点村建设。

（二）建立和完善旅游精准扶贫推进机制

一是加强组织领导，建立组织协调机制。加强激励引导，建立投入奖励机制；加强责任落实，建立督查考评机制。湘西州成立了州、县（市）两级乡村旅游脱贫工程协调小组，实施年度考核。张家界市成立了旅游精准扶贫工作推进组。各地党委政府建立和完善了旅游精准扶贫的保障机制。二是开展评选活动，提升乡村旅游发展水平。以创建国家全域旅游示范区为抓手，积极打造精品景区，培育旅游核心吸引物。湘西州 2016 年评选 10 家乡村旅游示范村、10 家星级农家乐、10 家特色民宿和 10 种特色旅游商品，促进乡村旅游提质升级。2016 年怀化市命名 34 个旅游扶贫示范村，带动和引导更多贫困户通过乡村旅游实现持续稳定脱贫致富。三是加强人员培训。依托高等院校的旅游院系，用短期培训等方式提高乡村旅游从业人员的旅游技能；开展乡村旅游带头人专题培训，发挥示范引领作用。

（三）整合资源推动旅游产业融合发展

助推农村相关产业与旅游融合发展，打造特色品牌，提升扶

---

① 中共湖南省委关于制定湖南省国民经济和社会发展第十三个五年规划的建议［EB/OL］. http：//www. hunan. gov. cn/xxgk/fzgh/201512/t20151203_4902817. html.

② “1656 行动计划”是指《提质张家界、打造升级版——张家界加快推进国内外知名旅游胜地建设五年行动计划》。

贫效益。企业参与乡村旅游精准扶贫的示范带动作用显著，为经济、社会发展繁荣提供了更好的条件，不仅引导了当地社会各方面资金的投入，还对相关产业与旅游融合发展提供了重要平台，特色旅游商品开发能力增强。首先，推动旅游与文化融合，开发民族特色旅游商品，加强开发了腊制品、秀布鞋、银饰等民族特色工艺品；其次，推动旅游与特色种养殖产业融合，组建养殖合作社，实现了生态土猪、高山肉牛、土鸡、土鸭、稻田养鱼等项目的规模经营；再次，推动旅游与林业融合，维新镇充分发挥地缘优势，做强脐橙产业，做优两茶产业；最后，推动旅游与特色农业融合，加快特色农产加工产业发展，庙子源瑶寨推动瑶家腊肉、十八酿、山笋、野菜等特色产品加工，提高瑶族土特产的品质和效益。

（四）激发活力推动社会资本参与扶贫

积极争取国家政策和资金支持，积极招商引资，以公司运营为核心，并通过合作社、土地流转等形式完善开发机制。永顺县鼓励农户参与“公司 + 基地 + 农户 + 金融”、土地流转、农户参股、合作经营等现代经营模式，充分发挥合作社和公司的作用，创立农业产业品牌；实现农业生产组织形式和农业经营体制创新，推动企业与贫困户建立合理紧密稳定的利益联结机制。慈利县充分发挥旅游资源，引进红灯芯旅游有限公司投资开发下里巴人花海旅游区，开发具有土家底蕴的花海、烧烤区、帐篷区；引进天赐山旅游有限公司投资 12.5 亿元，开发土家特色休闲养生旅游区；引进外资流转 1200 余亩地，开发千年油桐项目，形成特色的十种油桐花花海，并提炼成优质的桐油。张家界石堰坪村成立了民俗文化传播公司，以土家文化、土家传统建筑推广、旅游工艺品销售等做为主营业务；成立了专业合作社，进行特色养殖、种植，手工艺品制作，提供餐饮服务；通过土地流转对村民闲置的山林、自留地进行流转整合，由对口专业合作社进行统一开发整理，集中利用，最大限度地提高土地收益，促进农民增收致富。

（五）转变思想共建共享旅游精准扶贫效益

转变思想，发挥社会资本和乡贤精英的引领作用，推动企业参与乡村旅游精准扶贫，实现共建共享。怀化雪峰山旅游功能区在新乡贤原大康牧业上市公司主导下，推动以企业为主体的旅游精准扶贫机制，雪峰山旅游公司成立三年来创建两个国家 3A 景区，被学界总结为“旅游扶贫的雪峰山模式”，具有明确的旅游精准扶贫路径：安排贫困户子女在景区就业、项目工程使用景区劳动力、支持景区农民创业（如支持 62 家客栈）、开发旅游商品（如花瑶合作社）、资源入股分红（如房屋、森林、耕地入股）、培训农民，直接和间接受益群众近 10 万人。

（六）创新机制提升旅游开发运营水平

各地积极创新机制，提升旅游综合管理水平。一是积极创新管理机制，推进景区建设水平。如吕洞村采取“公司 + 村集体 + 合作社 + 基地 + 农户”发展模式，组建公司、村集体、合作社“三位一体”的管理班子，形成风险共担、利益均沾、村企联合的经济发展路子，提升了茶旅一体化经营水平。二是推动旅游的公司化运营。如石门县文化旅游投资公司 2016 年成立了长梯隘子公司，将长梯隘旅游开发纳入了统一管理，并投入了 300 万元用于生态停车场建设。三是不断提升旅游宣传力度。如石门长梯隘村先后印刷了多种宣传折页、画册，对旅游景区进行全方位宣传，年接待游客量达 5 万人次，乡村旅游成功创建十大品牌。

三、企业参与乡村旅游精准扶贫绩效案例分析

案例分析法能够用具体的案例将一些抽象化的理论具体化，

不仅能够对现象进行详实的描述，更能够分析探索出现象背后的原因，能够增加实证的有效性，也有助于把握事物的根源。为了更好研究企业参与乡村旅游精准扶贫绩效影响因素，深入细致了解各影响因素的作用效果，立足前文理论基础，通过对武陵山片区案例企业参与乡村旅游精准扶贫绩效情况进行编码，提取影响因素变量，通过案例对比的方式探索开发扶贫绩效影响因素路径模型。

（一）案例研究设计与数据搜集

1. 案例选择

根据研究目的和数据搜集的实际情况，案例选择标准包括以下四个方面：一是企业有一定实力，企业具有一定的旅游精准扶贫能力。二是企业有扶贫措施，企业采取了一系列的措施进行旅游扶贫开发。三是有一定扶贫成效，企业参与乡村旅游精准扶贫后当地的农户收入、发展环境、思想素质、当地产业等均有一定发展。四是案例企业必须成立一段时间，以便获得足够的案例资料。根据这些条件，结合数据搜集的因素，选择湖南武陵山片区的雪峰山生态文化旅游公司（雪峰山旅游公司）、戴安娜玫瑰生物科技公司（戴安娜玫瑰公司）及夯吾苗寨旅游文化公司（夯吾苗寨旅游公司）作为研究对象（见表7－1）。这3家公司都直接参与了湖南武陵山片区的乡村旅游扶贫开发，并取得了一定的扶贫效果，具有一定的典型性。

表7－1　企业基本情况

公司名称	创办时间地点	公司规模	产品业态	扶贫规模
雪峰山旅游公司	2014年溆浦县	2个分公司、2个子公司和1个文化研究会	乡村休闲度假、健康养生旅游	10万余人
戴安娜玫瑰公司	2013年新邵县	拥有1000平方米的玫瑰加工厂房和400平方米的办公楼	玫瑰产业和玫瑰园观光旅游业	1万余人

续表

公司名称	创办时间地点	公司规模	产品业态	扶贫规模
夯吾苗寨旅游公司	2009 年古丈县	夯吾苗寨景区，万亩有机茶园	苗寨旅游、有机茶叶、生态养殖、苗族餐饮 4 大产业	9600 余人

2. 案例资料搜集

为使研究结论具有坚实的事实基础，从而提高理论的信度和效度，故从多个渠道来搜集研究所需要的数据资料，包括深度访谈、实地调研及二手资料。数据整理过程中对多个渠道得到的资料进行了多次比对、相互印证，对有不相符合的地方予以剔除，确保数据资料的真实有效，提高研究结果的有效性。

研究团队对 3 家公司的相关企业管理者、农户进行了深度访谈。为保证访谈效果，研究团队制定了详尽的访谈提纲，并以录音的方式记录了每一位访谈对象的对话，研究成员同时以书面形式记录要点。访谈结束后，研究成员对录音资料进行了总结整理，并转录为文本资料。研究团队具体考察了 3 家公司、乡村旅游精准扶贫的景区、特色产品生产基地及专业合作社等，并对相关组织管理人员及参与农户进行访谈，对当地的乡村旅游精准扶贫情况有更为直观的了解。

二手资料主要包括公开资料和公司提供资料。研究团队检索了企业的官方网站，整理了近年来企业发布的所有与旅游开发相关的信息，并搜集了所有与企业参与乡村旅游扶贫开发有关的新闻报道资料，在实地调研过程中也从企业管理者处获取了较为丰富的关于企业参与乡村旅游扶贫开发的措施、成效等资料。

3. 案例研究思路

第一，通过对搜集到的数据材料的开放性编码、主轴编码和分析，提取出不同影响因素，并对其进行命名。第二，对数据材料的进一步提取整理，通过多案例对比的方式根据不同企业影响因素的差异所导致的企业参与乡村旅游精准扶贫绩效的差异，提出企业参与乡村旅游精准扶贫影响因素对扶贫绩效影响的理论命题。第三，根据理论命题构建理论模型，说明各影响因素对企业参与乡村旅游精准扶贫绩效的影响路径。第四，基于企业参与乡村旅游精准扶贫绩效影响因素对扶贫绩效的影响路径及案例对比分析结果，分析不同影响因素对扶贫绩效的作用机制，为提出提升企业参与乡村旅游精准扶贫绩效对策提供借鉴。

（二）数据分析与编码

结合企业参与乡村旅游精准扶贫绩效的影响因素理论基础，通过调研资料的分析与整理，利用扎根的方式对相关要素进行编码，并提炼变量，编码结果如表7－2～表7－8所示。

表7－2　产业规模编码结果

公司	证据示例	开放性编码	主轴编码
雪峰山旅游公司	成功打造3个3A级景区	景区数量	产业规模
	累计投入近3亿元	投资额	产业规模
	现有员工146人	员工人数	产业规模
	拥有2个分公司、2个子公司和1个文化研究会	公司数量	产业规模
戴安娜玫瑰公司	潭府玫瑰园成功开园迎客	景区数量	产业规模
	公司建地3000亩	基地面积	产业规模
	公司与两个合作社各投资1000多万元建设加工厂	投资额	产业规模
	1000平方米玫瑰加工厂房	加工能力	产业规模
	现有职工70人	员工人数	产业规模
夯吾苗寨旅游公司	夯吾苗寨成为重要旅游景点	景区数量	产业规模
	建成年产200吨绿、红、黑茶生产线；2个生态放养场	生产能力	产业规模
	10800亩有机茶基地	基地面积	产业规模
	苗寨旅游、有机茶叶、生态养殖、苗族餐饮4大产业	产业数量	产业规模

表 7－3　　企业资源编码结果

公司	证据示例	开放性编码	主轴编码
雪峰山旅游公司	传统村寨、秀美田园、历史文化、民俗文化	特色资源	企业资源
	旅游系列商标注册已达 21 个	品牌形象	企业资源
	与中田纳西州立大学进行合作	对外关系	企业资源
戴安娜玫瑰公司	多个注册商标	品牌形象	企业资源
	潭府玫瑰园基地	特色资源	企业资源
	与湖南省农科院签订加工合作协议，与广州、长沙等地客商签订长期供货合同	对外关系	企业资源
夯吾苗寨旅游公司	乡村旅游“古丈模式”、多个注册商标	品牌形象	企业资源
	古丈毛尖、湘西黑跑猪、芭茅鸡；苗族特色民居 319 栋，苗族传统文化	特色资源	企业资源
	与长沙、张家界等地旅行社合作	对外关系	企业资源

表 7－4　　企业运营模式编码结果

公司	证据示例	开发性编码	主轴编码
雪峰山旅游公司	“公司＋合作社＋农户”模式：创新推出贫困户人、房、地、林资源入股旅游开发模式；成立多个合作社	经营方式	运营模式
	“农业＋旅游业”模式	产业融合	运营模式
戴安娜玫瑰公司	“公司＋基地＋合作社＋农户”模式：农民一体化经营，生产、加工、销售一条龙发展	经营方式	运营模式
	“玫瑰园＋旅游业”模式：建设高标准玫瑰观光园，加快玫瑰之乡建设	产业融合	运营模式
夯吾苗寨旅游公司	“公司＋基地＋农户”模式：农民资产入股；成立茶叶、银饰等专业合作社	经营方式	运营模式
	“茶业＋旅游业”模式，形成“山顶茶叶、山腰养殖、山脚苗寨、山边餐饮”	产业融合	运营模式

表 7－5　　区域环境编码结果

公司	证据示例	开放性编码	主轴编码
雪峰山旅游公司	投入资金 12.3 亿元完善景区公路、移动通信、旅游服务中心，整合政策资源	基础设施	开发条件
	成立专家后勤小组	专业支持	政策支持

续表

公司	证据示例	开放性编码	主轴编码
戴安娜玫瑰公司	引进工商资本 2000 万元	资本引进	政策支持
	每亩奖励 1000～1200 元苗木费	财政补贴	政策支持
	成立玫瑰花产业专业合作社，培训农户	专业支持	政策支持
	补贴园区基础设施建设，整合资金 1000 多万元支持产业建设	基础设施	开发条件
	《玫瑰花生态种植及产业化开发项目可行性报告》	规划引领	政策支持
夯吾苗寨旅游公司	建设茶旅观光、茶旅体验、茶旅度假产业区	产业建设	政策支持
	邀请知名专家、学者进行媒体采风、举行茶旅文化节	文化扶持	政策支持
	制定旅游村总体规划	规划引领	政策支持
	配套完善生产、休闲设施，建成大型停车场、3000 米健身路、3 个观景点等设施	基础设施	开发条件

表 7－6　　利益联结机制编码结果

公司	数据	开放性编码	主轴编码
雪峰山旅游公司	带动当地特色产品销售	商品销售	参与机制
	农户以自身的资产入股分红	入股分红	参与机制
	参工参建 600 余人	就业扶持	参与机制
	26 家农家客栈、小额贷款	创业扶持	参与机制
	组建文化研究团队外出考察、工作技能培训	技能培训	能力机制
戴安娜玫瑰公司	租用农户 3000 亩土地建设玫瑰园基地	资产租赁	参与机制
	合作社负责对玫瑰花实行保底收购	商品销售	参与机制
	吸纳农户参与基础设施建设，玫瑰种植、养护工作及玫瑰产品加工等	就业扶持	参与机制
	建成 10 余家农家乐	创业扶持	参与机制
	组织农户就近学技术、开设专家热线、现场指导	技能培训	能力机制
夯吾苗寨旅游公司	农户以自身的资产进行入股，享受企业分红	入股分红	参与机制
	茶叶、畜禽等特色农产品销售	商品销售	参与机制
	每年提供 5 万多个季节零工	就业扶持	参与机制
	农家乐、苗家堂 2 处大型餐饮中心，扶持 100 多农户建立餐宿点	创业扶持	参与机制

表 7－7　　产业绩效编码结果

公司	证据示例	开放性编码	主轴编码
雪峰山旅游公司	景区某黄金周接待游客达 183 万人次	游客人数	产业绩效
	发展农家乐、渔家乐、特产坊等 800 余家，创办水果采摘、水上乐园等 20 余座，特色旅游产业品牌 10 余个	旅游产业链	产业绩效
	旅游休闲小镇四大核心景区	核心景区	产业绩效
戴安娜玫瑰公司	2017 年玫瑰花产值达到 560 多万元	产业产值	产业绩效
	建设以大新、潭府为中心的玫瑰文化观光园	玫瑰观光园	产业绩效
	玫瑰花怒放季节，花茶、精油、花酱等产品供不应求，每个销售柜台收入 4000 元以上	特产销量	产业绩效
	2018 年“五一”前三天，玫瑰园接待游客上万人，门票收入超百万元	游客人数	产业绩效
夯吾苗寨旅游公司	景区年接待游客约 40 万人次	游客人数	产业绩效
	日销茶叶 250 千克左右	茶叶销量	产业绩效
	2018 年上半年旅游特产销售达 1800 万元	特产销量	产业绩效

表 7－8　　扶贫绩效编码结果

公司	证据示例	开放性编码	主轴编码
雪峰山旅游公司	受益农户近 10 万人	受益人数	扶贫绩效
	贫困户每年可从公司获得 10% 红利，每户红利收入达 15000 元；吸收贫困户资产入股 100 余万户，年收益 200 余万元	收入增加	扶贫绩效
	公司就近吸纳 320 多村民上班，其中贫困户 110 多人；村民参工参建 600 余人	就业机会增多	扶贫绩效
	帮助建设 26 家农家客栈；帮助农户获得 5000 万元小额贷款	创业机会增多	扶贫绩效
	与美国大学合作，培训参与开发的农民	思想素质提升	扶贫绩效
	道路硬化、游步道建设、景观坝建设、房屋改造、停车场、旅游厕所等基础和配套设施完善	发展环境改善	扶贫绩效

续表

公司	证据示例	开放性编码	主轴编码
戴安娜玫瑰公司	受益农户1万余人	受益人数	扶贫绩效
	年人均增收可达1.3万元，每户每年增收1万元；玫瑰种植年人均纯收入增加800元以上；土地租金每亩每年300元；公司与农户签订合同包种，以每千克16元的保底价包收购鲜花；农户通过种植玫瑰，根据亩数和种植质量获得数量不等的补贴和奖励	收入增加	扶贫绩效
	常年提供工作岗位400个；解决将近5000余人就业问题；餐饮业带动本村100多人就业	就业机会增多	扶贫绩效
	先后发展起10余家农家乐	创业机会增多	扶贫绩效
	育苗、种植的能力提升	思想素质提升	扶贫绩效
	建成50平方米的旅游厕所及2000平方米的停车坪	发展环境改善	扶贫绩效
夯吾苗寨旅游公司	受益农户9600余人	受益人数	扶贫绩效
	茶叶、畜禽等特产品销售收入8000多万元；获得入股分红	收入提升	扶贫绩效
	为当地农民工提供固定就业岗位320余个；每年提供5万多个季节零工工日	就业机会增多	扶贫绩效
	100户农家餐宿点，可就餐人数1000人以上；客房住宿床位300张	创业机会增多	扶贫绩效
	茶旅文化节提高了当地农民茶文化素养	思想素质提升	扶贫绩效
	水、电、通信等设施完善，通达率100%，生产经营场所、消费服务点均有无Wifi网络	发展环境改善	扶贫绩效

（三）案例对比分析

通过3家案例公司的对比发现，企业实力（产业规模、企业资源）、企业运营模式、区域环境（政策支持、开发条件），以及利益联结机制（参与机制、能力机制）对企业参与乡村旅游精准扶贫绩效具有显著的影响（见表7－9），并据此提出相关命题。

表7－9　　企业参与乡村旅游精准扶贫绩效对比

影响因素	企业名称	证据示例	发展效果	扶贫绩效
企业实力	雪峰山旅游公司 ****	中型企业、星级景区、注册商标21个	惠及10万人	收入 ****
	戴安娜玫瑰公司 ***	小型企业、万亩玫瑰产业、注册商标较少	惠及1万余人	就业 ***
	夯吾苗寨旅游公司 ***	小型企业、茶业和林下种植业、苗文化特色资源利用不足、注册商标较少	惠及9600余人	创业 ***
企业运营模式	雪峰山旅游公司 ****	多个合作社参与；旅游业为主，农业为辅，覆盖范围广	农村经济效益显著	收入 **** 就业 **** 创业 ****
	戴安娜玫瑰公司 ***	以玫瑰基地为核心，合作社参与，一体化经营；玫瑰业为主，旅游业为辅	农村经济效益较好	收入 *** 就业 **** 创业 **
	夯吾苗寨旅游公司 ***	以苗寨旅游为核心，农户参与；旅游为主，茶叶及相关产业为辅，覆盖范围一般	农村经济效益较好	收入 *** 就业 **** 创业 **
区域环境	雪峰山旅游公司 ****	政策支持力度较大，专业支持	形成4大核心景区	发展环境 ****
	戴安娜玫瑰公司 ****	政策支持力度较大，资源整合，专业支持，规划引领	湖南省规模最大的玫瑰产业园	发展环境 ****
	夯吾苗寨旅游公司 ****	政策支持力度较大，资源相对分散，缺少专业支持	打造苗寨景区，茶业成为富民产业	发展环境 ****

续表

影响因素	企业名称	证据示例	发展效果	扶贫绩效
利益联结机制	雪峰山旅游公司 ****	收入来源广、收入高；就业创业机会多；完善的培训机制	资产入股 100 余万户，年收益 200 余万元，分红超过 15000 元/人；农家客栈年收入达 30 万元	收入 **** 就业 **** 创业 **** 思想素质 ***
	戴安娜玫瑰公司 ***	收入来源较广；以资产租赁代替资产入股；培训机制较完善	土地租借收入 2000 元/人/年；10 余家农家乐，收入可达 100 多万元	收入 *** 就业 **** 创业 ** 思想素质 ***
	夯吾苗寨旅游公司 ***	收入来源较广；培训机制不完善；创业机会受限	2 处大型餐饮中心；每个农户分红将近 5000 元	收入 *** 就业 **** 创业 ** 思想素质 ***

注：影响因素星级含义：***** 条件优越，**** 条件良好，*** 条件一般需加强，** 条件较差，* 条件差，判断依据调查材料；减贫成效星级含义：***** 非常好，**** 良好，*** 较好，** 一般，* 较差，判断依据调查数据；此处的评级为相对评估结果，并不是绝对的。

1. 企业实力影响企业参与乡村旅游精准扶贫的减贫规模

企业实力体现在企业规模和资源等方面。企业规模决定了企业参与乡村旅游扶贫开发的能力，也决定了企业能否通过发展产业带动当地农民脱贫致富；企业规模差异决定了企业投入资金、进行旅游开发的程度等方面的差异，在一定程度上导致旅游精准扶贫效果不同。企业资源是企业参与乡村旅游精准扶贫的基础，如特色资源、对外关系、品牌形象等资源直接影响企业产品开发及关系网络构建能力的不同，从而导致旅游精准扶贫效果差异。因此，企业发展成果差异会导致企业参与乡村旅游精准扶贫的绩效差异。企业实力决定企业参与乡村旅游扶贫开发的能力，也决定企业是否能够通过发展产业带动当地农民脱贫致富。由表

7－2、表7－3和表7－9可知，3家企业的产业发展和扶贫绩效均有差异，雪峰山旅游公司是中型企业，有21个商标品牌；戴安娜玫瑰公司及夯吾苗寨旅游公司规模相对较小，商标少于雪峰山旅游公司，企业实力相对较弱。在产业发展效果方面，雪峰山旅游公司利用星级景区及相关旅游服务产品获得旅游收入；戴安娜玫瑰公司以发展玫瑰产品为核心，借助旅游带动其他产业发展；夯吾苗寨旅游公司是以苗寨旅游为核心，带动茶产业和林下种植业等其他产业发展，但由于龙头企业为村办企业实力有限，因此产业发展水平相对较低。在利用产业发展带动农民脱贫致富方面，雪峰山旅游公司也要明显优于其他2个公司。基于此，本研究提出如下命题：

命题1：企业实力影响产业发展效果，进而影响企业参与乡村旅游精准扶贫的绩效。

2. 企业运营模式影响乡村旅游扶贫开发的综合效益

运营模式主要体现在经营方式和产业融合方式。经营方式，即企业通过何种方式发展产业，并将产业发展成果与农户共享实现带动脱贫，经营方式差异导致产业发展效益差异；如“公司＋农户”模式中，若公司对当地农户不能提供针对性帮扶，则不能发挥真正的扶贫效果。产业融合主要指企业通过旅游产业带动其他产业发展的能力，旅游产业的发展规模、带动能力、辐射范围等决定了产业融合的效果。企业参与乡村旅游精准扶贫的运营模式的差异会导致旅游产业发展的成效不同，乡村的整体产业发展效益也有差异。由表7－4和表7－9可知，3家企业的农村经济发展和扶贫绩效均有差异，在经营方式方面，雪峰山旅游公司利用“公司＋合作社＋农户”模式，多个合作社参与最大限度地整合当地有效资源，吸纳当地农户参与产业发展进程中，发挥扶贫效益。戴安娜玫瑰公司利用“公司＋基地＋合作社＋农户”模式经营当地主导产业，利用一体化经营模式，有效节约了生产、加工、销售过程中的成本。夯吾苗寨旅游公司以苗寨旅游为核心，村办企业为龙头，利用“公司+基地+农户”模式，农户的创业激情发挥不足。在产业融合方面，公司均是通过旅游与相关产业融合推动发展，但夯吾苗寨旅游公司和戴安娜玫瑰公司的品牌知名度有限，雪峰山旅游公司已成功建立若干3A级以上景区，从而带动周边农民共同参与旅游业发展，共享产业收益，旅游业产业链条要比农业长，辐射范围更广，能够带动更多当地贫困户参与，惠及的人群更广，因此扶贫效益要更高。基于此，本研究提出如下命题：

命题2：企业运营模式影响农村经济整体效益，进而影响企业参与乡村旅游精准扶贫的绩效。

3. 区域环境影响企业参与乡村旅游精准扶贫的整体条件

区域环境主要体现在政府政策支持和开发条件。政府通过提供包括文化、资金、专业、规划等方面的支持，为企业参与乡村旅游精准扶贫奠定良好的发展基础，通过财政补贴等扶持措施能鼓励企业参与旅游开发，成立合作社、专家后勤小组等专业扶持能够解决产业发展过程中出现的各种问题，推动企业整合各方资源更好地发展乡村旅游，提高旅游扶贫开发效率。区域环境可以为企业参与乡村旅游精准扶贫奠定良好的发展基础条件，使得企业能够整合各方资源更好地发展当地产业。由表7-5和表7-9可知，3家企业的区域环境和扶贫绩效均有差异，在政府支持方面，3家企业所在地政府均提供了一定程度帮扶。在政策扶持方面，雪峰山旅游公司在景区建设上得到了当地政府的大力支持，而戴安娜玫瑰公司当地政府通过奖励补助的方式激励农户参与产业发展也取得了较大成效。在专业支持方面，雪峰山旅游公司与戴安娜玫瑰公司均有专业团队支持，解决了产业发展过程中的较多问题。在开发条件方面，雪峰山旅游公司和戴安娜玫瑰公司均投入大量资金整合当地有效资源进行旅游开发，有效改善了发展旅游业的环境。基于此，本研究提出如下命题：

命题3：区域环境影响企业参与乡村旅游精准扶贫的发展基础，进而影响企业参与乡村旅游精准扶贫的绩效。

4. 利益联结机制影响企业参与乡村旅游精准扶贫的实际扶贫绩效

利益联结机制主要包括参与机制和能力机制。参与机制主要是指农民通过参与产业发展过程，如就业、创业、销售特产、入股分红、资产租赁等方式共享产业发展效益；科学有效的参与机制能够以直接或间接的方式将产业效益分享给农户，实现产业减贫的目标。能力机制是指提升农户的专业技能，促使他们能够积极地参与到产业发展过程中来，为有意愿参与旅游开发的农户提供发展机遇，共享扶贫收益。利益联结机制关系到农户如何与企业共享产业发展效益，合理有效的利益机制能够更好地将产业效益分享给农户，实现产业减贫、目标。由表7－6和表7－9可知，3家企业的利益联结机制和扶贫绩效均有差异。创业机会方面，雪峰山旅游公司通过与金融机构合作为农户获得小额信贷提供便利，积极地支持农户开展创业活动，而另外两个企业主要是吸收农户参与村寨旅游开发与合作社建设，对农户的旅游创业活动支持有限，农户旅游创业活动成效有限。收入来源方面，雪峰山旅游公司的红利分配比例份额较高，农户能够得到的红利收入也较高；戴安娜玫瑰公司主要以资产租赁的方式利用农户资产，并为农户提供就业机会，农户无法直接享受到产业发展的红利收益。能力机制方面，雪峰山旅游公司与戴安娜玫瑰公司均建立了专门的培训机制，安排了专业人员对农户进行了技能培训，雪峰山旅游公司还安排农户外出交流学习，有效提升了农户的工作技能水平，促使农户更加积极地参与到旅游开发的进程中来。基于此，本研究提出如下命题：

命题4：利益联结机制影响产业发展的利益分配，进而影响企业参与乡村旅游精准扶贫的绩效。

（四）案例研究结论

多案例对比分析可知，企业参与乡村旅游精准扶贫绩效影响因素主要有企业实力、企业运营模式、区域环境及利益联结机制四个方面。企业参与乡村旅游精准扶贫的产业发展直接影响到企业参与乡村旅游精准扶贫的绩效，而产业发展成效受到企业实力（产业规模、企业资源）、企业运营模式及区域环境（政策支持、开发条件）的影响，利益联结机制是实现产业发展成果惠及当地农户的方式，因此为了提升企业参与乡村旅游精准扶贫绩效，需要从企业实力、企业运营模式、区域环境及利益联结机制四方面采取对策（见图7－1）。

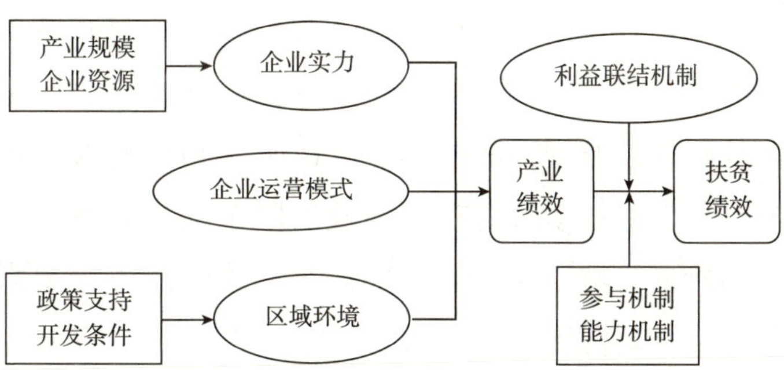

图7－1 企业参与乡村旅游精准扶贫绩效影响因素路径

可以发现，企业参与乡村旅游精准扶贫的绩效还受到多种因素的制约。企业实力方面，规模制约了企业的旅游开发能力；企业竞争力有限，对特色资源缺乏合理的规划利用，资源优势没有得到有效发挥，特色产业规模需要进一步扩大。企业运营模式方面，专业合作社的作用发挥有限，特色资源没有得到有效整合，产业发展受到了一定限制；产业融合不够深入，带动辐射能力不足，扶贫绩效还需要提升。区域环境方面，部分支持政策的落实不足导致产业发展受到了一定影响，专业团队支持不足导致产业发展问题无法得到有效解决，阻碍了产业发展进程；缺少规划引领，导致资源利用、可持续性发展不足等问题的产生；区域基础设施和配套设施建设发展有所缺乏，导致旅游开发条件不优，限制了当地产业的进一步发展。利益联结机制方面，企业由于在就业、创业、改善发展环境、扩大收入来源采取的方式不同，扶贫成效有一定差异，如由于创业条件单一限制了农民的创业选择，扩大收入来源的方式不固定或与产业发展效益联结不紧密导致农民获得的收益有限等问题均降低了扶贫绩效。

企业实力影响企业参与乡村旅游精准扶贫的减贫规模、企业运营模式影响农村经济整体效益、区域环境影响企业参与乡村旅游精准扶贫的发展基础、利益联结机制影响产业发展的扶贫绩效，而企业实力、企业运营模式、区域环境、利益联结机制及扶贫绩效之间存在着一定的影响，通过企业参与乡村旅游精准扶贫绩效影响因素路径模型图的构建，可以了解到企业参与乡村旅游精准扶贫的产业发展绩效与扶贫绩效的联系最为紧密，产业绩效的高低会对企业参与乡村旅游精准扶贫的绩效产生重要影响，而企业实力、企业运营模式及区域环境又是影响产业发展的重要途径，因此企业需要从壮大产业规模、规划企业资源角度提升企业实力；通过产业融合、降低经营成本角度优化运营模式；从政府扩大支持力度、优化开发条件角度改善区域环境，通过这些方式进一步提高产业绩效。利益联结机制是将产业绩效与扶贫绩效联结起来的纽带，合理有效的利益联结机制能够保障贫困人口共享产业发展收益的权利，因此需要对利益联结机制的合理化构建重点关注。通过企业实力、企业运营模式、区域环境及利益联结机制的进一步优化，达到提升企业参与乡村旅游精准扶贫绩效的目标，推动贫困人口脱贫致富和地区经济进一步发展。

第八章 企业参与乡村旅游精准扶贫制约因素与路径探索

2017 年 10 月 20 日，习近平总书记参加党的十九大贵州省代表团审议时指出：脱贫攻坚，发展乡村旅游是一个重要渠道。乡村旅游已成为我国农民就业增收、农村经济发展、贫困人口脱贫的主战场和中坚力量，乡村旅游精准扶贫已成为各级党委政府推进脱贫攻坚工作的重要抓手。企业是乡村旅游精准扶贫的重要主体，在乡村旅游精准扶贫过程中发挥着重要作用。但是，湖南武陵山片区参与乡村旅游精准扶贫的企业数量少、规模小、整体实力弱、参与程度不足等问题都制约了乡村旅游的发展，对当地村民的脱贫致富有限。因此，湖南武陵山片区各地要及时采取有效措施，更好地发挥企业参与乡村旅游精准扶贫工程的重要作用。

一、企业参与乡村旅游精准扶贫的制约因素

调研发现，由于湖南武陵山片区基础条件差，开发难度高，企业参与乡村旅游精准扶贫还面临诸多的制约因素，如企业参与乡村旅游精准扶贫的意识不足或能力有限，农户基本素质偏低，

基础设施严重落后，投资成本偏高，相关的管理机制和环境条件也不完善。

（一）企业参与乡村旅游精准扶贫的意识不足

由于企业盈利本质和扶贫公益的矛盾，企业参与乡村旅游精准扶贫项目的盈利难度大。因此，整体来说湖南武陵山片区参与旅游精准扶贫的企业有限，参与的意识和动力不足。

一是乡村旅游投融资主体单一。当前参与扶贫的企业多是国有企业，国有企业参与扶贫大多是出于政治责任，呈现被动性特征，较少根据自身产业发展来制定扶贫规划，捐赠式、救济式较为普遍。乡村旅游精准扶贫项目基本上以财政投入为主，调动和激发民营企业、旅游企业等主体的投资乡村旅游的力度不够，还没有形成投资主体多样化的良性格局。乡村旅游精准扶贫融资渠道狭窄，乡村旅游精准扶贫难以获得持续、充足的资金保障。乡村旅游经营者多为个体或者村集体，既缺乏专业人才又缺乏先进管理手段，经营效益不高。

二是经营主体和模式单一。部分企业参与乡村旅游精准扶贫的动机具有一定的功利性，但不少地区缺乏有效的激励措施支持及利益引导，企业参与扶贫缺乏动力。乡村旅游经营者多为个体或者村集体，缺乏高端旅游专业人才和先进管理技术手段，经营效益整体不高。乡村旅游的实际经营主体多是以招商引资的方式吸引外来经营者，造成乡村旅游的利益分配流向城市或其他地域多，流向乡村少，当地村民实际得到的收入很少，出现“旅游飞地”现象，使得当地村民对发展旅游的积极性不高，甚至部分村民持反对态度。

三是企业参与乡村旅游精准扶贫程度偏低。部分企业社会责任感不强，没有主动参与乡村旅游精准扶贫的意识，特别是对通过帮扶贫困户参与旅游项目、发展主导产业的兴趣不浓。社会资本参与旅游精准扶贫项目程度不高，缺乏战略投资商开发湖南武陵山片区乡村旅游，制约了旅游做大做强。大部分地区旅游重点村尚未建立乡村旅游股份制公司或乡村旅游发展专业合作社，市场化程度低。相关专业化旅游投资企业、旅游投资发展基金、私募基金等旅游融资方式匮乏。

（二）企业参与乡村旅游精准扶贫的能力不高

受地理位置、交通条件、农民自身素质及自然条件等主客观因素影响和制约，湖南武陵山片区旅游产业规模小，企业层次水平低，旅游产业运营的规模化、集约化、标准化步伐相对缓慢，相关企业参与乡村旅游精准扶贫的能力有限。

一是乡村旅游产品开发水平不高。由于规模小、收入较低、知名度低，相关资源贫乏，导致企业实施有效旅游开发项目的能力十分有限，无法带动当地经济发展。产品开发能力薄弱，湖南武陵山片区不少乡村旅游产品开发依然停留在以“观光游”为主的产品结构阶段，缺乏度假游、养生游、自驾游等“深度游”产品。甚至个别企业不顾旅游市场整体形象，无视市场需求，盲目开发现象严重，粗制滥造开发了一批档次不高、品质低级的旅游产品，难以有效满足不断变化的市场需求，无法形成旅游品牌。部分旅游企业单纯追求营利，打造民族文化旅游品牌时，只强调品类繁多，不经筛选，不作取舍，分散泛化，没重点，无亮点，无法形成深刻印象。

二是缺乏核心旅游吸引物。旅游资源挖掘不够，企业产品开发方式比较单一，旅游开发项目建设不完善，特色化、个性化旅游主题产品供给不足，高端旅游休闲服务设施缺失，扶贫带动能力不足，旅游资源开发同质化严重。产品开发与湖南武陵山片区的生态文化联系不紧密，开发设计较少立足乡村有形的自然资源及乡土文化、乡村民俗等无形文化遗产，盲从和简单效仿，产品乡土特色不明显，技术含量低、档次不清晰、雷同度高，缺乏市场竞争力。

三是产业运营水平低下。不少地方没有制订建设发展规划，有些地方虽然制订了规划，但是并不严格执行；由于投资开发机制未理顺，村民—村集体—政府—企业开发商利益协调不均衡，造成湖南武陵山片区乡村旅游产权冲突与矛盾纠纷。部分企业的旅游运营水平偏低，经营管理能力不高，专业和管理人才较为匮乏；旅游市场营销主要依赖外部媒介力量，自身营销能力薄弱缺乏创意，打造成为特色旅游品牌的村寨偏少。部分新加入乡村旅游精准扶贫工程的企业，无法获得当地贫困人口的信息，导致企业无法实施有效的帮扶。部分企业没有根据实际情况选择与自身产业发展相适应的贫困村组，导致资源不匹配，企业带动能力十分有限。

（三）企业参与乡村旅游精准扶贫的基础支撑有待提升

湖南武陵山片区基础设施十分不完善，水、电、手机网络、乡村厕所、游客服务中心、旅游停车场、景区游道、标识标牌等旅游基础设施和公共服务设施建设仍然滞后，民族村寨风貌损伤严重，企业参与乡村旅游精准扶贫的基础支撑整体较弱。

一是乡村产业发展基础薄弱，缺乏在规划设计、文化发掘、营销策划等方面的专业人才，没有形成专业的旅游开发管理团队。湖南武陵山片区乡村旅游布点比较分散，与周边其他旅游景区的联动能力偏弱，未能形成连片整体开发，整体效益偏低。受地质地貌影响，村寨资源体量不大，小而分散，彼此间相距较远，户不过百户，人不过千人，缺乏视觉冲击力和震撼力，且资源整合的难度大，开发的成本高。

二是乡村公共基础设施严重滞后。不少乡村旅游地处于深度贫困地区，基础设施、服务设施建设上长期处于极端落后状态，水、电、路、环保等设施也需要进一步完善；内部道路交通条件也比较落后，加大了旅游开发成本；外部交通比较滞后，通乡通村道路标准低，路况差且山路弯多，景区可进入性较差，旅游交通费和耗时相对较多，游客量小，难以形成规模经济。

三是乡村旅游服务设施建设滞后。虽然基础设施得到了极大的改善，但整体上旅游服务设施建设比较滞后，还无法满足游客的基本食宿；休闲设施极为匮乏，智慧旅游、旅游信息咨询服务等方面建设依然薄弱，旅游交通、游客中心、旅游厕所等基础和配套设施建设严重不足，游客的体验性和满意度不高。部分地区旅游接待能力较为低下，如农家乐、道路、网络等基础设施以及配套设施建设不齐全，无法满足游客的多样化需求。

四是旅游村镇风貌损坏严重。特色民居破坏严重，部分已经成为危房或者倒塌；部分建筑体的石条、石墩、石柱及独具一格雕有龙凤花鸟门窗、门台楼阁都被盗窃。人为建设性破坏严重，部分村民不顾劝阻甚至无视法律规定，乱拆乱建的现象时有发生，有些村民采用现代建筑材料对原有住宅进行改造。保护方法失当，破坏了村镇原生态环境，建筑风格已经缺乏民族特色元素，缺乏民族村居的亮点和特色。

（四）企业参与乡村旅游精准扶贫的管理机制待完善

现有体制下，旅游精准扶贫发展涉及的管理部门有旅游、农业、林业、国土、环保、文化等，部门之间还没有一个有效的协同治理机制，湖南武陵山片区企业参与乡村旅游精准扶贫的管理机制待优化。

一是工作协调机制有待完善，推进合力不强。乡村旅游精准扶贫工作涉及诸多部门，由于缺乏专门的指导和规范文件，导致各部门缺乏协调，尚未形成乡村旅游精准扶贫的强大合力，同时还导致部分特色旅游村镇与普通村庄风格趋同，民族特色丧失。

缺乏优惠政策支持，企业参与乡村旅游精准扶贫的热情不高，难以将企业的财力、物力、人力等资源投入乡村旅游精准扶贫建设中，企业的乡村旅游精准扶贫效果也就不突出。

二是缺乏长效扶贫参与机制，村民获益有限。贫困户的收益主要来源于自身的工作情况，自身的收益完全依赖于当地的工资水平。部分地区规划不到位，缺乏专项保障和针对性强的政策措施，使之缺乏规划的科学指导；缺乏全域旅游开发理念，与相关产业的融合水平有限，企业参与相关产业运营有一定的难度；村民参与旅游开发的难度比较大，通过旅游获取收益的渠道狭窄，旅游富民效应亟待提升。利益联结机制不完善，贫困农户的收益渠道单一，扶贫效果难以得到有效提升。不少贫困户的旅游收益主要来源于自身的创业活动，但是这种创业活动收益完全依赖于农户个人能力情况，弱势群体收益无法得到保证。

三是旅游建设资金投入不足。由于乡村旅游精准扶贫项目涉及面广，启动资金需求量大，筹集资金难度偏大。受地理位置、交通条件、农民自身素质等主客观因素影响，招商引资难度大，目前的旅游建设资金以地方财政投入为主，利用外部资金的比例比较少，资金来源渠道单一。多数乡村旅游地属偏远落后地区，村集体经济薄弱，生产资金短缺，村级组织的自身造血能力不足，自身资金筹措难度较大。扶贫支持资金基本用于基层设施建设，真正用于景点打造的资金偏少，加上建设成本偏高，后续投入压力很大。缺乏扶贫资金支持，使得企业的乡村旅游精准扶贫项目无法得到有效实施，尽管有些扶贫项目能够顺利实施，但由于缺乏资金保障，乡村旅游精准扶贫项目的质量无法得到保证。

（五）企业参与乡村旅游精准扶贫的环境条件待优化

由于湖南武陵山片区属于深度贫困地区，资源整合难度大，支持制度持续性差，农户参与能力不足，企业参与乡村旅游精准扶贫的环境有待优化。

一是产权资源整合难度大。旅游开发土地流转相当困难，湖南武陵山片区企业进行旅游统一规划开发难度大。土地、林地承包到人后村民把地当成是自己的私有财产，任何规划都很难落实，征田征地十分困难，老院落中废弃宅基地多，因权属问题企业无法集中统一规划。乡村旅游资源的私有产权与公共利益的混杂，难于清晰界定，房产为村民私有，土地为集体所有，大部分土地、林地已经实行承包责任制，私人管理，导致村民为求短期利益而侵害公共利益的行为不时发生。

二是乡村生态环境问题日益突出。由于乡村旅游开发的相关规划执行不够严格，乡村生态破坏比较严重，特别是山林梯田等资源。同时，随着乡村旅游的开展，不少农户利用旅游客源实施农家乐、农家客栈等创业项目，但在经营中缺乏环保意识，乱丢垃圾和乱排废水问题严重；加上乡村本身的卫生设施不完善，严重影响了乡村整体的发展环境。

三是企业参与乡村旅游精准扶贫支持制度亟待优化。缺专业化的高水平规划开发，缺科学完整的配套制度，缺有力有效的市场与品牌营销，缺高效的有活力的公司化运作。旅游管理机制不够灵活，适应性差，一放就乱、一管就死的问题突出。政策配套不足，农家乐、特色民宿等新型旅游业态发展难度大。乡村治理不完善，农村经济合作组织的培育和发展不足，导致部分地区的资源无法整合，农户缺乏参与扶贫的意识，乡村旅游发展秩序较为混乱。缺乏相关旅游规范条例，部分地区的乡村旅游业发展显得十分无序，制约了当地乡村旅游经济的发展。缺乏相关平台建设，部分贫困地区无法与其他地区的企业进行沟通交流，信息获取渠道受到了限制。

四是缺乏高质量人力资本。缺乏专业人才的引进，部分贫困地区旅游人才储备不足，无法提供优质服务。乡村“三留两空”问题十分严重，青壮年大多外出务工，村里只剩留守儿童、留守老人、留守妇女、空巢老人，企业参与乡村旅游精准扶贫缺乏人力资源基础。缺乏青壮劳力，农事体验、文体表演、节庆活动等许多乡村旅游项目就无法开展，风俗文化和乡村生活也不能自然呈现或主动表演，严重削弱了乡村旅游精准扶贫潜力。农民素质整体较低，加上教育程度不高或缺乏系统的旅游专业培训，导致旅游服务素质较为低下。

二、推动企业参与乡村旅游精准扶贫的优化路径

文化和旅游部相关负责人表示：乡村旅游已成为我国农民就业增收、农村经济发展、贫困人口脱贫的主战场和中坚力量，各地区要从农村实际和旅游市场需求出发，坚持“生态优先，绿色发展；因地制宜，特色发展；以农为本，多元发展；丰富内涵，品质发展；共建共享，融合发展”基本原则，强化规划引领，完善乡村基础设施建设，优化乡村旅游环境，丰富乡村旅游产品，促进乡村旅游向市场化、产业化方向发展；要充分发挥旅游产业优势有效带动脱贫，注重利益分配确保精准扶贫，坚持保护与开发并重原则寻求创新突破，切实走出一条符合贫困地区旅游业发展的扶贫之路①。因此，针对影响旅游精准扶贫的制约因素，湖南武陵山片区要以共享发展理念为引领，从企业、农户、支持基础、管理机制和环境条件等层面入手，不断优化企业参与乡村旅

① 刘麟，肖瑛．全国乡村旅游与旅游扶贫工作取得阶段性成果［EB/OL］．经济日报—中国经济网，http：//www.ce.cn/xwzx/gnsz/gdxw/201809/14/t20180914_30306743.shtml，2018－09－14.

游精准扶贫的路径。

（一）创新企业参与乡村旅游精准扶贫激励机制

旅游精准扶贫工作是一项系统工程，湖南武陵山片区要坚持政府主导、村民主体和企业参与的原则，以全域旅游开发理念为基础，强化政府服务意识，出台激励措施，鼓励社会资本特别是企业介入旅游精准扶贫领域，提升企业在旅游精准扶贫中的作用。

一要提升企业参与乡村旅游精准扶贫的意识。要以共享发展理念为引领，积极向企业宣传扶贫政策和优惠措施，重点向企业家、乡村能人、旅游创客等进行湖南武陵山片区乡村旅游精准扶贫项目的宣传，提升其主动参与扶贫的意识；要通过政策创新和税收优惠等措施，引导企业承担更多的社会责任，积极参与湖南武陵山片区乡村旅游精准扶贫工程。建立扶贫专项资金，对企业参与乡村旅游精准扶贫过程中的重大扶贫项目予以专项支持，提升企业参与信心，确保乡村旅游精准扶贫效果；扩大优惠政策扶持力度，鼓励商业银行等金融机构，对参与乡村旅游精准扶贫工程的企业，给予信贷支持。

二是要创新企业参与乡村旅游精准扶贫的形式。要强化对企业参与乡村旅游精准扶贫的引导，并纳入当地经济社会发展规划，帮助企业进行规划的拟定和实施，帮助解决规划和建设中的困难和问题。发展“能人推动、村民参与、创客引领”的多样化乡村旅游开发主体，大力招引投资集团、百强企业、大型私企、大型国企、上市公司、旅游产业集团开发湖南武陵山片区乡村旅游。通过转包、转让、入股、合作、租赁等方式组建股份公司合作开发，或通过卖断经营权、独立开发等形式参与湖南武陵山片区乡村旅游精准扶贫项目。建立信息共享机制，通过大数据平台的开发，将贫困户的基本信息、发展情况等录入共享平台，提高乡村旅游精准扶贫效率；当地政府可建立当地专有的扶贫 APP 展示当地的乡村旅游精准扶贫信息，方便企业参与乡村旅游精准扶贫。

三要完善企业参与乡村旅游精准扶贫的支持机制。推动湖南武陵山片区各地设立乡村旅游创业引导基金，支持能人创办农家乐和小微型旅游企业；要强化产业融合引导，支持其他经济组织，特别是农村经济组织和专业合作经济组织积极投资旅游项目。打造湖南武陵山片区乡村旅游创业服务平台，鼓励多种渠道引入社会资本发展湖南武陵山片区乡村旅游，充分利用现有的旅游资源基础，大力推进湖南武陵山片区乡村旅游创业基地建设，构建良好的创业平台。积极打造乡村旅游精准扶贫宣传平台，为当地企业创造更多的平台用以宣传旅游产品，组织旅游企业到全国主要旅游客源地开展专场营销活动，集中推介特色旅游产品，并与其他旅游企业进行交流，开展多方合作。

（二）提升企业参与乡村旅游精准扶贫能力水平

企业作为旅游精准扶贫的重要主体，其参与扶贫的能力直接决定了扶贫的效果。因此，湖南武陵山片区要从技术、产品开发、组织治理、运营管理等层面支持企业提升参与乡村旅游精准扶贫的能力。

一要培育企业扶贫能力。搭建湖南武陵山片区乡村旅游精准扶贫平台，发挥市场在资源配置中的决定性作用，为企业参与乡村旅游精准扶贫创造条件，提升企业参与乡村旅游精准扶贫的能力。从资源整合能力入手，通过打造资源共享平台，构建企业参与乡村旅游精准扶贫等能力的培育与提升机制。树立企业在湖南武陵山片区乡村旅游精准扶贫中的主体地位，通过股份制、联营等方式改变企业的短期行为，减少企业为追求短期业绩而实施运动式投资、掠夺式开发等问题。优化企业参与乡村旅游精准扶贫路径，引导企业为农户提供就业创业机会，通过有偿征收农民土地、房屋等提高农民资产性收入，助推乡村产业发展，帮助乡村形成主导产业，从而带动其他产业发展。

二要支持企业提升旅游产品开发质量，打造旅游核心吸引物。要大力支持公司进行资源与资金整合，提高旅游开发品质，提升旅游精准扶贫效益；要因地制宜，着重发掘、提炼和开发以民族歌舞、民族体育、民族节庆、民族饮食文化和民族建筑等内容的民族文化旅游产品，以形成特色鲜明的旅游吸引物。充分利用乡村旅游地的特色农业产业，建设生态休闲、观光、体验型旅游休闲点，让游客亲手体验生产、采摘等环节的乐趣，增加村民经济收入。创新“旅游 +”模式，拓宽当地农产品的销售渠道，并利用特色农业资源吸引游客，推动贫困地区“旅游 + 农业”实现优势互补，促进产业融合发展。

三要支持企业提升旅游产业运营管理水平。深入挖掘整理旅游资源，通过团队运营与整体策划，运用现代旅游思维包装、开发和推介，并形成联动效应。要注意适度商业化，将本地的特色产品卖给游客，增加当地村民的收入。加强经营管理指导，提升扶贫资金使用效率，带动地方脱贫致富。进一步加大对湖南武陵山片区乡村旅游的宣传、推介力度，引进优秀团队和人才，通过专业团队规范化运营和管理企业，推动乡村旅游公司上市。创新“公司 + 基地 + 合作社 + 农户”商业模式，由基地负责旅游产品的生产，利用当地专业化合作社实现对当地农民的集中管理，让当地贫困户能够直接参与到企业进行旅游开发活动的过程中，共同分享企业参与乡村旅游精准扶贫工程的成果。

四要重视对本地企业的培育。各地要根据区域实际选择科学的经营模式，村集体产业实力比较强的村寨可以直接采取以合作社为核心的开发模式，集体产业比较薄弱的村寨则可以采取以外部（本村）投资者为主的模式，作为旅游目的地的村寨可以成立以旅游协会（公司）为核心的模式。扩大本地旅游企业影响力，积极吸纳专业人才，壮大企业规模；打造旅游品牌、公关宣传、多元合作、开展优惠活动来提高企业知名度，从而提高企业影响力。大力推进湖南武陵山片区乡村旅游项目建设，通过引进旅游大企业集团，学习其先进的管理技术和管理方式，支持其产业链条延伸和产品创新。

（三）夯实企业参与乡村旅游精准扶贫基础支撑

湖南武陵山片区要从产业发展、基础设施建设、资金投入等方面完善乡村旅游精准扶贫基础条件，壮大农村集体经济实力，夯实企业参与乡村旅游精准扶贫基础支撑。

一要强化乡村旅游产业发展基础。要以乡村旅游目的地建设为依托，推动旅游产业提质升级，创建民族特色旅游品牌，高起点规划建设旅游功能区，加强区域内协作和联合，促进资源共享和优化整合，实现湖南武陵山片区乡村旅游绿色可持续发展。要完善人才与智力支持机制，鼓励专家学者参与湖南武陵山片区乡村旅游精准扶贫，发挥科研院所、企业等社会力量在湖南武陵山片区乡村旅游精准扶贫中的积极作用。支持和鼓励高等院校、科研院所的专家积极主动研究，参与乡村旅游精准扶贫规划设计，总结经验教训，提供智力支持。

二要完善旅游基础设施。要以全域旅游发展为基本理念，实现湖南武陵山片区乡村旅游精准扶贫中多规合一，提升旅游接待水平，提升游客的体验性。要完善水、电、手机网络、乡村厕所、游客服务中心、旅游停车场、景区游道、标识标牌等旅游基础设施和公共服务设施，满足游客的食宿等基本需求。继续完善以水、电、路、气、房和环境改善到家到户为主要内容的“六到农家”工程建设，进一步改善民居环境和旅游环境；开展农村环境卫生整治，做到农户庭院整洁、村民讲究卫生、村容整洁、生态文明；要提升乡村旅游公路等级，提质景区交通环境，满足乡村旅游精准扶贫需要。

三要加大资金支持力度，强化民族村寨保护力度。要多渠道整合资金，加大乡村旅游精准扶贫的投入力度，积极争取上级支持，在项目资金安排上重点倾斜，为湖南武陵山片区乡村旅游精准扶贫提供更好的资金支持。壮大乡村旅游精准扶贫扶持资金，增加国家级、省级政府对湖南武陵山片区的资金扶持规模。拓宽融资渠道，在旅游发展、产业培育、文化整理等方面予以大力支持，提高旅游村寨品位与档次。加大湖南武陵山片区资金与项目倾斜力度，提高对基础设施建设的项目资金补助标准。

四要积极壮大集体经济实力。要以村集体经济和村经济组织建设为重点，强化湖南武陵山片区的内生能力建设；通过外部企业的旅游精准扶贫活动的带动与示范作用，培育本土市场参与主体；要以基层党组织建设为核心，组建村级经济主体组织管理机构，负责集体经济日常的管理运营，特别是与外部市场的交流与合作，夯实乡村旅游精准扶贫的治理基础。推动成立村寨民族文化研究小组，加大对民族文化的挖掘整理和展示力度，积极策划主题节庆活动，打造乡村特色文化演艺；积极引进和发展旅游新业态，因地制宜规划开发写生基地、摄影基地、拓展基地、健身步道、自行车基地、自驾基地等旅游产品。

（四）健全农户旅游精准扶贫利益保障机制

湖南武陵山片区要坚持共享发展理念，构建科学的制度与规则，提升农户自我发展能力，形成旅游开发的农户参与机制，构建农户与旅游价值链的利益联结机制，切实保障贫困农户的利益。

一要加大宣传力度，引导村民转变观念。加强宣传引导，改变村民的精神面貌，有计划地开办专题讲座，调动村民积极参与乡村旅游精准扶贫的自觉性和主动性，引进社会资本积极参与，形成政府部门与企业、农户共同参与的良好氛围。引导农户树立共享发展意识，愿意通过各种共享机制实现脱贫，提升村民对旅游开发的支持度，减少村民与企业的矛盾和冲突；引导农户树立自我发展的理念，增强农户的自我发展能力。

二要提升农户的参与及获益能力。根据农户实际需求，加强法律法规、文明礼仪、科学技术、环保知识、服务技能等方面的培训，切实提升湖南武陵山片区农户的参与能力。乡村旅游人才培训要争取与教育、农业、人社、民政等部门人才培训规划对口合作，分级分类开展管理人才培训、专业技术人才培训、旅游从业人员培训等，重点要对乡镇干部、旅游产业带头人、经营户进行发展旅游的培训，更新发展理念。通过开展社区活动、广播宣传、社区管理者探访等方式大力培育农户的参与意识，促进政府、村寨以及农户的良好互动与合作；为村民开展技术培训、文化活动，提高村民思想文化素质。引进大学生村干部、专业技术人才、旅游职业经理人等专业人员，鼓励他们参与乡村建设，扩大贫困地区人才储备。

三要建立贫困农户与产业链的利益联结机制。充分尊重村民的权利和意见，切实保障农户在旅游开发中的权益。发挥市场机制作用，使农户与市场收益直接挂钩，在旅游开发前、开发中、运营中全程开展农户的教育培训工作，实现产业项目与教育扶贫项目的同步推进。提升农户的旅游参与质量，创新旅游精准扶贫参与方式，推动村民以合作社、公司股份制形式参与旅游运营。创新利益共享机制，推动景区利用旅游资源的所有者或经营者采取门票分成的方式让利于民；采用“公司 + 农户”模式，发展休闲和观光农业，促进当地特色农业品种植、加工和销售，依托旅游市场提升农户收益。通过土地流转增加贫困户收入，有偿性征收农民土地房屋，为农民提供土地补贴与奖励性补助；以发放红利的方式与贫困户共享企业经营收益，将贫困户直接引入当地旅游业经营环节中。

四要全力帮助村民打造创业平台。大力鼓励村民自主经营，鼓励能人独立承包、大户联合开发、村集体自主开发、建立旅游合作社等形式开发湖南武陵山片区乡村旅游。扶持发展一批星级农家乐，带动贫困户参与餐饮接待、土特产种养销售等增加收入。大力带动民宿服务业发展，将民宿、农家乐等大众创业平台建设纳入景区整体规划建设，在景区运营中将民宿餐饮纳入公司的统一营销渠道，带动当地农户从事酒店、住宿、农产品、旅游工艺品经营。企业要充分考虑农户的获益需要，如在旅游风情商业街拿出部分商铺，为贫困家庭创业服务，为贫困家庭通过创业脱贫创造条件。让农户直接加入旅游业产业化经营，通过企业与农户签订契约的方式，引导企业通过利润返还的方式，让贫困户直接分享到旅游业经营以及农业特色产品加工和销售的利润。

（五）完善企业参与乡村旅游精准扶贫管理机制

湖南武陵山片区要按照“大旅游、大扶贫、大市场、大协同、大发展”的思路，打造农户与企业的利益共同体，创新利益共享机制，实现企业发展与农户脱贫的协同。

一要建立健全长效管理机制。要以乡村振兴工程为契机，建立健全企业参与乡村旅游精准扶贫的长效管理机制，实现农户的可持续脱贫。要健全领导体制，建立部门联席会议制度，明确各部门的职责任务，做到既各负其责，建立健全民宗、文体、旅游等部门分工协作的工作机制。完善部门协调机制，加强对乡村旅游精准扶贫工作的领导与协调，明确任务，落实责任，确保乡村旅游精准扶贫工作扎实开展并取得成效。完善开发管理机制，通过“政府+企业+农户”的多元化建设主体和利益共享的旅游开发模式，推进特色旅游开发工程。构建完善的旅游精准扶贫绩效评估与考核机制，强化政府的扶贫主体责任。大力支持创客参与湖南武陵山片区乡村旅游创业扶贫，支持农村产业能人、返乡农民工、高校毕业生、退伍军人、城镇失业人员等到湖南武陵山片区进行旅游创新创业。坚持有限政府主导型旅游开发模式，避免政府对贫困地区的直接干预；坚持企业为主体，政府支持的旅游开发方式，政企合作，由企业负责旅游产品运营推广，政府负责旅游产业过程中的审核支持。

二要创新多层级的旅游精准扶贫管理体系。完善旅游精准扶贫协同推进机制，按全域旅游的标准进行规范和整合，进行规划、资金、市场、人员整合，形成合力。坚守法律法规底线的同时，创新工作思路，用活湖南武陵山片区乡村旅游土地使用政策，鼓励各种资本形式在荒山、荒坡、荒滩进行旅游开发，支持农民依法依规开展劳作体验、食宿接待等旅游项目的开发建设。按照“土地确权、两权分离、价值显化、市场运作、利益共享”方针，农业用地和建设用地使用权实行有偿有期限流转制度；推进湖南武陵山片区乡村旅游用地规模化、集约化发展，鼓励农民通过转包、转让、入股、合作、租赁、互换等方式出让承包权；激活农村宅基地资源，鼓励合理利用农村空置房、宅基地和集体建设用地开发旅游项目。要配套乡村旅游精准扶贫系列政策，落实投资、消费、税收、科技、扶贫、贷款、创业等层面对企业参与扶贫的扶持政策。推动企联村活动展开，企业根据自身的情况，选择合适自己特点的贫困村组，让企业的资金、技术、市场资源能够与当地贫困村组的房屋、土地、劳动力资源有机结合。

三要完善旅游精准扶贫主体的利益协同机制。坚持共享发展理念，构建科学的制度与规则，形成湖南武陵山片区乡村旅游精准扶贫的农户参与机制，有效保障农户利益；构建农户利益诉求表达机制和渠道，明确农户在旅游开发中的分红、就业、创业等权益，并以制度的形式确定下来，使农户能够切实享受到旅游开发的成果。构建科学的机制，对旅游资源进行科学的价值评估，确定投资者和农户的利益分配原则，协同各方的利益；引导企业积极参与特色旅游精准扶贫项目，对扶贫绩效高的企业及时进行奖励，以激励更多优质企业参与乡村旅游精准扶贫工程，为湖南武陵山片区发展作贡献；同时，必须要强化对扶贫企业扶贫效果的考核及监管，落实责任追究机制，加大惩罚力度，使企业不敢也不能侵占扶贫资金，切实保障农户利益。

（六）优化企业参与乡村旅游精准扶贫环境条件

湖南武陵山片区要从区域投资环境、治理环境、融资体系、人才体系等层面入手，不断优化湖南武陵山片区乡村旅游精准扶贫环境，为企业参与乡村旅游精准扶贫提供更好的支撑。

一要优化湖南武陵山片区投资环境。强化政府服务意识，出台支持与引导政策，特别是财税金融政策，鼓励社会资本介入湖南武陵山片区乡村旅游精准扶贫领域；加快金融创新，推动旅游资源的资本化，为旅游开发提供更多的资金支持；要统筹利用专项财政资金，重点做好农村风貌改造、公路建设、环境治理、旅游培训等项目。出台相关政策，鼓励和支持各类市场主体参加湖南武陵山片区基础设施建设、特色产业开发和旅游运营，推动旅游与农林业、生态文化、特色手工业等融合发展，增强湖南武陵山片区的自我发展能力。整合当地有效资源，重点对贫困地区的基础设施以及配套设施如标识标牌、交通旅游驿站、公厕进行开发优化，完善贫困地区交通网络布局。要加快旅游标准的制定和修订速度，建立结构合理、层次分明的旅游标准体系；提高旅游业规范管理水平，进一步整顿乡村旅游市场秩序。

二要优化湖南武陵山片区治理环境。政府必须从直接的旅游经营中退出，完善相关的法律制度，重点从基础设施改善、农户利益保障、生态文化保护等层面，为企业参与湖南武陵山片区乡村旅游精准扶贫提供更好的发展环境和条件。发挥基层党建设引领作用，吸收本地致富能人和带头人充实到基层党组织中，支持和壮大基层党组织的战斗堡垒作用，构建科学的运营机制，推动村支两委形成湖南武陵山片区乡村旅游项目的开发主体。构建湖南武陵山片区内部的制度与规则，对企业扶贫行为进行合理有效的监管，保护农户利益和生态环境，支持企业在湖南武陵山片区乡村旅游精准扶贫中的自主经营，杜绝干涉行为。利用农村社区有效整合当地资源，激发农户参与乡村旅游地建设和治理的积极性和创造性。

三要构建多层次的旅游精准扶贫融资体系。要大力招商引资，拓展融资渠道，集聚湖南武陵山片区乡村旅游发展资金。采取政府投资、部门投资争取政策支持资金等方式广泛吸纳资金，并出台优惠政策激活民间资本参与湖南武陵山片区乡村旅游项目建设。通过资源转资本、资本转证券的融资方式，组建乡村旅游投资公司，利用政府融资平台，推动旅游公共服务项目投资。

四要构筑湖南武陵山片区乡村旅游人才体系。注重“村民能手+乡村创客”，借助产业、文化、科技、创新等各领域人才的智慧，壮大湖南武陵山片区乡村旅游发展的人才队伍，推动建立农业专业合作社、农业联合协会、乡村创客基地等组织，实现湖南武陵山片区乡村旅游的全域化、特色化、精品化发展。扶持和吸引本地本籍精英人才，发动村寨产业大户、返乡农民工精英、本地出生的政商学界能人等本地旅游能人投资湖南武陵山片区乡村旅游项目。借助外部高级专业运营人才智慧，聘请一批民族民间文化研究专家作为顾问；引进国内外知名酒店管理集团、旅游营销策划机构、旅游院校和旅行社的高层次人才，提升湖南武陵山片区乡村旅游运营管理水平。

附录1 全国旅游扶贫示范项目名单

为贯彻落实《中共中央　国务院关于打赢脱贫攻坚战的决定》，深入推进实施乡村旅游扶贫工程，进一步激发旅游景区和各方面力量投入旅游扶贫工作，经各省（区、市）旅游部门推荐，2016年8月11日，国家旅游局审核确定了河北省保定市野三坡景区等280个项目为全国旅游扶贫示范项目，并发布了《国家旅游局关于公布全国旅游扶贫示范项目名单的通知》（以下简称“通知”）。通知强调，各地旅游部门要会同相关部门在资金安排、优惠政策享受、人员培训、品牌建设、宣传推介等方面，切实加大对示范项目的支持力度。项目所在地旅游部门要会同相关部门协调做好示范项目申请金融机构扶贫贷款的要素保障、服务协调等工作，促进示范项目持续健康发展，带动更多贫困户和贫困人口通过参与旅游实现脱贫致富。

附表 1

中国旅游扶贫示范项目名单

地 区	景区带村	能人带户	合作社 + 农户	公司 + 农户
河北	保定市野三坡景区 张家口市中都原始草原度假村 石家庄市佛光山景区	范进英（张家口金聚现代农业开发有限公司总经理） 于存永（承德市丰宁县大滩镇小北沟村五湖山庄总经理） 毛志红（平山县苍鹭峰旅游服务有限公司总经理）	崇礼区下三道河山亚湾农业科技生态园合作社 赞皇县原村土布专业合作社 盐山县薛堂果品种植专业合作社 围场县柳塘人家乡村休闲旅游合作社	保定市恋乡旅游开发有限责任公司 承德市万家客栈企业管理有限公司 尚义县彩色坝头旅游开发公司
山西	临汾市云丘山景区 永济市神潭大峡谷景区			
内蒙古	赤峰市玉龙沙湖旅游区 乌兰察布市察尔湖生态旅游度假区 呼和浩特市神泉生态旅游景区		乌拉特前旗荣鼎丰农牧业合作社	巴彦淖尔市百胜旅游服务有限责任公司 内蒙古白桦林生态旅游有限公司
辽宁	葫芦岛市建昌县龙潭大峡谷自然风景区 阜新市细河区黄家沟旅游景区 抚顺市清原红河峡谷景区	唐耀斌（凤城市沙里塞镇大洋河金沙湾旅游开发有限公司总经理）	凌源市青龙河川葡萄产业专业合作社 丹东市宽甸满族自治县天桥沟枫情民俗旅游专业合作社 丹东市万利达花卉种植专业合作社 本溪市代生农作物专业种植合作社	建昌县龙腾生态休闲山庄有限公司 盘锦海韵河风旅游发展有限公司 龙溪谷旅游开发有限公司

续表

地　区	景区带村	能人带户	合作社 + 农户	公司 + 农户
吉林	长春市关东文化园 吉林市雾凇岛景区 延边州和龙市金达莱民俗村	张为民（长春市关东文化园董事长） 胡彦（吉林市乌拉街镇韩屯村书记）	德惠市洪瑞德休闲农业游专业合作社	吉林长发兴业休闲农业旅游有限公司 蛟河市农夫花海旅游有限公司 延边区光东朝鲜族民俗旅游服务有限公司
黑龙江	齐齐哈尔市龙腾生态温泉度假庄园 齐齐哈尔市梅里斯湖景区 双鸭山市饶河县四排赫哲族风情园 绥化市黄崖子关东民俗旅游文化村	冷菊贞（双鸭山市饶河县小南河村驻村书记） 周长芬（鸡西市珍宝岛乡饭店总经理） 佟广权（齐齐哈尔市泰来县江桥蒙古族风情园总经理） 任秀波（绥化市北林区西南村文化产业园总经理）	齐齐哈尔昂昂溪区南湖渔场农合水稻种植农民专业合作社 牡丹江市迦南美地葡萄种植专业合作社 富裕县喜利特种养殖专业合作社	齐齐哈尔市富裕县雁翔湖文化旅游有限公司 齐齐哈尔市万华旅游景区管理服务有限公司 伊春市宝宇龙花温泉酒店有限公司
安徽	安庆市潜山县白马潭景区 六安市舒城县万佛湖景区 安庆市太湖县花亭湖景区	孙礼贵（黄山市黄山区“知还农庄”农家乐经营户） 赵福（旌德县庙首镇天山竹韵集团总经理） 尤红凤（太湖县小池镇鱼游鹰飞农家乐休闲中心总经理） 姜万林（太湖县育林农业综合开发有限责任公司总经理）	合肥市三瓜公社	潜山县德馨庄生态旅游发展有限责任公司

续表

地　区	景区带村	能人带户	合作社 + 农户	公司 + 农户
福建	宁德市九鲤溪景区 平和县绳武楼景区 三明市泰宁风景旅游区	胡军(龙岩市永定区富川一甲土楼休闲农家乐经营户) 袁云姬(政和县石屯镇石圳村妇女主任) 包世生(尤溪县联合乡云山村村主任)	龙岩市新罗区培斜生态乡村旅游专业合作社 漳平市拱桥蕉山莲子专业合作社 泰宁县梅口乡水际村家庭旅馆协会	福建汤湖旅游开发有限公司 光泽县神山生态旅游有限公司 福建绿园丰生态农业有限公司
江西	赣州市于都屏山景区 上饶市婺源篁岭景区 景德镇市高岭瑶里景区	舒敏樟(宜春市靖安县致富带头人) 桂佳冶(上饶市鄱阳县美潘农业开发公司总经理) 江伟宏(茅坪乡茅坪村生态农家乐经营户)	德兴市乡屯农业科技发展专业合作社 赣县百家乐蔬菜专业合作社 乐平市百绿果业种植专业合作社	赣州上犹源丰生态旅游发展有限公司 吉安逸乡园现代农业开发有限责任公司
山东	淄博市潭溪山景区 临沂市蒙山旅游区 菏泽市单县浮龙湖旅游区 德州市乐陵千年枣林景区	宋娜(沂南朱家林生态艺术社区总经理) 孙建成(潍坊市临朐县牛寨村农家乐经营户) 付桂海(德州市乐陵市龙悦生态观光园总经理) 张在俊(沂水县院东头镇桃棵子村示范户)	济宁市泗水县南仲都村合作社 枣庄市山亭区徐庄镇湖沟村合作社 沂水县沂蒙景区管委会四门洞村合作社 莱芜市雪野湖旅游区王老村合作社	临沂开元集团压油沟现代农业发展有限公司 沂南县沂蒙红色影视基地旅游发展有限公司 淄博市大芦湖文化旅游公司 淄博市杏山新庐旅游开发有限公司

续表

地　区	景区带村	能人带户	合作社 + 农户	公司 + 农户
河南	洛阳市重渡沟风景区 焦作市云台山景区 信阳市新县田铺乡许世友将军纪念馆	李稳（虞城县豫东花卉有限公司总经理） 晏乃君（信阳市光山县晏岗村村主任） 周观祯（济源市大峪镇太行周庄农家乐经营户）	舞钢市誉森生态农业专业合作社 虞城县幸福种植专业合作社 光山县文殊乡东岳村专业合作社	洛阳白云山旅游有限责任公司 辉县市轿顶山旅游开发服务有限公司
湖北	十堰市五龙河景区 随州市千年银杏谷景区 武汉市木兰天池风景区	闻彬军（湖北先农坛生态农业神峰山庄总经理） 覃登军（恩施市盛家坝乡二官寨养殖合作社总经理） 刘合伍（大冶市龙凤山农业开发集团有限公司总经理）	五峰自治县天蓝蓝果蔬专业合作社 谷城县汉家刘氏茶叶专业合作社 京山县泰康原种养专业合作社	宜昌三峡环坝旅游发展集团有限公司 罗田县燕儿谷生态观光农业有限公司
湖南	邵阳市新宁县崀山旅游区 永州市宁远县九嶷山舜帝陵旅游景区 湘西永顺县老司城景区	石清香（吉首市坪朗村致富带头人） 田邦文（龙山县洗车河镇牙龙湾村村主任）	沅陵县借母溪乡乡村旅游农家乐扶贫合作社 衡东县鸿达湘莲种植专业合作社 桑植县洪家关乡万宝山茶业有限公司（合作社）	溆浦县雪峰山生态文化旅游有限责任公司 江永县兰溪勾蓝瑶寨旅游开发有限公司

续表

地　区	景区带村	能人带户	合作社 + 农户	公司 + 农户
广西	梧州市石表山景区 合山市十里花廊景区 河池市南丹县南丹歌娅思谷景区 河池市巴马县巴马仁寿文化源景区	封远林(容县灵山镇旺维村清香蜜橘基地总经理) 刘永新(玉林市容县松山镇大水瀑布乡村旅游区总经理) 陶柳燕(金秀瑶族自治县罗汉山瑶寨民俗风情表演中心主任) 邓永康(巴马县巴马仁寿山庄总经理)	武宣县码头屯玉马水果种植农民专业合作社 南宁市邕宁区蒲庙镇华康村隆康种植合作社 灵川县海洋银鑫合作社 宜州市古文休闲农业观光旅游农民专业合作社	金秀瑶族自治县旅游开发公司 广西丹泉酒业有限责任公司 广西寿乡国际旅游集团 大新县明仕旅游发展有限公司
海南	三亚市槟榔谷黎苗文化旅游区 陵水县南湾猴岛生态旅游区 琼中县什寒黎苗山寨景区	王国敏(琼中什寒乡村旅游农家乐经营户)	白沙县芭蕉村休闲观光专业合作社	三亚市玫瑰谷产业发展有限公司 海南天涯驿站旅游开发有限公司 海南布隆赛绿心运营有限公司
重庆	武隆县天生三桥景区 巫山县神女景区 涪陵区武陵山大峡谷景区	张晓华(开州区满月乡龙腾山庄总经理) 冉淑琼(黔江区天构旅游发展有限公司总经理) 胡晓芳(奉节县亚源生态农业观光有限公司总经理)	武隆县赵家乡白马山乡村旅游专业合作社 石柱县黄水人家乡村旅游专业合作社鱼池分社	酉阳县冷溪农业投资有限公司 潼南区盛田良品旅游发展有限公司 万州区东坤实业有限公司

续表

地　区	景区带村	能人带户	合作社＋农户	公司＋农户
四川	达州市宣汉县巴山大峡谷景区 绵阳市白马王朗景区 南充市仪陇县朱德故里景区 广安市武胜县白坪－飞龙乡村旅游区	熊纯华（巴中市通江县健森种植专业合作社理事长） 谭琳义（广元市昭化区四川柏林湖旅游开发有限公司总经理） 陈爱军（绵阳市北川羌族自治县曲山镇石椅羌寨支部书记）	巴中市通江县空山天盆乡村旅游专业合作社 绵阳市北川羌族自治县青片乡正河村民俗旅游专业合作社 南充市南部县升钟湖德浩种植农民专业合作社	广安市成都金馨绿化有限责任公司 广元市青川县智宸网络服务有限公司 广元市四川柏林湖旅游开发有限公司
贵州	毕节市百里杜鹃旅游景区 铜仁市梵净山景区 安顺市黄果树风景名胜区 石头寨景区 雷山县西江千户景区	杨兴（遵义湄潭县茅坪镇土槽村黄金树避暑庄园总经理） 夏泽瑜（兴义市万峰林街道办事处上纳灰村麦子山庄总经理） 王龚（贵安新区平寨布依村寨致富带头人） 刘禄胜（江口县寨沙侗寨—月上人家农家乐经营户）	威宁县银龙幸福小镇乡村旅游专业合作社 安顺市大黑村大丰果蔬种植农民专业合作社 贞丰县纳孔村旅游扶贫合作社 兴义市冗渡镇大寨村锦绣坊秧弄民族锦绣专业合作社	娘娘山高原湿地生态农业旅游开发有限公司 开阳县久事旅游生态农业发展公司 普定县秀水旅游资源开发有限责任公司
云南	丽江市玉龙雪山景区 文山州丘北县普者黑景区 红河州元阳哈尼梯田景区	段崇武（丽江市永胜县他留文化发展有限公司总经理） 陈铭（楚雄州姚安县光禄百果园总经理） 邵光炬（红河州泸西县青龙山休闲农业庄园总经理） 杨树云（昆明市石林县万家欢蓝莓庄园总经理）	丽江市玉龙县拉市海印象美泉旅游专业合作社 红河州石屏县龙宏林下养殖专业合作社	普洱市澜沧县老达保快乐拉祜演绎有限公司 大理州宾川县华侨庄园农业科技开发有限公司

续表

地区	景区带村	能人带户	合作社 + 农户	公司 + 农户
西藏	林芝市巴松措景区 山南市勒布沟景区 札达县阿里地区古格土林景区	次央(林芝市巴宜区嘎拉村农家乐经营户) 仁青(林芝市波密县古乡巴卡村农家乐经营户) 顿珠晋巴(日喀则市拉孜县拉孜村旅馆经营户)	林芝市鲁朗镇扎西岗村农牧民农家乐合作社 林芝市巴宜区阿吉林合作社 日喀则市定日县岗嘎镇残障人民族手工业专业合作社	林芝市米林县南伊沟景区旅游开发公司 日喀则市萨迦县元府实业发展有限责任公司 日喀则市桑珠孜区年木乡善美投资管理有限公司
陕西	安康市南宫山景区 商洛市金丝峡景区 宝鸡市黄柏塬原景区	丁明超(铜川新区玉皇庄园有限责任公司总经理) 王三翠(岚皋县嘉瑞祥农产品开发有限公司董事长) 柴桂周(子洲县西峰山庄文化产业开发有限公司总经理)	宁陕县漫沟天成渔业专业合作社 留坝县火烧店镇水磨湾乡村旅游专业合作社 佳县赤牛坬贫困户石磨手工合作社	咸阳市云集文化旅游发展有限公司 黄陵县双龙索洛湾绿地旅游服务有限公司 富平县骐进生态农业科技开发有限公司
甘肃	平凉市崆峒山国家级旅游景区 甘南州冶力关国家级旅游景区 武威市天祝三峡国家级景区	张大宝(兰州市榆中县马坡乡张家寺村党支部书记) 李文平(定西市渭源县乡野香旅游山庄经营户) 朱学(平凉市崆峒区半山村落农家乐经营户) 王林虎(天水市武山县金水湾农家乐经营户)	陇南市康县长坝镇花桥旅游合作社 临夏州和政县富农种苗专业合作社 天水市麦积区麦积镇朱家后川农家乐协会	和政县云发集团 秦州区青鹏山文化旅游发展有限公司 临夏回族自治州康美现代农牧产业集团有限公司

续表

地区	景区带村	能人带户	合作社+农户	公司+农户
青海	青海湖景区 海西州茶卡盐湖景区 海北州祁连卓尔山景区	李维秀（民和县七里寺药泉山庄总经理） 李培东（大通县朔北藏族乡边麻沟村支部书记） 穆兰（湟中县高原酩馏影视文化村总经理）	湟源县波航乡麻尼台农家客栈合作社 同仁县扎毛生态旅游服务专业合作社	循化县博艺旅游文化有限责任公司 西宁市乡趣农业科技有限公司 西宁市高原爽现代农业科技开发有限公司
宁夏	固原市西吉县火石寨景区 固原市六盘山森林公园景区	宁夏回族自治区 焦建鹏（固原市西吉县龙王坝村村长） 张斌（固原市隆德县神林乡神林山庄总经理）	固原市西吉县龙王坝村心雨林下产业专业合作社 固原市泾源县胭脂峡旅游商品合作社	固原市隆德县绿鲜果蔬有限责任公司
新疆	伊犁州特克斯县喀拉峻旅游区 巴州和静县巴音布鲁克景区 阿瓦提县阿克苏地区阿瓦提县刀郎部落景区 生产建设兵团第十师185团白沙湖景区 生产建设兵团第九师165团巴依木扎景区	新疆维吾尔自治区 达禹龙（巴州若羌县阿尔金禹龙山庄经营户） 马国辉（阿克苏地区乌什县水上绿洲农家乐经营户） 阿吉·热合曼（克州阿图什市上阿图什镇喀尔果勒文化游乐园经营户） 新疆生产建设兵团 苏兴旺（第十师185团3连苏氏农家乐经营户）	巴州焉耆县北渠村努尔兰合作社 新和县嘉音乐器农民专业合作社 莎车县圆梦乐园乡村旅游农民专业合作社	克拉玛依市雅丹文化艺术有限公司 阿克苏地区温宿县新疆天山梦城旅游发展投资有限公司 巴州尉犁县新疆罗布人村寨旅游有限责任公司 生产建设兵团第七师阿吾斯奇文化旅游管理有限公司
合计	80	70	65	65

附录2 农户感知调查问卷

问卷编号：

尊敬的女士/先生：

您好，为了更好地进行企业参与乡村旅游精准扶贫绩效的研究，分析企业参与乡村旅游开发对您的生活的影响，吉首大学商学院邀请您协助笔者填写这张调查表。本问卷采用无记名调研方式，所有信息均为保密信息，仅供研究使用，您的帮助对我们至关重要，希望能够得到您的理解和支持，非常感谢你的配合！

一、农户概况

1. 您的性别	①男　②女
2. 您的年龄	①20～30岁　②31～40岁　③41～50岁　④50岁以上
3. 您的文化程度	①小学　②初中　③高中　④大专及以上
4. 您家是否参与旅游开发	①参与　②不参与
5. 您家是否曾属于贫困户	①是　②否
6. 您家现在是否已摆脱贫困	①是　②否
7. 您家每年参与旅游活动带来的收入占家庭总收入的比例	①小于10%　②10%～30%　③30%～50%　④50%以上

二、调查问卷

请根据自己的实际情况进行选择，题目以 1 ~5 分的形式给出，具体表示含义如下：1 表示完全不同意；2 表示不太同意；3 表示不确定；4 表示比较同意；5 表示完全同意。

编号	题项	完全不同意——→完全同意				
A1	部分村民在进行旅游开发后从事服务业（如农家乐的接待人员）	1	2	3	4	5
A2	多数村民在旅游开发后实现了就近工作	1	2	3	4	5
A3	部分村民在旅游开发后从事旅游业（如导游、景区的工作人员）	1	2	3	4	5
B1	多数村民在进行旅游开发后有了更多做生意的机会	1	2	3	4	5
B2	部分村民在进行旅游开发后兴办了农家乐和宾馆	1	2	3	4	5
B3	部分村民在进行旅游开发后有了更多资金进行创业	1	2	3	4	5
C1	多数村民的家庭收入在进行旅游开发后有所增加	1	2	3	4	5
C2	多数村民在进行旅游开发后通过做工有了更多的收入	1	2	3	4	5
C3	多数村民在进行旅游开发后销售了更多的特产	1	2	3	4	5
C4	多数村民在进行旅游开发后获得了更多的资产性收入（如以土地、房屋入股企业享受分红）	1	2	3	4	5
D1	村民的思想意识（如服务意识、工作意识、对企业的认识等）在进行旅游开发后有所更新	1	2	3	4	5
D2	村民的精神风貌在进行旅游开发后比以前更好	1	2	3	4	5
D3	村民的工作技能在企业提供技术培训后有所提高	1	2	3	4	5
E1	在进行旅游开发后带动了本村的产业发展	1	2	3	4	5
E2	本村在进行旅游开发后建立了相关合作社	1	2	3	4	5
E3	本村在进行旅游开发后销售了更多的农产品	1	2	3	4	5
F1	开展旅游扶贫后本村生活条件有明显改善	1	2	3	4	5
F2	开展旅游扶贫后本村社会风气较以前变好	1	2	3	4	5
F3	本村的基础设施（道路、交通）在进行旅游开发后有明显改善	1	2	3	4	5

参考文献

[1] 白丽，赵邦宏．产业化扶贫模式选择与利益联结机制研究——以河北省易县食用菌产业发展为例［J］．河北学刊，2015，35（4）：158－162.

[2] 包军军，严江平．基于村民感知的旅游扶贫效应研究——以龙湾村为例［J］．中国农学通报，2015，31（6）：278－283.

[3] 蔡晶晶，吴希．乡村旅游对农户生计脆弱性影响评价——基于社会—生态耦合分析视角［J］．农业现代化研究，2018，39（4）：654－664.

[4] 蔡克信，杨红，马作珍莫．乡村旅游：实现乡村振兴战略的一种路径选择［J］．农村经济，2018（9）：22－27.

[5] 曹妍雪，马蓝．基于三阶段 DEA 的我国民族地区旅游扶贫效率评价［J］．华东经济管理，2017，31（9）：91－97.

[6] 陈国柱，卢双鹏，程子彪．秦巴山片区旅游扶贫效率测度及精准优化研究［J］．资源开发与市场，2018，34（5）：729－734.

[7] 笪玲，刘晓鹰．相对剥夺视角下乡村旅游扶贫研究——以贵州兴义万峰林社区为例［J］．地域研究与开发，2019，38（2）：124－128.

[8] 邓爱民，张馨方．长江经济带旅游扶贫效率的时空格局演化分析［J］．重庆交通大学学报（社会科学版），2017，17（6）：42－47.

[9] 邓小海，曾亮，等．我国扶贫旅游产业链优化研究［J］．世界地理研究，2015，24（3）：167－175.

[10] 邓小海，曾亮，罗明义．精准扶贫背景下旅游扶贫精准识别研究［J］．生态经济，2014，30（4）：94－98.

[11] 费巍．历史文化名镇名村生态旅游开发利益相关者博弈行为研究［J］．生态经济，2015，31（6）：143－146.

[12] 冯伟林，冉龙权．基于社区参与的西南民族地区旅游扶贫机制构建——以重庆武陵山片区为例［J］．江苏农业科学，2017，45（16）：304－307.

[13] 冯亚芬，俞万源．客家乡村旅游发展时空演变及其动力机制研究［J］．中国农业资源与区划，2018，39（7）：212－218.

[14] 付强，尹佳文．乡村旅游目的地选择及产品偏好的影响因素研究［J］．资源开发与市场，2018，34（11）：1618－1622.

[15] 葛继宏．全域旅游治理的路径探索——以杭州淳安县为例［J］．浙江社会科学，2017（3）：142－147.

[16] 龚艳，李如友．有限政府主导型旅游扶贫开发模式研究［J］．云南民族大学学报（哲学社会科学版），2016，33（6）：115－121.

[17] 桂拉旦，翟玉洁，周小芳．基于时空维度的乡村旅游开发要素分析及战略选择［J］．西北人口，2018，39（5）：90－95.

[18] 郭风华，王琨，张建立，李仁杰．成都“五朵金花”乡村旅游地形象认知——基于博客游记文本的分析［J］．旅游学刊，2015，30（4）：84－94.

[19] 郭凌，王志章．新制度经济学视角下旅游目的地社会冲突治理研究——基于对四川泸沽湖景区的案例分析［J］．旅游学刊，2016，31（7）：32－42.

[20] 何莽，陈惠怡，李靖雯．民族旅游扶贫中的旅游吸引物建设——基于四川兴文县苗族旅游扶贫案例的分析 [J]．广西民族大学学报（哲学社会科学版），2017，39（6）：69－75.

[21] 何燊．关于推进福建省特色产业扶贫的几点思考 [J]．发展研究，2014（7）：99－100.

[22] 黄秀波．生存的政治：民族旅游发展中社区居民的空间争夺与利益博弈 [J]．湖北民族学院学报（哲学社会科学版），2018，36（6）：29－34.

[23] 黄渊基，匡立波，贺正楚．武陵山片区生态文化旅游扶贫路径探索——以湖南省慈利县为例 [J]．经济地理，2017，37（3）：218－224.

[24] 黄渊基．连片特困地区旅游扶贫效率评价及时空分异——以武陵山湖南片区 20 个县（市、区）为例 [J]．经济地理，2017，37（11）：229－235.

[25] 黄忠伟．乡村旅游开发中土地流转风险的产生机制与防范策略——基于博弈论视角 [J]．湖北农业科学，2014，53（4）：936－939.

[26] 李伯华，李嘉玲，窦银娣．景区边缘型乡村旅游地农户生计适应性研究——以大南岳旅游圈为例 [J]．山东农业大学学报（社会科学版），2019，21（1）：26－32.

[27] 李会琴，杨树旺，侯林春，闫晓冉．农户参与视角的旅游扶贫生态效率研究——基于陕西省延安市 4 村 89 户的调研 [J]．陕西师范大学学报（自然科学版），2017，45（4）：98－104.

[28] 李佳，田里．连片特困民族地区旅游扶贫效应差异研究——基于四川藏区调查的实证分析 [J]．云南民族大学学报（哲学社会科学版），2016，33（6）：96－102.

[29] 李瑞，黄慧玲，刘竞．山岳旅游景区旅游扶贫模式探

析——基于对伏牛山重渡沟景区田野调查的思考［J］. 地域研究与开发，2012，31（1）：94－98.

［30］李晓辉，徐晓新，张秀兰，孟宪范. 应对经济新常态与发展型社会政策2.0版——以社会扶贫机制创新为例［J］. 江苏社会科学，2015（2）：67－77.

［31］李燕琴. 旅游扶贫中社区居民态度的分异与主要矛盾——以中俄边境村落室韦为例［J］. 地理研究，2011，30（11）：2030－2042.

［32］李嬴铭，宁永丽，黄潮. 民族村寨旅游扶贫冲突与治理——以勾蓝瑶寨为例［J］. 广西民族研究，2018（6）：148－153.

［33］刘杨星，黄毅. 西部民族地区乡村旅游扶贫机理与路径选择——以四川阿坝藏族羌族自治州为例［J］. 农村经济，2018（11）：73－79.

［34］龙祖坤，杜倩文，周婷. 武陵山区旅游扶贫效率的时间演进与空间分异［J］. 经济地理，2015，35（10）：210－217.

［35］卢冲，伍薆霖，庄天慧. “资本—策略”视角下藏区农牧户乡村旅游经营决策研究［J］. 旅游学刊，2018，33（2）：27－37.

［36］卢丽娟，曹务坤，辛纪元. 民族村寨社区参与旅游扶贫开发的财产制度瓶颈与破解［J］. 贵州民族研究，2014，35（5）：116－119.

［37］卢小丽，毛雅楠，淦晶晶. 乡村旅游利益相关者利益位阶测度及平衡分析［J］. 资源开发与市场，2017，33（9）：1134－1137.

［38］陆林，任以胜，等. 乡村旅游引导乡村振兴的研究框架与展望［J］. 地理研究，2019，38（1）：1－17.

［39］罗云艳. 我国乡村旅游扶贫模式创新与实现路径［J］.

改革与战略，2017，33（9）：97－99.

［40］罗章，王烁．精准扶贫视阈下乡村旅游内生脱贫机制——以重庆市“木根模式”为例［J］．农村经济，2018（1）：51－55.

［41］马道明，陈子晗．外包制乡村旅游“公地悲剧”的产生机制及调控路径——基于安徽黟县N村的调查［J］．河海大学学报（哲学社会科学版），2016，18（5）：60－65.

［42］马慧强，高苹，赵德宇，席建超．旅游目的地网络演化的空间过程及其影响因素研究——以野三坡旅游地为例［J］．资源科学，2018，40（9）：1890－1900.

［43］马勇，李娜．关中印象：旅游媒体TGC中的袁家村乡村旅游地形象感知研究［J］．特区经济，2018（1）：114－119.

［44］毛峰．乡村旅游扶贫模式创新与策略深化［J］．中国农业资源与区划，2016，37（10）：212－217.

［45］孟凯，李佳宾，等．乡村旅游地发展过程中“公地悲剧”的演化与治理［J］．旅游学刊，2018，33（8）：19－28.

［46］孟秋莉．贫困人口视角下的旅游扶贫经济效应研究［J］．统计与决策，2018，34（14）：107－111.

［47］孟奕爽，邓森文，徐佳．基于企业社会责任视角的民族地区旅游扶贫研究——以湖南怀化花瑶聚集区为例［J］．资源开发与市场，2019，35（1）：138－142.

［48］冉燕．我国城郊乡村旅游运营模式研究——基于主体的视角［J］．改革与战略，2017，33（9）：107－110.

［49］尚前浪，陈刚．社会资本视角下民族地方乡规民约与旅游社区治理——基于泸沽湖落水村的案例分析［J］．贵州社会科学，2016（8）：44－49.

［50］石斌．全域旅游视角下乡村旅游转型升级的动因及路

径——以陕西省为例［J］．企业经济，2018，37（7）：77－82.

［51］史金善．扶贫农业龙头企业在扶贫“双到”工作中的作用机制分析［J］．南方农村，2011，27（5）：68－71.

［52］史玉丁，李建军．乡村旅游多功能发展与农村可持续生计协同研究［J］．旅游学刊，2018，33（2）：15－26.

［53］宋慧娟，蹇莉，陶恒．景区带动型乡村旅游精准扶贫的机制及路径［J］．农村经济，2018（5）：46－51.

［54］孙春雷，张明善．精准扶贫背景下旅游扶贫效率研究——以湖北大别山区为例［J］．中国软科学，2018（4）：65－73.

［55］孙志国，刘之杨，钟儒刚，等．武陵山片区国家扶贫龙头企业与产业扶贫［J］．陕西农业科学，2012，58（6）：198－202.

［56］覃建雄，张培，陈兴．旅游产业扶贫开发模式与保障机制研究——以秦巴山区为例［J］．西南民族大学学报（人文社会科学版），2013，34（7）：134－138.

［57］唐勇，张命军，秦宏瑶，梅燕．国家集中连片特困地区旅游扶贫开发模式研究——以四川秦巴山区为例［J］．资源开发与市场，2013，29（10）：1114－1117.

［58］唐仲霞，马耀峰，刘梦琳，向程．基于政府共信的民族旅游社区多元主体共生研究［J］．地域研究与开发，2018，37（1）：114－119.

［59］田磊，章锦河，林艳．土地流转方式下的乡村旅游开发博弈分析［J］．云南地理环境研究，2009，21（6）：52－56.

［60］仝允桓，邵希，陈晓鹏．生命周期视角下的金字塔底层创新策略选择：一个多案例研究［J］．管理工程学报，2011，25（4）：36－43.

［61］汪侠，甄峰，沈丽珍，吴小根．基于贫困居民视角的旅游扶贫满意度评价［J］．地理研究，2017，36（12）：2355－2368.

[62] 王晨光. 集体化乡村旅游发展模式对乡村振兴战略的影响与启示 [J]. 山东社会科学, 2018 (5): 34 -42.

[63] 王纯阳, 黄福才. 基于多方博弈的村落遗产地旅游开发模式形成机理研究——以开平碉楼与村落为例 [J]. 数学的实践与认知, 2013, 43 (1): 14 -24.

[64] 王慧. 旅游扶贫背景下乡村旅游开发模式的研究 [J]. 中国农业资源与区划, 2017, 38 (3): 198 -201.

[65] 王慧. 乡村旅游地可持续发展的实现进路 [J]. 重庆社会科学, 2018 (5): 105 -111.

[66] 王进, 周坤. 旅游扶贫中贫困人口的权力认知研究——基于"赋权—限权"角度 [J]. 旅游科学, 2017, 31 (5): 32 -45.

[67] 王凯, 甘畅, 王梦晗, 等. 湖北省旅游扶贫效率时空格局及其影响因素 [J]. 长江流域资源与环境, 2019, 28 (4): 863 -871.

[68] 王松茂, 郭英之. 旅游扶贫效率评价模型构建及实证研究——来自中国的经验证据 [J]. 社会科学家, 2018 (6): 88 -97.

[69] 王婉飞, 吴建兴, 吴茂英. 乡村旅游发展中地方政府生态管理的驱动因素研究 [J]. 旅游学刊, 2018, 33 (8): 37 -47.

[70] 王维艳. 社区参与下的旅游景区竞合关系演变机理及调控——基于纵向价值链的演化博弈分析 [J]. 经济管理, 2018, 40 (6): 134 -152.

[71] 王雅敬, 任晓冬, 苏维词, 王金艳. 贵州喀斯特地区资源性企业参与政府扶贫模式研究——以贵州 J 矿社区发展为例 [J]. 贵州师范大学学报 (自然科学版), 2011, 29 (2): 114 -119.

[72] 王耀斌, 陆路正, 魏宝祥, 等. 多维贫困视角下民族地

区乡村旅游精准扶贫效应评价研究——以扎尕那村为例［J］．干旱区资源与环境，2018，32（12）：190－196.

［73］王羽，周永振．内蒙古阿尔山市旅游扶贫研究［J］．林业经济问题，2017，37（2）：51－54.

［74］王瑗．大城市边缘区乡村旅游地经济重构——开放的村落和被消费的乡村［J］．技术经济与管理研究，2013（10）：111－116.

［75］王兆峰，向秋霜．基于 MOA 模型的武陵山区社区居民参与旅游扶贫研究［J］．中央民族大学学报（哲学社会科学版），2017，44（6）：94－102.

［76］王志章，王静．基于可持续发展的少数民族地区旅游扶贫绩效评价研究［J］．云南民族大学学报（哲学社会科学版），2018，35（5）：89－97.

［77］文斌．欠发达地区景区边缘乡村旅游地演化研究——以驻马店岈山景区为例［J］．周口师范学院学报，2019，36（1）：126－129.

［78］翁毅，范冬萍．绿色发展理念下旅游扶贫的新进路——以广东清远连阳地区为例［J］．华南师范大学学报（社会科学版），2017（3）：45－49.

［79］乌兰．休闲农业与乡村旅游协同发展及其实现路径［J］．山东社会科学，2018（10）：145－150.

［80］吴胜涛．西北民族地区体育旅游产业扶贫路径选择［J］．贵州民族研究，2015，36（2）：150－153.

［81］席建超，张楠．乡村旅游聚落农户生计模式演化研究——野三坡旅游区苟各庄村案例实证［J］．旅游学刊，2016，31（7）：65－75.

［82］向从武，冯伟林．西南民族地区旅游扶贫成效与益贫

机制构建［J］．贵州社会科学，2019（3）：149－154.

［83］肖建红，肖江南．基于微观经济效应的面向贫困人口旅游扶贫（PPT）模式研究——以宁夏六盘山旅游扶贫实验区为例［J］．社会科学家，2014（1）：76－80.

［84］谢泽氡，马遵平，如么．四川西北部自然保护区毗邻社区旅游扶贫研究［J］．生态经济，2013，29（9）：141－145.

［85］熊正贤．富民、减贫与挤出：武陵地区18个乡村旅游样本的调查研究［J］．云南民族大学学报（哲学社会科学版），2018，35（5）：77－88.

［86］徐福英，刘涛．产业融合视域下乡村旅游产品创新路径：价值链的解构与重构［J］．社会科学家，2018（4）：106－111.

［87］徐莉，马阳，孙艳．旅游扶贫背景下民族社区治理的多元权力结构探究［J］．西南民族大学学报（人文社科版），2018，39（10）：198－202.

［88］鄢慧丽，王强，熊浩，徐帆．海南省少数民族地区旅游扶贫效率测度与时空演化分析［J］．中国软科学，2018（8）：63－76.

［89］闫东东，付华．龙头企业参与产业扶贫的进化博弈分析［J］．农村经济，2015（2）：82－85.

［90］闫喜琴．乡村旅游中的利益博弈和制度安排——以新乡南太行乡村居民的日常抵抗为例［J］．河南师范大学学报（哲学社会科学版），2016，43（4）：83－87.

［91］严静．海西农村扶贫与乡村文化精英的契合与互动［J］．福建农林大学学报（哲学社会科学版），2010，13（1）：7－10.

［92］颜文华．休闲农业与乡村旅游驱动乡村振兴的海外经验借鉴［J］．中国农业资源与区划，2018，39（11）：200－204.

[93] 杨军辉，潘秋玲，徐冬平．村寨型乡村旅游地游客满意度影响因素与机制研究——以西江千户苗寨为例［J］．资源开发与市场，2018，34（3）：413－417.

[94] 杨柳．海南省乡村旅游扶贫绩效及实证研究［J］．中国农业资源与区划，2017，38（5）：217－221.

[95] 杨琴，田银华．反公共地悲剧：乡村旅游经营行为研究［J］．旅游学刊，2018，33（8）：29－36.

[96] 杨洋，朱正斌，蔡溢，等．乡村旅游地居民社区参与满意度结构关系研究——基于贵州镇远铁溪乡村旅游地居民旅游影响感知分析［J］．贵州师范大学学报（自然科学版），2016，34（3）：25－31＋84.

[97] 杨莹，孙九霞．乡村旅游发展中非政府组织与地方的关系：一个双重嵌入的分析框架［J］．中南民族大学学报（人文社会科学版），2018，38（6）：123－127.

[98] 杨瑜婷，何建佳，刘举胜．"乡村振兴战略"背景下乡村旅游资源开发路径演化研究——基于演化博弈的视角［J］．企业经济，2018，37（1）：24－30.

[99] 叶文振，严静．以企带村济困共荣——新扶贫时代民营企业参与市场扶贫的视角［J］．福建行政学院学报，2013（2）：49－56.

[100] 银马华，王群，杨兴柱，司新新．区域旅游扶贫类型与模式研究——以大别山集中连片特困区36个县（市）为例［J］．经济地理，2018，38（4）：215－224.

[101] 余利红．基于匹配倍差法的乡村旅游扶贫农户增收效应［J］．资源科学，2019，41（5）：955－966.

[102] 余意峰．社区主导型乡村旅游发展的博弈论——从个人理性到集体理性［J］．经济地理，2008，28（3）：519－522.

［103］张军，蒋黄蓁苑，时朋飞．美丽乡村视域下的旅游扶贫模式与效应研究——以湖北省十堰市张湾区为例［J］．湖北社会科学，2017（6）：60－68.

［104］张琦．企业参与扶贫开发的机理与动力机制研究——以陕西省“府谷现象”为例［J］．中国流通经济，2011（4）：58－63.

［105］张侨．旅游扶贫模式和扶贫效应研究——基于海南省贫困地区的调查数据分析［J］．技术经济与管理研究，2016（11）：124－128.

［106］张晓，李春晓，杨德进．民族地区旅游扶贫多主体参与模式探析——以四川省马边彝族自治县为例［J］．地域研究与开发，2018，37（2）：99－103.

［107］张笑薇．西部地区旅游扶贫机制选择与绩效评价［J］．改革与战略，2016，32（11）：101－106.

［108］张志娟．河南省乡村旅游精准扶贫绩效评价——以固始县为例［J］．中国农业资源与区划，2018，39（10）：184－190.

［109］张遵东，章立峰．贵州民族地区乡村旅游扶贫对农民收入的影响研究——以雷山县西江苗寨为例［J］．贵州民族研究，2011，32（6）：66－71.

［110］赵兴国，张东强．特色小镇乡村旅游资源的深度开发——施甸摆榔金布朗风情小镇的实证研究［J］．中国农业资源与区划，2018，39（10）：164－170.

［111］钟晖，张建国，席婷婷．孤岛型村落旅游扶贫中贫困人口参与度评价研究［J］．生态经济，2018，34（12）：123－128＋141.

［112］周大庆．旅游景区治理绩效：政府与利益相关者的博弈［J］．经济地理，2013，33（8）：188－192.

[113] 朱宝莉，刘晓鹰．民族地区旅游扶贫的内生机制构建——以黔东南岜沙苗寨为例［J］．生态经济，2018，34（9）：139-144.

[114] 朱建江．乡村振兴与乡村旅游发展：以上海为例［J］．上海经济，2017（6）：17-24.

[115] 朱璇．新乡村经济精英在乡村旅游中的形成和作用机制研究——以虎跳峡徒步路线为例［J］．旅游学刊，2012，27（6）：73-78.

[116] Akyeampong A O.. Pro-Poor Tourism: Residents' Expectations, Experiences and Perceptions in the Kakum National Park Area of Ghana [J]. Journal of Sustainable Tourism, 2011, 19 (2): 197-213.

[117] Ashley C., Haysom G.. From Philanthropy to A Different Way of Doing Business: Strategies and Challenges in Integrating Pro-Poor Approaches Into Tourism Business [J]. Development Southern Africa, 2006, 23 (2): 265-280.

[118] Butler R., Curran R., O'Gorman K. D.. Pro-Poor Tourism in a First World Urban Setting: Case Study of Glasgow Govan [J]. International Journal of Tourism Research, 2013, 15 (5): 443-457.

[119] Canalejo A. M. C., Tabales J. N., López J. M. C., Fuentes-García F. J. Resident Perceptions of Community Tourism in Cape Verde [J]. Tourism Culture & Communication, 2015, 15 (2): 103-119.

[120] Chin C. H., Lo M. C.. Rural Tourism Quality of Services: Fundamental Contributive Factors from Tourists' Perceptions [J]. Asia Pacific Journal of Tourism Research, 2017, 22 (4): 465-479.

[121] Chiutsi S., Mudzengi B. K.. Community Tourism Entre-

preneurship for Sustainable Tourism Management in Southern Africa: Lessons from Zimbabwe [J]. International Journal of Academic Research in Business and Social Sciences, 2012, 2 (8): 127 - 134.

[122] Daniloska N., Hadzi Naumova-Mihajlovska K. Rural Tourism and Sustainable Rural Development [J]. Economic Development, 2015, 17 (3): 307 - 320.

[123] Erskine Louise Mary, Meyer Dorothea. Influenced and Influential: The Role of Tour Operatorsand Development Organisations in Tourism and Poverty Reduction in Ecuador [J]. Journal of Sustainable Tourism, 2012, 20 (3): 339 - 357

[124] Frederic Thomas. Addressing the Measurement of Tourism in Terms of Poverty Reduction: Tourism Value Chain Analysis in Lao PDR and Mali [J]. International Journal of Tourism Research, 2014, 16 (4): 368 - 376.

[125] Giampiccoli A., Jugmohan M. S., Mtapuri O.. International Cooperation, Community-Based Tourism and Capacity Building: Results from a Mpondoland Village in South Africa [J]. Mediterranean Journal of Social Sciences, 2014, 5 (23): 657 - 667.

[126] Hardy A., Pearson L. J.. Examining Stakeholder Group Specificity: An Innovative Sustainable Tourism Approach [J]. Journal of Destination Marketing & Management, 2018, 8: 247 - 258.

[127] Harrison D., Schipani S., Hall C. M., Lao Tourism and Poverty Alleviation: Community-Based Tourism and the Private Sector [J]. Current Issues in Tourism, 2007, 10 (2): 194 - 230

[128] Hernández Juan M., Suárez-Vega Rafael, Santana-Jiménez Yolanda. The Inter-Relationship between Rural and Mass Tourism: The Case of Catalonia, Spain [J]. Tourism Management,

2016, 54 (2): 43 -57.

[129] Hill Trevor, Nel Etienne, Trotter Dayle. Small-scale, Nature-based Tourism as a Pro-Poor Development Intervention: Two Examples in Kwazulu-Natal, South Africa [J]. Singapore Journal of Tropical Geography, 2006, 27 (2): 163 -175

[130] Hyytia Nina, Kola Jukka. Tourism Policy as a Tool for Rural Development [J]. Applied Economic Perspectives and Policy, 2013, 35 (4): 708 -730.

[131] Iova Andrei Radu, Năstase Mariana, Lascăr Elena. Development of Rural Tourism and Agrotourism in Romania by Implementing European Programs [J]. Scientific Papers: Management, Economic Engineering in Agriculture & Rural Development, 2016, 16 (1): 233 -238.

[132] Johnson P. A.. Realizing Rural Community-based Tourism Development: Prospects for Social Economy Enterprises [J]. Journal of Rural and Community Development, 2010, 5 (1): 150 -162.

[133] Karimi Saeid. Agri-tourism Entrepreneurship: A New Strategy for Sustainable Rural Development [J]. Journal of Entrepreneurship in Agriculture, 2015, 1 (4): 69 -90.

[134] Kelliher F., Reinl L., Johnson T. G., et al. The Role of Trust in Building Rural Tourism Micro Firm Network Engagement: A Multi-case Study [J]. Tourism Management, 2018, 68: 1 -12.

[135] Keyim Parhad. Tourism and Rural Development in Western China: A Case from Turpan [J]. Community Development Journal, 2016, 51 (4): 534 -551.

[136] Kortoci Y., Kortoci M.. The Assessment of the Rural Tourism Development in the Valbona Valley National Park [J].

Tourism Economics, 2017, 23 (8): 1662 – 1672.

[137] Liberato Dália, Alén Elisa, Liberato Pedro, Domínguez Trinidad. Governance and Cooperation in Euroregions: Border Tourism between Spain and Portugal [J]. European Planning Studies, 2018, 26 (7): 1347 – 1365.

[138] Li T., Liu J., Zhu H., et al. Business Characteristics and Efficiency of Rural Tourism Enterprises: An Empirical Study from China [J]. Asia Pacific Journal of Tourism Research, 2018, 23 (2): 1 – 11.

[139] López Andrés, Ramos D.. Innovation in Services: The Case of Rural Tourism in Argentina [J]. Emerging Markets Finance and Trade, 2015, 51 (3): 635 – 646.

[140] Lun Lena-Marie, Pechlaner Harald, Volgger Michael. Rural Tourism Development in Mountain Regions: Identifying Success Factors, Challenges and Potentials [J]. Journal of Quality Assurance in Hospitality & Tourism, 2016, 17 (4): 389 – 411.

[141] Lyon A., Hunter-Jones P., Warnaby G.. Are We Any Closer to Sustainable Development? Listening to Active Stakeholder Discourses of Tourism Development in the Waterberg Biosphere Reserve, South Africa [J]. Tourism Management, 2017, 61: 234 – 247.

[142] Malatji M. I., Mtapuri O.. Can Community-Based Tourism Enterprises Alleviate Poverty? Toward a New Organization [J]. Tourism Review International, 2012, 16 (1): 1 – 14.

[143] Maleki M. Reza, Moradi E., Parsa S.. Rural Tourism as a Way to Rural Development [J]. International Journal of Academic Research Part B, 2014, 6 (4): 79 – 84.

[144] Manyara G., Jones E.. Best Practice Model for Commu-

nity Capacity-Building: A Case Study of Community-based Tourism Enterprises in Kenya [J]. Tourism, 2007, 55 (4): 403 -415.

[145] Marian Joppe, Ed Brooker, Kimberly Thomas. Drivers of Innovation in Rural Tourism: The Role of Good Governance and Engaged Entrepreneurs [J]. Journal of Rural and Community Development, 2014, 9 (4): 49 -63.

[146] Marzo-Navarro M., Pedraja-Iglesias M., Vinzón, Lucia. Key Variables for Developing Integrated Rural Tourism [J]. Tourism Geographies, 2017, 19 (4): 1 -20.

[147] Mograbi Jonathan, Rogerson Christian M.. Maximising the Local Pro-Poor Impacts of Dive Tourism: Sodwana Bay, South Africa [J]. Urban Forum, 2007, 18 (2): 85 -104.

[148] Muganda Michael, Sahli Mondher, Smith Karen A.. Tourism's Contribution to Poverty Alleviation: a Community Perspective from Tanzania [J]. Development Southern Africa, 2010, 27 (5): 629 -647.

[149] Ndabeni L., Rogerson C. M.. Entrepreneurship in Rural Tourism - the Challenges of South Africa's Wild Coast [J]. Africa Insight, 2005, 35 (4): 130 -141.

[150] Neumeier Stefan, Pollermann Kim. Rural Tourism As Promoter of Rural Development Prospects and Limitations: Case Study Findings From A Pilot Project promoting Village Tourism [J]. European Countryside, 2014, 6 (4): 270 -296.

[151] Othman F., Sazali F., Mohamed B.. Rural and Community based Tourism Development in Malaysia: Prospects for Homestays as a Social Economy Enterprise. [J]. Team Journal of Hospitality & Tourism, 2013, 10 (1): 65 -76.

[152] Peng K., Lin P.. Social Entrepreneurs: Innovating Rural Tourism Through the Activism of Service Science [J]. International Journal of Contemporary Hospitality Management, 2016, 28 (6): 1225 - 1244.

[153] Petroman Ioan, Petroman Cornelia, Marin Diana, Iosim Iasmina, Csaholczi Aurelian. Renaissance Possibilities of the Village by Practicing Rural Tourism and Farm Tourism [J]. Scientific Papers: Animal Science & Biotechnologies, 2017, 50 (1): 282 - 284.

[154] Phu P. X., Anh V. T., Tran N. T. B., Van P. H. T., Duyen P. N. Contribution of Community Tourism to Poverty Alleviation in Vietnam: A Case Study [J]. Asia-Pacific Journal of rural Development, 2011, 21 (7): 65 - 85.

[155] Polo Peña A. I., Chica Olmo J., Frías Jamilena, Dolores María, et al. Market Orientation Adoption among Rural Tourism Enterprises: The Effect of the Location and Characteristics of the Firm [J]. International Journal of Tourism Research, 2015, 17 (1): 54 - 65.

[156] Polo Peña A. I., Frías Jamilena D. M., Rodríguez Molina M. Á.. Impact of Customer Orientation and ICT Use on the Perceived Performance of Rural Tourism Enterprises [J]. Journal of Travel & Tourism Marketing, 2013, 30 (3): 272 - 289.

[157] Pulido-Fernández J. I.. Proposal for an Indicators System of Tourism Governance at Tourism Destination Level [J]. Social Indicators Research, 2018, 137 (4): 1 - 49.

[158] Ramzy Yasmine H., Shaaban Ingy A., Sharabassy Azza A.. Tourism as a Tool for Economic Development in Poor Countries: the Case of Comoro Islands [J]. African Journal of Business and E-

conomic Research, 2013, 8 (1): 127 - 145.

[159] Randle E. J., Hoye R.. Stakeholder Perception of Regulating Commercial Tourism in Victorian National Parks, Australia [J]. Tourism Management, 2016, 54: 138 - 149.

[160] Rogerson Christian M.. Pro-Poor Local Economic Development in South Africa: The Role of Pro-Poor Tourism [J]. Local Environment, 2006, 11 (1): 37 - 60.

[161] Saayman Melville, Rossouw Riaan, Krugell Waldo. The Impact of Tourism on Poverty in South Africa [J]. Development Southern Africa, 2012, 29 (3): 462 - 488.

[162] Salvatore R., Chiodo E., Fantini A.. Tourism Transition in Peripheral Rural Areas: Theories, Issues and Strategies [J]. Annals of Tourism Research, 2018, 68: 41 - 51.

[163] Snyman Susan Lynne. The Role of Tourism Employment in Poverty Reduction and Community Perceptions of Conservation and Tourism in Southern Africa [J]. Journal of Sustainable Tourism, 2012, 20 (3): 395 - 416.

[164] Spenceley Anna, Habyalimana Straton, Tusabe Ritah, Mariza Donnah. Benefits to the Poor from Gorilla Tourism in Rwanda [J]. Development Southern Africa, 2010, 27 (5): 647 - 663.

[165] Stoffelen A., Ioannides D., Vanneste D.. Obstacles to Achieving Cross-Border Tourism Governance: A Multi-Scalar Approach Focusing on the German-Czech Borderlands [J]. Annals of Tourism Research, 2017, 64: 126 - 138.

[166] Stone L. S., Stone T. M.. Community-based Tourism Enterprises: Challenges and Prospects for Community Participation; Khama Rhino Sanctuary Trust, Botswana [J]. Journal of Sustainable

Tourism, 2011, 19 (1): 97 -114.

[167] Surugiu C.. Development of Rural Tourism through Entrepreneurship [J]. Revista De Turism Studii Si Cercetari in Turism, 2009, 8 (8): 65 -72.

[168] Tolkach D., King B.. Strengthening Community-Based Tourism in a New Resource-Based Island Nation: Why and How [J]. Tourism Management, 2015, 48: 386 -398.

[169] Torresa Rebecca, Momsenb Janet Henshall. Challenges and Potential for Linking Tourism and Agriculture to Achieve Pro-Poor Tourism Objectives [J]. Progress in Development Studies, 2004, 4 (4): 294 -318.

[170] Tran M. T. T., Jeeva A. S., Pourabedin Z., Social Network Analysis in Tourism Services Distribution Channels [J]. Tourism Management Perspectives, 2016, 18: 59 -67.

[171] Tucker Hazel, Boonabaana Brenda. A Critical Analysis of Tourism, Gender and Poverty Reduction [J]. Journal of Sustainable Tourism, 2012, 20 (3): 437 -455.

[172] Vajirakachorn T., Nepal S. K.. Local Perspectives of Community-Based Tourism: Case Study from Thailand's Amphawa Floating Market [J]. International Journal of Tourism Anthropology, 2014, 3 (4): 342 -356.

[173] Wanyoike Emmanuel Ngaruiya, Owuor George, Lagat Job, Wanjiru Evelyne. Determinants of Pastoral Communities' Participation in Community Based Eco-Tourism Enterprises as Livelihood Diversification Strategy [J]. Journal of Economics & Sustainable Development, 2015, 6 (6): 235 -239.

[174] Zamani-Farahani H.. Home Stay: A Rural Tourism En-

trepreneurship Business [J]. Tourism Analysis, 2011, 16 (5): 525 -533.

[175] Zapata María José, Hall C., Lindo Michael Patricia, Vanderschaeghe Mieke. Can Community Based Tourism Contribute to Development and Poverty Alleviation? Lessons from Nicaragua [J]. Current Issues in Tourism, 2011, 14 (8): 725 -749.

[176] Zee E. V. D., Gerrets A. M., Vanneste D.. Complexity in the Governance of Tourism Networks: Balancing between External Pressure and Internal Expectations [J]. Journal of Destination Marketing & Management, 2017, 6 (4): 296 -308.

[177] Zou Tongqian, Huang Songshan, Ding Peiyi. Toward a Community-driven Development Model of Rural Tourism: The Chinese Experience [J]. International Journal of Tourism Research, 2014, 16 (3): 261 -271.

后　记

作为产业扶贫的一种，旅游扶贫实现可持续必须依托市场机制。调查中我们发现，不少由政府主导的旅游扶贫项目，多是对村寨硬件设施及农户的基本生活条件的改善，旅游扶贫的可持续性不足，未能发挥其应有的扶贫效果。虽然部分学者认为扶贫作为非营利性的活动，企业参与或者主导会极大地削弱扶贫的效果，产生诸如“精英捕获”等严重问题，失去产业扶贫的精准性。但是，调研显示，旅游扶贫效果显著的地区，多是企业力量得到了充分发挥，通过企业的主导为农户脱贫构建了造血机制，实现了旅游企业发展和农户致富的共赢，并实现了旅游扶贫的可持续性。因此，企业参与乡村旅游精准扶贫是非常必要的，问题的关键不是企业要不要参与，而是如何参与并提高旅游扶贫绩效的问题，研究企业参与乡村旅游精准扶贫的相关机制具有重要的理论与现实意义。

2017 年 10 月召开的中共十九大报告提出推进民族地区加快发展，实施乡村振兴战略，强调激发和保护企业家精神，支持民营企业发展，为企业参与乡村旅游精准扶贫提供了新的机遇。参与乡村旅游精准扶贫是旅游企业社会责任的一个部分，国家也出台了大量关于旅游扶贫的优惠政策。因此，企业参与乡村旅游精准扶贫与其逐利的本质并不是完全矛盾的，企业参与乡村旅游精准扶贫也是企业构建核心竞争力的重要途径，构建科学的利益协同机制可以实现企业与农户的共赢发展，当然相关机制仍然需要继续进行深入的研究。

从 2015 年开始，笔者已经开始将企业参与乡村旅游精准扶贫作为重要的研究方向，并一边与研究团队一起对旅游扶贫情况进行调查，一边查阅文献和资料，希望为企业参与乡村旅游精准扶贫提供支持，相关研究计划也成功得到国家自然科学基金项目资助（71663018），本书也是此项国家自然科学基金项目的重要成果之一。课题获得立项后，笔者引导研究生陆薇、魏昕伊等以企业参与乡村旅游精准扶贫为硕士论文的选题方向，带领他们一起进行调研工作，并指导他们撰写调查报告，其中陆薇同学的毕业论文还获得了吉首大学优秀硕士学位论文。本书的第六章和第七章的“企业参与乡村旅游精准扶贫绩效评价机制”“湖南武陵山片区企业参与乡村旅游精准扶贫调查”是笔者指导的陆薇同学在其毕业论文相关内容基础上进行完善提升的结果，在此向陆薇同学表示衷心的感谢。

本书也是研究团队共同智慧的成果，笔者与团队在一起调研与探讨课题研究思路、方法的过程中，也使课题内容和逻辑更为清晰。2018 年 7 ~ 9 月，笔者与团队骨干及研究生等受湘西州旅游发展和外事委员会委托，对湘西州吉首、凤凰、永顺、龙山、泸溪、古丈、保靖、花垣等八个县市乡村旅游带动脱贫的情况进行实地调查，深入旅游景区和旅游村寨进行实地走访，并与旅游部门工作人员、旅游企业经营人员、合作社负责人、村干部、农户等进行多次座谈，获取了大量的一手资料，完成的调研报告得到了湘西州旅游和扶贫部门的高度重视，产生了一定的实际效应。在此，向湘西州及各县市文旅局相关领导和工作人员为本书调研提供的大力支持和帮助表示衷心的感谢。

笔者与研究团队曾经针对企业参与乡村旅游精准扶贫和乡村振兴的典型代表——湖南雪峰山公司进行过深入研究，并出版了专著《乡村旅游扶贫雪峰山模式》，在旅游扶贫领域产生了一定反响。2017 年 9 月研究团队联合湘西州旅游管理部门，在湖南吉首举办的 2017 武陵山旅游发展高峰论坛上公开发布了《武陵山片区旅游扶贫发展报告》，得到与会各界人士的广泛关注，产生了广泛的社会影响，报告经过补充完善后还出版了相应的专著。本书是在以往研究的基础上，结合最新的调研资料，从理论和实证两个层面对企业参与乡村旅游精准扶贫的相关机制进行进一步深化的成果。

限于时间和条件等制约因素，本书仍然存在很多不足之处，甚至可能还有错误，但期望通过抛砖引玉，能够为研究乡村旅游精准扶贫的领导、专家、学者和朋友们提供一定的借鉴和参考，也诚挚的期望能够得到各位领导、专家的批评指正。

本书的完成要感谢吉首大学原正校级督导、吉首大学中国乡村旅游研究院院长、吉首大学武陵山文创中心主任张建永教授给予的真挚帮助。感谢吉首大学副校长冷志明教授领导的大力支持。感谢吉首大学旅游与管理工程学院副院长、吉首大学中国乡村旅游研究院常务副院长鲁明勇教授的支持与帮助。感谢吉首大学武陵山区发展研究院院长张登巧教授的支持和帮助。感谢吉首大学商学院黎克双书记、丁建军院长、龙海军副院长等领导的大力支持。感谢吉首大学商学院彭耿教授、彭延炼研究员、袁明达副教授、李付坤博士、王泳兴博士等同事在研究中给予的支持和帮助。感谢吉首大学商学院研究生陆薇、魏昕伊、向蓉、左林丽、覃琴、聂梦怡的大量工作和帮助。感谢吉首大学商学院、吉首大学武陵山片区扶贫与发展湖南省2011协同创新中心、吉首大学武陵山文创中心、吉首大学中国乡村旅游研究院、吉首大学武陵山区发展研究院、吉首大学湖南乡村振兴研究中心等部门领导与同事的大力支持。本书也是吉首大学应用经济学湖南省一流建设学科、吉首大学工商管理湖南省一流专业项目、民族地区扶贫与发展研究中心湖南省专业特色智库、湖南省西部经济研究基地、湖南省民族经济研究基地等项目和研究平台的重要成果。

本书的完成要感谢我的家人，是你们的无私支持我完成本书。特别要感谢妻子对我研究工作的理解、支持和帮助，本书少部分章节内容也是由她主笔完成的。

本书的撰写中参考了大量的资料，在此向相关组织和作者一并表示感谢。

本书的撰写中也得到了经济科学出版社的大力支持，编辑老师的认真负责让我感动，在此一并表示感谢。

张琰飞

2019年7月于吉首大学